JN007339

9

最新 **社会福祉士養成講座**
精神保健福祉士養成講座

一般社団法人 日本ソーシャルワーク教育学校連盟　編集

権利擁護を支える法制度

中央法規

刊行にあたって

このたび、新カリキュラムに対応した社会福祉士と精神保健福祉士養成の教科書シリーズ（以下、本養成講座）を一般社団法人日本ソーシャルワーク教育学校連盟の編集により刊行することになりました。本養成講座は、社会福祉士・精神保健福祉士共通科目13巻、社会福祉士専門科目8巻、精神保健福祉士専門科目8巻の合計29巻で構成されています。

社会福祉士の資格制度は、1987（昭和62）年に制定された社会福祉士及び介護福祉士法により創設されました。後に、精神保健福祉士法が制定され、精神保健福祉士の資格制度が1997（平成9）年に創設されました。それから今日までの間に両資格のカリキュラムは2度の改正が行われました。本養成講座は、2019（令和元）年度の両資格のカリキュラム改正に伴い、刊行するものです。

新カリキュラム改正のねらいは、地域共生社会の実現に向けて、複合化・複雑化した課題を受けとめる包括的な相談支援を実施し、地域住民等が主体的に地域課題を解決していくよう支援できるソーシャルワーカーを養成することにあります。地域共生社会とは支援する者と支援される者が一体となり、誰もが役割をもって生活していくことができる社会です。こうした社会を創り上げる担い手として、社会福祉士や精神保健福祉士が期待されています。

そのため、本養成講座の制作にあたって、❶ソーシャルワーカーとしてアセスメントから支援計画、モニタリングに至るPDCAサイクルに基づく支援ができる人材の養成、❷個別支援と地域支援を一体的に対応でき、児童、障害者、高齢者等のさまざまな分野を横断して包括的に支援のできる人材の養成、❸「講義─演習─実習」の学習循環をつくることで、実践現場に密着した人材養成をする、を目的にしています。

社会福祉士および精神保健福祉士になるためには、ソーシャルワークに必要な五つの科目群について学ぶことが必要です。具体的には、①社会福祉の原理・基盤・政策を理解する科目、②複合化・複雑化した福祉課題と包括的な支援を理解する科目、③人・環境・社会とその関係を理解する科目、④ソーシャルワークの基盤・理論・方法を理解する科目、⑤ソーシャルワークの方法と実践を理解する科目です。それぞれの科目群の関係性と全体像は、次頁の図のとおりです。

これらの科目を本養成講座で学ぶことにより、すべての学生がソーシャルワークの基盤を修得し、社会福祉士ならびに精神保健福祉士の国家資格を取得し、さまざまな領域でソーシャルワーカーとして活躍され、ソーシャルワーカーに対する社会的評価を高めてくれることを願っています。

社会福祉士養成教科書の全体像

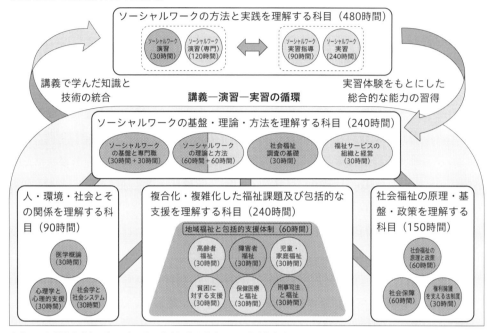

出典：厚生労働省「（別添）見直し後の社会福祉士養成課程の全体像」（https://www.mhlw.go.jp/content/000604998.pdf）
より本連盟が改編

精神保健福祉士養成教科書の全体像

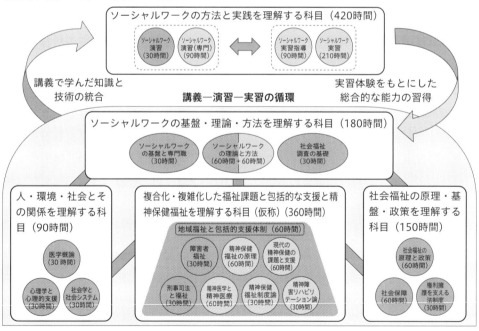

出典：厚生労働省「（別添）見直し後の社会福祉士養成課程の全体像」を参考に本連盟が作成

2020（令和2）年12月1日

一般社団法人日本ソーシャルワーク教育学校連盟
会長　白澤政和

はじめに

　本書は、自身の権利を自身で守ることが困難な人々の、権利擁護を支える法制度について述べている。ここでいう権利とは「一定の利益を請求し、主張し、享受することができる法律上正当に認められたもの」である。

　本書で問題となるのは、自ら権利を主張し、それを守り、適切に行使することができない人々の存在である。例示すれば、保護者がいない未成年者であり、成人であれば知的障害や精神障害のある人々、認知症高齢者などである。

　権利擁護を支える法制度の必要性が増した背景には、高齢化による認知症高齢者の増加や、障害者が地域で生活するケースが多くなったことにより、それらの人々の権利を守る必要性が拡大したことなどが挙げられよう。

　具体的には、高齢者や障害者に対する保護者や同居の親族からの虐待、単身生活をする高齢者への振り込め詐欺、いわゆる「ゴミ屋敷」に住む人々の存在など、今日では大きな社会問題となっている。ソーシャルワーカーの仕事は、それらの人々の権利を擁護することにある。そのためには、権利擁護を支える法制度について充分な理解が求められる。

　本書の構成であるが、第1章では、ソーシャルワークと法のかかわりについて述べる。そこでは、憲法をはじめとするソーシャルワーカーにとって必要な法律を概観する。

　第2章では、法の仕組みを理解するために、法の体系、種類、機能などについて学ぶ。さらに裁判や判例に関する知識や法の運用について学習する。

　第3章では、権利擁護の意義と支える仕組みについて述べる。今日、なぜ権利擁護が必要であるのか、権利擁護とソーシャルワークとの関係や、苦情解決や虐待・暴力防止にかかわる法制度について学習する。

　第4章では、権利擁護活動と意思決定支援について学習する。特に意思決定支援は最重要である。権利擁護活動が、代理代行決定中心から意思決定支援中心へと移行するための、中核的な考え方となっている。さらに権利擁護にかかわる重要な概念や用語について学ぶ。

　第5章では、権利擁護活動にとって不可欠な、組織、団体、専門職について学習する。特に裁判所、法務局といった機関に対する知識の習得は重要である。

　第6章では、成年後見制度について学ぶ。第4章では意思決定支援について述べたが、一部の対象者は代理代行決定せざるを得ない場合がある。成年後見制度の必要

性は、まさにこれに当たる。さらに成年後見制度を支える諸制度について学習する。

　本書の核となるのは、意思決定支援である。当事者からみれば「自身の権利行使の自由を守るために、他者からの介入を認める」のである。

　ソーシャルワーカーの倫理綱領（日本ソーシャルワーカー連盟）において、「ソーシャルワーカーは、意思決定が困難なクライエントに対して、常に最善の方法を用いて利益と権利を擁護する」と明示している。

　では「最善の方法」とは何であろうか。本書は、その基本的な考え方を指し示すものであり、真の答えはソーシャルワーカー自身が、日々の実践のなかで探求していくべきものであろう。

編集委員一同

目次

第 4 章 権利擁護活動と意思決定支援

第5章 権利擁護にかかわる組織、団体、専門職

第6章 成年後見制度

本書では学習の便宜を図ることを目的として、以下の項目を設けました。

・学習のポイント……各節で学習するポイントを示しています。
・重要語句…………学習上、特に重要と思われる語句を色文字で示しています。
・用語解説…………専門用語や難解な用語・語句等に★を付けて側注で解説しています。
・補足説明…………本文の記述に補足が必要な箇所にローマ数字（ⅰ、ⅱ、…）を付けて脚注で説明しています。
・Active Learning……学生の主体的な学び、対話的な学び、深い学びを促進することを目的に設けています。学習内容の次のステップとして活用できます。

第1章

ソーシャルワークと法のかかわり

　ソーシャルワーカーのクライエントに対する権利擁護活動は、法に基づいて制定されたあらゆる社会システムにかかわる。それゆえに、ソーシャルワーカーには、社会生活を規律する主要な法についての基本的な知識と理解が求められる。

　職務は人権と社会正義の原理に則り遂行しなければならないことから、基本的人権を規定する日本国憲法の理解は不可欠である。また、クライエントの自立した私生活の実現を支援することを目的としていることから、市民生活を規律する民法の知識が必要である。

　一方で、クライエントが自立した生活が送れない場合には、行政に後見的な役割を求めなければならない。行政は私たちの社会生活と密接に結びついている。それゆえに、ソーシャルワーカーには行政法に関する知識が必要である。

学習のポイント

● 権利擁護と人権のかかわりについて理解する
● 市民生活にかかわる法と権利擁護の関係について理解する
● 行政にかかわる法と権利擁護の関係について理解する

1 権利擁護における人権の役割

1 権利擁護と人権

　ソーシャルワーカーは、社会的・経済的弱者の人権を擁護し、市民生活の隅々にわたり尊厳ある自己実現を支援する専門職である。権利擁護とは、我が国の法制度で保障された権利を諸般の理由で行使できない場合に権利行使を支援したり代弁したりする活動である。

　ところで、私たちの市民生活はすべて日本国憲法を頂点とした法体系に基づいて営まれている。憲法が日本の法体系の頂点（最高法規）であるのは、私たちの人権を保障する法だからである。それゆえに社会の至るところでクライエントへの質の高い権利擁護を行うには、人権についての深い理解が求められる。

図1-1　ソーシャルワーカーがかかわる国の法体系

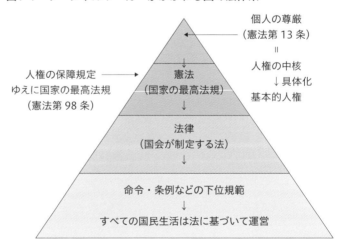

2 ソーシャルワーカーの行為規範と人権

　ソーシャルワーカーが専門職としてクライエントの生活支援を担当する場合の行為規範は「ソーシャルワーカーの倫理綱領」である。倫理綱領は、「前文」「原理」「倫理基準」を通して、すべてクライエントの人権の尊重を基盤としている。

3 具体的事例における人権のかかわり

❶自由権と権利擁護

　私たちの人権の淵源は、個人の尊厳（憲法第13条）である。個人の尊厳を具体化したものが人権である。私たちの幸せは誰にも介入されず、干渉されず、自分の思いが実現することである。これを自由という。それゆえに、ソーシャルワークの基本は、クライエントの自由権の尊重である。

　クライエントの本心を引き出すには、ラポール（信頼関係）の構築が必要である。そのための受容・共感・傾聴という援助技術は、表現の自由（憲法第21条）とかかわる。また、衣食住の日常生活すべて、自身の終末期医療や死後の財産処理についての思いなど、すべて表現の自由とかかわる。

　私たちは、資本主義社会で生活している。資本主義社会は、個人財産の運用を基盤として営まれている。それゆえに、個人の財産権（憲法第29条）の管理・保全が不十分になれば社会参加できなくなる。**成年後見制度**の目的である財産の管理・保全は、財産権の擁護であり、身上保護は表現の自由の擁護である。また、財産権は高齢者や障害者の経済的虐待にかかわる人権である。

❷社会権と権利擁護

　私たちの自己実現は、自由だけでは不十分である。特に、社会的・経済的弱者は形式的に自由を保障するだけでは、社会参加できないばかりか生存できない場合もでてくる。それゆえに、国家が保護・支援することにより実質的な自由を実現する必要がある。この人権が社会権であり、中核が生存権（憲法第25条）である。

　生存権は、社会福祉にかかわる法や制度・施策の根拠となる。ソーシャルワークにおいては、クライエントの自立・自律を尊重しつつ、不十分なところを補完して「実質的自由」を実現する役割を担う。

❸法の下の平等と権利擁護

　法の下の平等（憲法第14条）は、すべての人権の基礎に位置づけら

★**資本主義**
自己の所有する財産を活用して、国家の制約を受けることなく、利潤の追求を求めて、自由に経済活動を行う経済システム。

れる包括的人権である。この人権は、差別や偏見による社会的弱者の社会的排除を禁止し、社会的正義を実現する役割を担っている。また、実質的な平等を実現するための合理的配慮の根拠となる人権である。ノーマライゼーションやインクルージョンの根拠となる。災害支援では、トリアージ（手当ての優先順位）が課題となる。

❹新しい人権と権利擁護

　ソーシャルワーカーには、常に社会の変化に応じた権利擁護活動が求められる。しかし、憲法の事案に適用できる人権規定がない場合がある。このような場合に、幸福追求権（憲法第13条）を根拠に「新しい人権」

表1-1　憲法の保障する基本的人権一覧

自由権	精神的自由	思想・良心の自由（第19条） 信教の自由（第20条） 表現の自由*（知る権利）（第21条） 学問の自由（第23条）
	経済的自由	居住移転・職業選択の自由（第22条） 財産権の保障（第29条）
	人身の自由	奴隷的拘束・苦役からの自由*（第18条） 法定手続の保障（第31条） 不法逮捕に対する保障（第33条） 抑留・拘禁に対する保障（第34条） 住居の不可侵（第35条） 拷問・残虐な刑罰の禁止（第36条） 刑事被告人の権利（第37条） 黙秘権の保障（第38条） 遡及刑罰の禁止・一事不再理（第39条）
平等権		法の下の平等（第14条） 両性の本質的平等（第24条） 教育機会の均等（第26条） 選挙の平等（第44条）
社会権		生存権（第25条） 教育を受ける権利（第26条） 勤労の権利（第27条） 勤労者の団結権・団体交渉権・団体行動権（第28条）
参政権		選挙権・被選挙権（第15・43・44・93条） 公務員の選定・罷免権（第15条） 最高裁判所裁判官の国民審査権（第79条） 地方特別法の住民投票権（第95条） 憲法改正の国民投票権（第96条）
受益権 （国務請求権）		請願権（第16条） 国および公共団体に対する賠償請求権*（第17条） 裁判を受ける権利（第32条） 刑事補償請求権（第40条）
幸福追求権		プライバシー権、自己決定権、肖像権、環境権、眺望権、嫌煙権、日照権など新しい人権の根拠となる（第13条）

を導き、権利擁護活動を行うことがある。クライエントの平穏な私生活の保持には、プライバシー権、QOL（quality of life：生活の質）の向上には、自己決定権が必要である。また、ソーシャルアクションとして、新しい人権を提唱することが必要な場合もある。

　人権の詳細については、第2節の憲法で学習する。

2　市民生活支援と法

1　市民生活を支える法の体系

　ソーシャルワーカーは、クライエントの市民生活の隅々までかかわりをもつ。医療、介護、住居、財産管理、相続、葬式準備など多岐にわたる。これらの活動を規律するのが民法である。それゆえに、ソーシャルワーカーには、民法の理解が必要になる。

　民法は、「総則」、「物権」、「債権」、「親族」、「相続」の5編で構成されている。物権と債権を合わせて「財産法」といい、親族と相続を合わせて「家族法」もしくは「身分法」という。総則は、民法全体を通しての共通ルールを規定している。詳細については、第3節で学習する。

2　社会福祉の基礎構造改革と民法

❶具体的事例

　認知症の高齢者が介護保険制度を利用して特別養護老人ホームへの入所を考えている。施設から、判断能力が不十分であることを理由に契約できないと言われた場合のソーシャルワーカーの対応。

❷契約制度と権利擁護

　社会福祉基礎構造改革により「措置」から「契約」へと社会福祉制度が変化した。この改革は、個人の尊厳を尊重し、自立した生活を支えることを理念としている。その方向性として、個人の自立を基本とし、自己決定権を尊重した制度として採用したのが契約制度である。

　私たちは、契約を活用することにより社会のなかで自由に自己実現を図ることができる。契約は自由な判断能力を有している人を前提としている。それゆえ、認知症や精神障害などで判断能力が低下した場合には契約を締結できない。そこで、判断能力の低下を補い、個人の尊厳に沿った自立した生活を支援する権利擁護の制度として**成年後見制度**が制定された。契約や成年後見制度については民法に基準が規定されている。

★物権
物権は、物に対する支配権。所有権が代表的な物権。権利擁護では、財産権の管理・保全でかかわる権利である。なお、物は「者」と発音が同じなので混同を避けるため「ぶつ」と読む。

★債権
債権は、「〜しろ」という人に対する行為請求権。債権は主に意思表示の結果から発生する「契約」と意思表示に基づかない「不法行為」から発生する。

★措置
行政が措置権者として、利用者のニーズの判定、サービス提供内容、負担額等を決定し、サービス業者に委託して福祉サービスを行政行為として給付する行為。

★契約
「申込み」と「承諾」の互いに対立する複数の意思の合致により、欲するとおりの法律上の効果を生じさせる行為。民法には13の契約が規定されている。これ以外の契約も公序良俗に反しない限り自由に締結できる（契約自由の原則）。

３ 不法行為と民法

❶具体的事例

成年後見人としてかかわる成年被後見人が施設職員の不注意により介護事故に遭遇した場合の対応。

❷不法行為と権利擁護

被害者であるクライエントは、加害者（施設職員）に対して「損害賠償をしろ」という行為請求ができる。しかし判断能力が十分でない場合には、賠償請求をすることが困難である。このような場合に、成年後見人は身上保護の一環として損害賠償請求にかかわることがある。

４ クライエントの家族とのかかわりと民法

❶具体的事例

福祉サービス利用援助事業の専門員が、日常生活自立支援事業でかかわる認知症高齢者は、判断能力の低下が進行している。専門員は親族と話しあいながら、成年後見の申立てを考えている場合の対応。支援の途中で財産を遺して死亡した場合の遺産についての対応。

❷家族関係と民法

私たちの日常生活は家庭生活を基盤として営まれている。家庭生活に必要な家族関係の基準、紛争解決や国が後見的に支援する場合の基準を定めたのが親族法である。家庭や家族関係は、人の死をもって終了する。この場合に死亡した人の財産を特定の人に承継させるルールを規定するのが相続法である。

ソーシャルワーカーは、日常業務のなかでクライエントの家族とかかわる場合が少なくない。成年後見の申立てを考える場合には、親族の範囲についての理解や親等計算が必要になる。また死後の財産の帰属については、相続の知識が必要になる。

５ 詐欺・強迫被害と権利擁護

❶具体的事例

認知症高齢者の判断能力の低下を悪用され、詐欺被害に遭った。この場合のソーシャルワーカーの対応。また強迫により、土地の売買契約を締結させられた場合の対応。

❷意思表示と民法

私たちは幸せを実現（自己実現）する手段として意思表示をする。通常、意思表示は私たちの「〜したい」という心のなかの気持ち（内心的

効果意思）と合致している。しかし、詐欺や強迫は、成年被後見人の内心と表示は一致しているが、内心に瑕疵（傷）がある（瑕疵ある意思表示という）。このような場合に、民法の取消の知識が必要になる。

3 ソーシャルワークにかかわる行政法

1 ソーシャルワークにおける行政法の役割

❶具体的事例

・生活保護でかかわるクライエントから福祉事務所の生活保護費減額の行政処分に不服である旨の相談を受けた場合の対応。

・介護認定審査会の介護認定に不服であった場合の対応。

❷行政法の特質

　私たちの個人の尊厳が保障され、人に値する生活を実現するには、国や地方公共団体など行政が日常生活にかかわる必要がある。そのために、生活保護などの分野では措置のシステムが採用され、ソーシャルワーカーは、行政に関する法とかかわる機会が少なくない。

　ところで、行政の範囲は広範にわたるので、憲法典や民法典のような単一の法典では対応できず、無数の行政法規で対応している。これら無数の行政に関する法の集合体を行政法という。ソーシャワーカーは、行政とかかわるときに無数の法律を知らなければならないのかといえば、そうではない。行政法は無数の法の集合体であるから、それぞれの法に共通の概念・用語・理論で対応している。それゆえ、ソーシャルワーカーが行政に関する法を活用するには、学問上の概念と用語、理論を学ぶ必要がある。

2 行政法の全体構造とソーシャルワーク

　ソーシャルワーカーは、クライエントの権利擁護で行政と大きく三つの視点でかかわる。第一が行政の組織の理解である。この分野を行政組織法という。

　第二は行政作用の分野である。この分野は行政作用法と呼ばれる。ソーシャルワーカーは、**行政作用**がどのような特別な効力と特質をもつのかを理解する必要がある。行政行為は、内容により分類され、福祉の分野でも下命、禁止、許可、免除、特許、認可などの用語に接する。

　第三は、行政処分に不服の場合あるいは、人権保障が不十分な場合の

★取消
契約の行為をいったんは認め、のちに取消の意思表示があれば、契約の成立時に遡って効力を否定する制度。無効は契約の効力を最初から発生させない制度をいう。

★行政
すべての国家作用から立法作用と司法作用を除いたすべての作用を担当する国家機関。行政の範囲は広大なので定義が難しいので、このような定義をする（控除説）。

★行政行為
行政庁が行政目的を達成するため、一方的に国民の権利義務を具体的に決定する行為をいう。

行政救済である。この分野を行政救済法という。

③ ソーシャルワーカーの行政法に基づく具体的な行動

相談を受けたソーシャルワーカーは、行政法の各種制度の利用を考えてクライエントの支援を行う。そのためには、行政救済法を構成する行政不服審査法の手続きや行政事件訴訟法の手続きについての理解が不可欠となる。その際に、朝日訴訟などの裁判例を参考にして、権利擁護のイメージを描くことも必要である。

行政とかかわるソーシャルワークの現場では、審査請求、再審査請求、行政事件訴訟など行政法にかかわる専門用語が多用される。それゆえに、行政法の理論的な理解が必要となる。詳細は、第4節で学習する。

④ きめ細やかなソーシャルワークにかかわる法制度

Active Learning

社会福祉士として、権利擁護にかかわる具体的な場面を想定し、どのような法律とかかわり、どのような制度を活用しながら課題解決するかについて、主体的に考えてみましょう。

社会福祉のきめ細やかなソーシャルワークを行うためには社会福祉法を中心とした各種社会福祉関係法の理解が必要である。また、地方の実情に応じたソーシャルワークを行うには、法律を根拠に地方議会が制定する条例とかかわる場合がある。法律を細部に適用しながらソーシャルワークを行う場合には、内閣が制定する政令や各省庁が制定する省令等とかかわることがある。

●おすすめ
・小賀野晶一・成本迅・藤田卓仙編『公私で支える高齢者の地域生活第1巻 認知症と民法』勁草書房，2018．

第2節 憲法

学習のポイント

● 憲法の役割と概要について学ぶ
● 人権の種類、内容、性質および人権調整を理解する
● 裁判例の考え方を理解する

1 憲法の概要

1 憲法の最高法規性

　日本国憲法は、我が国の法体系の最上位に位置する国家経営の基本法である（最高法規性）。憲法は、**最高法規性**を明確化するため、第10章に「最高法規」と題する章をおいている。憲法が最高法規性を有する理由は、人類多年の人権獲得の歴史と努力を踏まえ、憲法が担う人権保障の役割を明確化するためである。すなわち、人権の中核である自由を守るには、国家による権力の濫用を防止する必要がある（制限規範性）。その役割を憲法が担っているから最高法規なのである。

　また、憲法の下に規定されている法律・条例・命令・規則などの法や国会、内閣、裁判所などの統治機構に妥当性や権限を与える役割を担う（授権規範性）。

2 憲法の原理

❶憲法の3大原理

　憲法は、基本的人権の尊重（人権尊重主義）、国民主権（国民主権主義）、平和主義を3大原理としている。この原理は憲法の前文のなかで明確に宣言されている。このなかで基本的人権の尊重が憲法の目的原理として最も重要であり、これを実現する手段原理として国民主権と平和主義が位置づけられている。この原理はお互いに密接に結びついている。

❷権力分立

　権力分立とは、国家権力を分割して異なる機関にそれぞれ担当させ、各機関の間で抑制と均衡を図ることにより、国家権力による人権侵害を防止するシステムである。これにより国民の自由権が保障される。

★「人権」と「基本的人権」
人権も基本的人権も同じ意味である。ただ、明治憲法の天皇の恩恵としての人権と日本国憲法の天賦人権を区別するため「基本的人権」を用いることがある。

★基本的人権の尊重
基本的人権の尊重は、自由主義、自由主義を補い社会的・経済的弱者の救済を図る福祉主義、誰もが価値ある存在と捉える平等主義により支えられている。

★国民主権
国民主権は、国の政治決定の最終決定権者は国民であるという考え方である。君主主権（天皇主権）と対比される。民主主義により支えられている。

❸法の支配

　法の支配とは、国家権力を法で拘束することにより国民の自由を擁護することを目的とする原理である。憲法の最高法規性（第98条）、権力によって侵されない個人の人権（第11条、第97条）、法の適正手続き（第31条）、人権保障の役割を担う裁判所の尊重（第81条）などにこの原理が採用されている。

2 ▶ 基本的人権と公共の福祉

1 基本的人権の体系と種類

❶個人の尊厳と人権

　憲法が保障する人権の中核は、個人の尊厳（第13条）である。個人の尊厳とは、誰もが社会の一員として自己実現することを最大限尊重することをいう。憲法は、個人の尊厳（第13条）を具体化するために第3章で具体的な人権を規定している。

❷憲法が保障する人権の種類

　自由権とは、国家権力の介入や干渉を排除して個人の自由を確保する権利である。平等権とは、国民の条件が同じである限り、等しい取扱いを受けるとする権利をいう。法の下の平等ともいう。社会権とは人の尊厳ある生活に必要なさまざまな要素を国に要求する権利である。参政権とは、国民が政治に参加する権利である。受益権とは、国民が国家に対して、自己の人権を守ったり強化するために給付を求めたりする権利である。

★個人の尊厳
個人の尊厳、個人の尊重、人間の尊厳は、憲法学では同じ意味として理解されている。人間の尊厳はキリスト教の影響を受けた概念である。

表1-2　自由権と社会権

	自　由　権	社　会　権
国家の関係	○国家の国民生活への不介入・不干渉を基礎とする「国家からの自由」市民法原理が本質	○国家による国民の保護・支援を基礎とする「国家による自由」社会法原理が本質
	○「夜警国家・消極国家」の理念を背景にもつ	○「福祉国家・積極国家」の理念を背景にもつ
誕生の背景	○18世紀の近代市民革命を契機に国王や国家からの自由を求める人権として誕生	○19世紀後半の資本主義の弊害（経済的格差）から社会的・経済的弱者の生存を保障するために20世紀に誕生
想定する人権享有主体	自立した抽象的な人間一般	個別・具体的な社会的・経済的弱者

2 人権享有主体性

人権享有主体性とは、憲法の人権保障を受ける地位をいう。憲法は、日本人である自然人を憲法の人権享有主体として予定している。それゆえに、日本に在住する外国人や法人の人権享有主体性が問題となる。また、公務員や在監者*など特別な法律関係にある人の人権享有主体性についても問題となる。

❶外国人の人権

マクリーン事件最高裁判所判決（1978（昭和53）年）は、人権の「性質」に応じて外国人にも人権享有主体性が保障されると判示している。社会権は、人権の性質上人権保障の対象外であるが、1981（昭和56）年の難民条約批准により、社会保障・社会福祉関係法令の国籍条項は、原則廃止されている。生活保護については、永住・定住外国人に対しては生活保護の権利行使は否定しつつも、日本人に準じた対応をしている。このほか、外国人には出国の自由は認められるが、入国の自由と再入国の自由は認められていない。

❷法人の人権

法人とは、自然人以外のもので法律により権利義務の主体とされているものをいう。具体的には、会社、学校法人、社会福祉法人、特定非営利活動法人（NPO）などがある。八幡製鉄事件最高裁判所判決（1970（昭和45）年）は、「法人」に関しても「性質」に反しない限り人権が保障されると判示した。

❸特別な法律関係にある人の人権享有主体性

在監者や公務員は、一般国民と異なり特別な法律により人権制約に服す場合がある。公務員は職務の目的から政治的表現の自由や労働基本権が制限されている。

3 公共の福祉

憲法は、基本的人権について「侵すことのできない永久の権利」（第11条、第97条）としている。一方で、人間は、誰もが社会のなかで生活しているので自己の人権を無制約に主張すると、他人の人権と衝突する。それゆえに、人権は一定の場合に制約を受ける。憲法では「公共の福祉」が唯一の明文の人権調整基準である（第12条、第13条、第22条、第29条）。公共の福祉は、個人と個人の人権の衝突を調整する公平の原理である。

基本的人権の制約基準としての「公共の福祉」には、内在的制約（第

★**在監者**
既決の受刑者、未決の被告人、被疑者を意味する。「刑事収容施設及び被収容者等の処遇に関する法律」によって、図書・新聞の閲覧、信書の発受、接見などが制限される。

13条）と政策的制約（第22条、第29条）という二つの原理を内包している。内在的制約原理とは、ある人のプライバシー権を保障するために新聞社が報道（表現の自由）を自粛するなどの場合である。この制約原理は、社会のなかですべての人の人権の共存を目指す消極目的の制約原理である。

政策的制約原理とは、零細小規模商店の営業を守るため大規模商業施設の出店を制約する場合など、形式的平等に伴う弊害を除去し多数の人々の生活水準の向上を図るという積極目的の制約原理である。

公共の福祉は、個人の間で顕在化した人権の衝突を調整する基準である。それゆえに、思想・良心の自由、信教の自由のように人権が内心に留まる場合にはいかなる制約もすることはできない。

3 ▷ 平等性

■1 法の下の平等

平等権とは、人種、信条、性別、社会的身分または門地などを理由として国家から差別的な扱いを受けない権利をいう。この権利の根底には、「一人ひとりの違いは尊重されるべきであり、いかなる環境にあっても価値において違いはない」という人間平等の思想がある。

法の下の平等（第14条）は、すべての人権に対して平等の基本原則を示す役割を担う包括的な人権である。憲法では、法の下の平等を徹底するため、両性の本質的平等（第24条）、教育機会の均等（第26条）、選挙の平等（第44条）など個別的な人権を規定している。第14条第1項の規定は、法律の執行にあたる行政府を拘束するばかりでなく、法律の定立について立法府も拘束する。

■2 平等の内容

❶平等の意味

憲法は、個人の尊厳を中核に構成されていることから、誰もが社会の一員として社会参加できることが憲法の趣旨にかなう。このことから法の下の「平等」については、個人の性別・能力・年齢・財産の多寡などの違いに応じた配慮を内容とする相対的平等と考える。

一方で、憲法は自由権を人権の中核と位置づけている。それゆえに、誰もが一律に社会参加の機会が保障される機会の平等・形式的平等は自

表1-3 近代憲法と現代憲法における「平等」の意味

	近代憲法の「平等」	日本国憲法の「平等」 （現代憲法）
個人の置かれた属性、環境への配慮（性別・能力・年齢・財産等への配慮）	・個人のさまざまな違いに配慮しないで一律に扱う ・絶対的平等	・個人のさまざまな違いに配慮し、合理的区別を認める ・相対的平等
格差是正への配慮	・社会活動への自由な参加を保障（機会の平等） ・形式的平等 ・格差是正の配慮なし	・（原則）誰もが自由に社会参加できることを理想とする ・形式的平等・機会の平等 ・（例外）社会的・経済的弱者には格差是正のための保護を行う ・実質的平等・結果の平等

由権の尊重にかなう。しかし、機会の平等・形式的平等では社会的弱者が直面する生活困難や社会的格差を是正できない。憲法は、生存権を保障することにより福祉国家の性格を有している。このことから、平等権には社会的・経済的弱者が直面する格差や社会的困難の是正に配慮した**実質的平等**も含むと考える。

妊娠した女性に対しての優遇的な取扱いや未成年に対しての軽い刑事罰の適用、あるいは障害者の公務員への優先的な採用（積極的差別解消措置*）などは合憲である。しかし、これを過度に行えば一般国民が不利に扱われる「逆差別」やスティグマ*が発生することにも配慮しなければならない。

❷差別禁止事由

憲法第14条に規定されている禁止条項は、歴史上で特に差別が著しかったものを例として規定している。それゆえに、憲法第14条第1項以外の差別も禁止される。裁判例では、2013（平成25）年改正前の「非嫡出子の相続分は嫡出子の2分の1とする」規定（民法第900条第4号）、2016（平成28）年改正前の「女子のみに6か月以上の再婚禁止期間を課す」規定（民法第733条第1項）、男子18歳、女子16歳とする婚姻適齢の差別（民法第731条）などが、平等原則に違反するのか問題となった。これらは直ちに違憲とはならないが、法の下の平等*の趣旨から以下のように条文が改正された。

嫡出子と非嫡出子の相続分は、2013（平成25）年法改正で同じ割合の相続分に改正された。また、女子の待婚期間は懐胎の合理的根拠をもとに6か月から100日に改正された。男女の婚姻適齢は、改正により、2022（令和4）年より男女ともに18歳となる。

★**積極的差別解消措置**
アメリカでは、アファーマティブ・アクション（affirmative actions）といわれている。機会の平等を実質的に確保するため、女性や民族的少数者など歴史的に差別を継続的に受け続けていた人たちへの教育や雇用などの優遇措置のこと。我が国の同和対策がこれに該当する。

★**スティグマ**
恥辱感や恥の烙印。

★**法の下の平等**
男子60歳、女子55歳を定年年齢とする就業規則は性別による不合理な差別として違憲とされた（最高裁1981（昭和56）年3月24日判決）。

4 ▷ 自由権の内容(1)精神的自由

1 思想・良心の自由

　思想・良心の自由（第19条）は、❶特定の思想を国家から強要されないこと、❷特定の思想をもつゆえに不利益を受けないこと、❸思想についての沈黙の自由を内容とする。この人権は内心にとどまり、他人の人権と衝突しないので制約することはできない。

2 信教の自由

　信教の自由（第20条）は、❶信仰の自由、❷宗教活動の自由、❸宗教結社の自由を内容としている。信仰の自由は内心にとどまる限りは、制約されないが、宗教活動や宗教結社については、他人の人権と抵触するので必要最小限度の制約に服する。

3 表現の自由

　表現の自由（第21条）は、個人が外部に感情や意見などを表明する自由をいう。この人権は、自己統治と自己実現に不可欠な人権である。それゆえ、人権制約については経済的自由よりも厳格な基準が用いられている。

　知る権利とは、国やマスメディアに対して各種の表現媒体を介したり、もしくは直接に情報を妨げられることなく求める権利である。表現の自由を情報弱者である受け手の側から保障した人権である。

★自己統治
自己統治とは、民主政治に参加する社会的な価値。

★自己実現
自己実現とは、自己の求める人格や生活を実現する価値。

4 学問の自由

　学問の自由には、❶学問的研究の自由、❷研究成果発表の自由、❸教授の自由が含まれる。学問の研究が内心にとどまる限りは制約できないが、社会活動に影響を及ぼすような研究をする場合には制約に服する。

5 ▷ 自由権(2)経済的自由と人身の自由

1 経済的自由
❶職業選択の自由

　職業選択の自由（第22条第1項）には、職業を決定する自由と営業

の自由が含まれる。無秩序な職業選択は国民生活を脅かす危険性があるので、一定の制約を受ける。

❷所有権の保障

現代国家においては、財産権は絶対保障ではない。「公共の福祉」により制約される（第 29 条第 2 項）。また、正当な補償の下に公共のために用いることができる（第 29 条第 3 項）。土地収用等による経済的な損失について金銭で補填することを損失補償という。損失補償については、個別の法律に損失補償規定がなくても憲法第 29 条第 3 項を直接の根拠として請求することができる。

★**正当な補償**
当該財産の客観的な市場価格の全額補償とする完全補償説と合理的に算出された相当な額であるとする相当補償説の対立がある。社会改革時以外は、完全補償とするのが通説である。

２ 人身の自由

私たちの個人の尊厳は、自由な行動が確保されることにより実現できることから、人身の自由は、すべての人権の前提としての働きをもつ。法定の手続の保障（第 31 条）は、刑事手続きにおいて「予め明文でどのような行為が犯罪となるかについて定めておく」という罪刑法定主義の根拠である。憲法第 31 条の適正手続の保障は刑事手続のみならず行政手続きにも及ぶ。

★**罪刑法定主義**
行為時に、その行為を犯罪とし、刑罰を科することを定めた成文法がなければ、その行為を処罰できないとする原則。手続き保障により国民の人権を守ることを目的とする。

6 社会権

１ 生存権

生存権（第 25 条）とは、人に値する生活を実現するための諸条件の確保を国家に請求する権利をいう。この人権は、ドイツのワイマール憲法（1919 年）により世界で最初に保障された。我が国では、日本国憲法において初めて規定された。生存権は、社会権の原則規定としての役割を担う。また、福祉国家実現や社会保障の充実に向けて国が積極的に配慮すべき義務を負う根拠となる人権である。

●生存権の法的性格

法的性格について、裁判例はプログラム規定であると解している（プログラム規定説）。通説は、生存権に法的権利性を認めたうえで、裁判規範性については生存権が具体化された法律が制定されれば国民に権利が付与されるとしている（抽象的権利説）。このほかに生存権を具体化する立法が存在しない場合、立法不作為の違憲性の確認を求める訴訟が認められるべきと主張する説がある（具体的権利説）。

★**プログラム規定**
国がすべての国民が人間に値する生存を営むことができるように努力することを国政の目標・指針として宣言したもの。裁判を通じて具体的な請求ができる権利ではない。

★**裁判規範性**
裁判時に権利主張の根拠条文として使える性質を有すること。

生存権を生活保護の分野で具体化したものが生活保護法である。日本
国民は、この法律を根拠として「健康で文化的な最低限度の生活保障」
を国に対して権利として請求したり、不服申立てしたりすることができ
る。

2 その他の社会権

社会権には生存権のほかに、教育を受ける権利（第 26 条）、勤労権（第
27 条）、労働三権（団結権・団体交渉権・団体行動権（第 28 条））が
規定されている。

教育を受ける権利は、国民が人格の形成に必要な教育環境や制度を国
に求める権利をいう。教育を受ける権利を具体化した法律が、教育基本
法や学校教育法である。

労働三権は、使用者に対して弱い立場にある労働者が、自己の生存と
生活を守るために、使用者と対等の立場で交渉できるようにするために
認められた権利である。この人権を具体化した法律が労働三法（労働基
準法・労働組合法・労働関係調整法）である。公務員については、職務
の特殊性から、職種に応じて制限される場合がある。公安職の公務員（自
衛隊・警察・消防など）は、労働三権が認められない。

7 幸福追求権

1 幸福追求権の意味

幸福追求権とは、憲法第 13 条が規定する「生命、自由及び幸福追求
に対する国民の権利」を包括する権利である。この権利は、日本国憲法
が保障する第 15 条以下の個別の条文により人権保障が漏れる場合に、
いわゆる「新しい人権」を創設する根拠となる。

幸福追求権（第 13 条）と憲法第 15 条以下に規定されている個別の
人権とは、一般法と特別法の関係にある。それゆえに、一般法である幸
福追求権は、特別法である個別の人権の適用がない場合に限り幸福追求
権を適用することができる。

2 幸福追求権の内容

プライバシー権、肖像権、自己決定権、環境権など多数の新しい人権
が幸福追求権を根拠として主張されている。しかし、新しい人権をみだ

りに創設すると、いわゆる人権のインフレにより自由権など重要な人権の価値が低下する危険性がある。それゆえに、裁判例はプライバシー権や肖像権など限定した範囲でしか認めていない。

3 自己決定権

自己決定権とは、個人が私生活に関する事柄について公権力から干渉されることなく自ら決定することができる権利をいう。この権利の範囲は広く、❶自分の生死に関すること（治療拒否、輸血拒否、安楽死・尊厳死など）、❷家族のあり方（結婚、離婚、出産、堕胎など）、❸ライフスタイルに関すること（髪型、飲酒、喫煙、バイクの運転など）、❹性に関すること（性別適合手術、同性愛の行動）などがある。権利の範囲について問題となった場合、一つの指針として人格的生存に不可欠か否かで判断する考え方がある。

4 プライバシー権

プライバシー権とは、外部から自分の私生活にみだりに干渉されたり、公開されたりすることを許さない権利である。この人権は、アメリカの判例を通して形成された。日本では、いわゆる「宴のあと」判決（東京地判 1964（昭和 39）年）で認められた。

この権利の侵害基準として最高裁判決（2003（平成 15）年）によれば、❶秘匿されるべき必要性が高い情報であり、❷開示されることについて本人の同意がなく、❸自己が欲しない他者にはみだりにこれを公開されたくないと考えることが自然なことであり、そのことへの期待が保護されるのである場合、としている。

> **Active Learning**
>
> 身近な人権問題を取り上げ、その問題にはどのような人権がかかわっているのか種類・性質・内容・人権調整・権利擁護の視点から考えてみましょう。

8 統治機構

1 三権分立

国家権力が一つの国家機関に集中すると権力の濫用が発生し、人権の中核である自由権や権利が侵害される危険性がある。そこで、憲法は、統治の機構を国会（立法）、行政（内閣）、司法（裁判所）の三権に分立させて、機関相互での抑制と均衡を図っている。

権力分立の類型は、立法と行政を明確に分離する大統領制と、行政が立法と連携する議院内閣制に大別される。憲法は、**議院内閣制**を採用し

図1-2 国民の人権を保障する権力分立

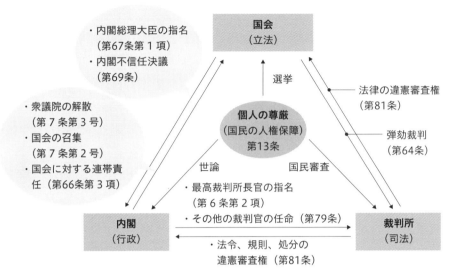

ている。

　議院内閣制は、国民の代表で構成される国会（立法）が強大な権力を有する内閣（行政）をコントロールするとともに、国政に民意を反映させ、国会と内閣の協力で円滑な国政運営を行うことを目的としている。

2 国会

❶国権の最高機関と唯一の立法機関の意味

　国会は**国権の最高機関**であって、唯一の立法機関である（憲法第41条）。「国権の最高機関」とは、通説によると国会が主権者である国民を代表する重要な国家機関であることを意味し、内閣と裁判所に優越する地位をもつものではないと理解されている（政治的美称説）。

　唯一の立法機関には、国会中心立法の原則と国会単独立法の原則の二つの原則が含まれる。

❷国会の権能

　国会の権能には、憲法改正発議権（第96条）、法律の議決権（第59条）、条約の承認権（第61条、第73条第3号）、内閣総理大臣の指名権（第67条）、弾劾裁判所の設置権（第64条）、財政の監督権（第60条・第83条以下）がある。

❸衆議院の優越

　国会は、衆議院と参議院の二院で構成されている（第42条）。原則として両議院の一致によって国会の意思が形成される。憲法では、法律

★**国会中心立法の原則**
国会だけが法規をつくる権限をもつことをいう。例外は衆議院および参議院の規則制定権（第58条第2項）と最高裁判所の規則制定権（第77条第1項）である。

★**国会単独立法の原則**
国会の議決だけで法律は成立し、他の国家機関の関与を否定する原則をいう。例外として地方特別法の制定がある（第95条）。

の議決権（第59条第2項）、予算の議決（第60条）、内閣総理大臣の指名（第67条第2項）に関しては、衆議院の議決が参議院の議決に優越する。

3 内閣

内閣は首長である内閣総理大臣とその他の国務大臣で組織される（第66条）。内閣総理大臣は、国会議員のなかから国会が指名し（第67条第1項）、天皇が任命する（第6条第1項）。内閣総理大臣は、国務大臣を任命し罷免することができる（第68条）。内閣総理大臣そのほかの国務大臣は、文民でなければならない（第66条第2項）。

内閣の事務は、法律の執行、外交関係の処理、条約の締結、予算の作成、政令の制定、恩赦の決定、一般の行政事務などである（第73条）。

4 裁判所

❶司法権と裁判

すべて司法権は、最高裁判所および下級裁判所（高等裁判所、地方裁判所、家庭裁判所、簡易裁判所）に属する（第76条第1項）。最高裁判所および下級裁判所を通常裁判所という。通常裁判所は、民事・刑事事件だけでなく行政事件も含む一切の法律上の争訟を審査する権限をもつ。ただし、弾劾裁判、外交官の治外法権、立法裁量・行政裁量、高度に政治性をもつ事項（統治行為）などは、裁判所の司法審査の対象にならない。

軍法会議、皇室裁判所、行政裁判所のような特別裁判所は、行政による人権侵害の危険性があるので設置できない。同様の理由で行政機関は、終審として裁判を行うことはできない。

裁判は国民の監視を保障し、公正さを確保するため、原則として公開されなければならない（第82条第1項）。裁判所は、少数者の人権を守る役割を担うため、憲法は、裁判官の職権行使の独立（第76条第3項）と裁判官の身分保障を規定している（第78条）。

❷違憲審査権

違憲審査権は、すべて法律、命令、規則または処分などの国家行為が憲法に適合するか否かを判断する権限をいう（憲法第81条）。最高裁判所のみならず、下級裁判所もこの権限を有している。これにより、憲法の最高法規性（第98条）が確保されるとともに、憲法の目的である国民の基本的人権の保障が実現される。裁判所は、具体的な民事・刑事・

★文民
旧陸海軍の職業軍人の経歴を有する者であって軍国主義的思想に深く染まっている者あるいは自衛官の職にある者以外の者をいう。文民が軍事を支配することをシビリアンコントロール（文民統制）という。

★司法権
具体的な事件について、法を適用し、宣言することによってこれを裁定する国家作用をいう。

★弾劾裁判
違法または不当な行為により公職に就くのがふさわしくないとして訴追された公務員を罷免する裁判をいう。我が国では、裁判官の罷免についての弾劾裁判制度が憲法に明記されている。弾劾裁判所は国会に設置される。

行政事件を処理するために必要な範囲でしか**違憲審査権を行使できない**（**付随的審査制**）。

5 地方自治

❶地方自治の意義

　地方自治とは、国から独立した地方公共団体が地域住民の意思を反映させ、自らの権限と責任で立法と行政を運営する制度をいう。中央政府の権力の抑止と住民参加による民主主義の育成の意義がある。

　地方公共団体は、普通地方公共団体★と特別地方公共団体★で構成されている。都道府県と市町村が普通地方公共団体に属し、特別区★、地方公共団体の組合、財産区が特別地方公共団体に属する。

❷地方自治の本旨

　地方公共団体の組織および運営は、**地方自治の本旨**（**本来の趣旨**）に基づいて行われる（第92条）。地方自治の本旨には、住民自治★と団体自治★が含まれる。

❸地方公共団体の事務

　地方公共団体の事務には、自治事務★と法定受託事務★がある。自治事務には、介護保険の給付、国民健康保険の給付、各種福祉サービスの提供や各種医療費補助などがある。法定受託事務には、生活保護の実施、国政選挙の実施、戸籍事務などがある。

★**普通地方公共団体**
組織・事務・機能等が一般的であり、普遍的に存在する地方公共団体をいう。地方自治法では、市町村を「基礎的な地方公共団体」とし、都道府県を「市町村を包括する広域の地方公共団体」と定めている。

★**特別地方公共団体**
区域・組織・事務・権能等が特殊であり、存在が普遍的でない地方公共団体をいう

★**特別区**
都に設置された23区をいう。市町村に準ずる基礎的な地方公共団体である。

★**住民自治**
地方公共団体の政治と行政は、地域住民の意思に基づいて行うという民主主義の原理を基盤にもつ。

★**団体自治**
団体自治とは、地方公共団体が、国から独立して自らの意思と責任で地方の政治を運営する原理であり、自由主義の原理を基盤にもつ。

★**自治事務**
地方公共団体が処理する事務のうち、法定受託事務以外のものをいう。

★**法定受託事務**
法律により「都道府県、市町村又は特別区が処理することとされる事務のうち、国が本来果たすべき役割に係るものであって、国においてその適正な処理を特に確保する必要があるものとして法律又はこれに基づく政令に特に定めるもの」をいう。

◇**参考文献**
・向井久了『やさしい憲法 第3版』法学書院，2005.
・山本克司『福祉に携わる人のための人権読本』法律文化社，2009.
・芦部信喜・高橋和之補訂『憲法 第6版』岩波書店，2015.
・辻村みよ子『憲法 第5版』日本評論社，2016.
・浦部法穂『憲法学教室 第3版』日本評論社，2016.
・高橋和之『立憲主義と日本国憲法 第4版』有斐閣，2017.
・社会福祉士養成講座編集委員会編『新・社会福祉士養成講座⑲ 権利擁護と成年後見制度 第4版』中央法規出版，2014.

●**おすすめ**
・樋口範雄『超高齢社会の法律，何が問題なのか』朝日新聞出版，2015.

第3節 民法

学習のポイント

● 権利擁護にかかわる民法の基本となる原則を理解する
● 契約に関する基本を理解する
● 不法行為の基本を理解する
● 親族・相続に関する基本を理解する

1 総則

1 権利の主体

❶民法の権利の主体

民法が対象としている私人には、自然人のほかに、法律の規定に基づき設立された株式会社、医療法人、社会福祉法人等の法人も含まれる。

❷権利能力

権利の主体になれる能力を**権利能力**といい、出生と同時に認められる（第3条）。自分の行為の結果を判断して有効に意思表示ができる能力を**意思能力**という。小学校低学年程度の精神能力といわれている。意思能力がない場合にはその意思表示は無効である（第3条の2）。

法律行為★を有効に行う能力を**行為能力**といい、民法は20歳未満（2022（令和4）年4月1日から18歳未満）の未成年者に対して一律に行為能力を制限し、未成年者を保護している。契約であれば親権者が代理人として締結するか、同意を得て行い、親権者の同意なくして行った契約は取り消すことができる。成人の場合も成年後見制度の対象となる本人については取り消すことができる。

ただし、婚姻・離婚・養子縁組・離縁など、身分の取得・変動を生ずる法律行為である身分行為については例外が認められており、行為能力の規定の適用がなく、未成年者の婚姻は父母の同意があれば可能であり（第737条。ただし、2022（令和4）年3月31日まで）、成年被後見人についても原則として、個々の場合につき意思能力（正常な判断能力）があれば足りるものとされている（第737条、第738条）。

さらに、不法行為については、未成年者および精神上の障害により自

★**法律行為**
一定の法律効果の発生（たとえば売買契約）を欲する者に対してその欲するとおりの法律効果を生じさせるための行為をいう。意思表示を内容とする。契約は典型的な法律行為である。

己の行為の責任を弁識する能力を欠く状態にあるものは責任がないとしており（第712条、第713条）、自己の行為によってどのような責任が生じるかを理解する能力を責任能力としている。

▌2 法律行為

❶民法の基本原則

民法ではすべての人に権利義務の主体として等しく資格を有するものとして扱っている（権利能力平等の原則）。

また所有権は法令の制限による以外は自由であり、自己所有物を自由に支配できる（所有権絶対の原則）。

自己の意思に基づき私的な関係は自由に形成できる（私的自治の原則）。これに基づき、当事者間の合意によって成り立つ契約の内容は自由に決めることができ（**契約自由の原則**）、加害者に責められるべき事情（故意・過失）がなければ、被害者に対して損害賠償の責任を負わない（過失責任の原則）として、自由な行動を保障している。

ただし、この権利は無制限ではなく、公共の福祉に適合しなければならないとされている（公共の福祉の原則・第1条第1項）。また、権利の行使および義務の履行は、信義に従い誠実に行わなければならないとされている（**信義誠実の原則**・第1条第2項）。さらに、権利を有していても、社会的に許容できる範囲を超えた方法での行使は許されないとしている（**権利濫用の禁止**・第1条第3項）。

そして、民法の解釈にあたっては、個人の尊厳と両性の本質的平等を旨として、解釈しなければならないとしている（民法第2条、憲法第13条、第24条）。

❷公序良俗

民法は私的自治の原則を採用しており、私人の生活においてはその自由が尊重され、法律行為はその当事者の意図したとおりの効果が認められる法律行為自由の原則が定められている。しかしながら、法律行為の自由を無制限に認めると、財産的秩序や倫理的秩序などが害されるおそれがあるため、公序良俗違反として法律行為は無効となる（第90条）。公の秩序は国家および社会の一般的利益を、善良の風俗は社会の一般的倫理をそれぞれ意味している。

❸民法の規定の効力

契約自由の原則の下でどのような合意をするかは当事者間に任されているが、民法およびこれにかかわる法律の規定のなかには法律の規定に

違反すると違法になる場合があり、このような規定を強行規定という。たとえば、金融機関がお金を貸す場合の利息については利息制限法によって上限が定められており、これに違反をすると違法となる。違法な法律行為は無効となる。これに対して、法律の規定に反しても違法とならない規定は任意規定という。

❹法律行為の瑕疵

法律行為は意思表示の合致によって成立する。しかし、この意思表示に瑕疵がある場合には、法律行為が無効となったり取り消すことができたりする。ただし、事情を知らない第三者に対しては無効や取消しを主張できない場合がある。

① 心裡留保

自分の真意と異なることを知って行った行為は有効である。このような意思表示を心裡留保★という。たとえば、売主が実は 1 万円の商品を自ら承知で 8000 円と表示した場合である（第 93 条）。もっとも、買主が、本当は売主は 8000 円で売る意思がないことを知っていたとき、または、そのことを知ることができたときは、売主は 8000 円での売買を無効であると主張できる。

② 虚偽表示

相手方と通じて真意と異なる虚偽の意思表示をすると無効となる（第 94 条）。たとえば、ある者 A が、ほかの人からの請求を免れるために、実際には不動産を売買していないのに、B との間で売買が行われたものとして B に売買で登記を移転する場合である。ただし、事情を知らされずに B に売買代金を払って土地を取得した C は、善意の第三者であり、A や B は C に対して、売買の無効を主張することはできない。

③ 錯誤

意思表示が錯誤に基づく場合には、一定の要件を満たしていれば取り消すことができる（第 95 条）。錯誤とは、その意思を示した者（表意者）の真意と表示が一致していないことを表意者が知らない場合である。

運動靴を買うつもりが、サンダルを示して「これを買う」と言ってしまった場合や、ジャケットを 1 万円で売るつもりが 1000 円と表示してしまった場合などは、表意者の内心の意思と表示された意思に不一致がある。

問題になるのは、近くに駅ができる予定で通勤に便利なのでマンションを購入したが、駅ができる話は事実無根であった場合など、購入する物や価格、売買の意思には不一致がないが、購入の動機との間に不一致

★心裡留保
真意と異なることを知って行った行為（意思表示）について、相手方が真意を知っていたとき、または、知ることができたときは、当事者間ではその意思表示は無効となるが、第三者に対抗することはできない（第 93 条第 2 項ただし書）。

がある場合である。

これについては、それが法律行為の目的および社会通念に照らして重要なものであるときは取り消すことができるとされている。

取り消すことができるのは、❶意思表示に対応する意思を欠く錯誤、または、❷表意者が法律行為の基礎とした事情についてのその認識が真実に反する錯誤である。❷による意思表示の取消しは、その事情が法律行為の基礎とされていることが表示されていたときに限り（近くに駅ができるので購入することを示していたとき）、取り消すことができる。

錯誤が表意者の重大な過失によるものであった場合には、①相手方が表意者に錯誤があることを知っていたか、または重大な過失によって知らなかったとき、または②相手方が表意者と同一の錯誤に陥っていたときを除き、意思表示の取消しをすることはできない。

④　詐欺または強迫

詐欺（人を騙して意思表示をさせた場合）または強迫（相手方を脅して怖がらせるなどして意思表示をさせる）によってなされた意思表示は取り消すことができる（第96条)、

❺代理

法律行為の意思表示について、自分以外の者に代理権を与えた場合には、代理人が意思表示を行って取引等を行うことができる（第99条）。また、取引の相手方は代理権を与えられた者に対して意思表示ができる（法定代理については第6章第1節を参照）。

▌3 物権と債権

財産を支配する民法上の権利は大きく分けると物権と債権がある。

物権とは、物を直接に支配する権利であり、所有権をはじめ、不動産に設定する抵当権、質権等をいう。

債権はある者（債権者）が特定の相手方（債務者）に対して一定の行為（給付）をするよう要求できる権利をいう。

物権は、誰に対しても権利を主張できる絶対的な財産の支配権であるのに対して、債権は、特定の人にある要求をする権利であって第三者には権利を主張できない相対的な請求権である。

物権には、占有を法律上正当づける実質的な権利として、物を全面的に支配（使用・収益・処分）する権利である所有権（第3章・第206条）がある。

このほかに、物の使用価値の一部を支配することを内容とする物権と

★物権
物権の種類と内容は法律によって定められ、法律で定められたもの以外の物権を新たに創設することはできないとされている（物権法定主義・民法第175条、民法施行法第35条）。

★占有権
このほかに、物に対する事実上支配状態（占有）の保護を目的とする権利である占有権（第180条）も物権である。

して、地上権（他人の土地において工作物または竹木を所有するため、その土地を使用する権利・第265条）、地役権（他人の土地を自己の土地の便益に供する権利・第280条）などがある。

さらに、物の交換価値の全部あるいは一部を支配することを内容とする物権を担保物権という。このなかには、法律に基づいて成立する担保物権として、留置権（その物に関して生じた債権を有するときは、その債権の弁済を受けるまで、その物を留置することができる権利・第295条）、先取特権（債務者の財産について、ほかの債権者に先立って自己の債権の弁済を受ける権利・第303条）がある。

一方、合意によって成立する担保物権（約定担保物権）として、質権（債権の担保として債務者または第三者から受け取った物を占有し、かつ、その物についてほかの債権者に先立って自己の債権の弁済を受ける権利・第342条）、抵当権（債務者または第三者が占有を移転しないで債務の担保に供した不動産について、ほかの債権者に先立って自己の債権の弁済を受ける権利・第369条）などがある。

2 契約

1 契約とは

民法が定める法律行為のうち、社会生活のなかで最も重要なのは契約である。売買、不動産の賃貸借、金銭の貸し借り（消費貸借）、介護サービスの利用などが契約にあたる。

契約には、双方が債権債務を負担する**双務契約**（売買・賃貸借など）と一方だけが債務を負担する**片務契約**（贈与など）がある。

当事者が対価的意義のある給付をなすものが有償契約（目的物の引き渡しと代金支払いによる売買、目的物を使用させ、賃料の支払いを受ける賃貸借など）であり、対価給付がないものが無償契約である。

契約には、売買、賃貸借、消費貸借、贈与などのほかにも、使用貸借（無償で使用をさせること）、雇用（労働契約）、請負、委任などがある。

2 合意の成立と債務の履行

契約は、当事者双方の合意によって成立する。契約によって生じた義務（債務）は、一般的な取引の慣行を踏まえ、履行されなければならない。双務契約においては、当事者の一方は、相手方が債務の履行を提供

するまでは自己の債務の履行を拒むことができる（同時履行の抗弁権。第533条）。

3 債務不履行

債務者が債務の本旨にしたがった履行をしないこと（期日までに支払いをしない等）を**債務不履行**という。

債権者は、それによって被る損害の賠償を請求することができ（第415条）、契約を解除することができる（第541条、第543条）。契約が解除されると契約ははじめからなかったことになる。

なお、訪問販売・通信販売・割賦販売については、消費者契約法等によってクーリングオフ*による解除も認められている。

債務不履行については、履行が可能であるにもかかわらず契約で定めた期日になっても履行をしない場合の履行遅滞、債務者側の原因で履行ができなくなった場合の履行不能、履行の内容が不完全な場合の不完全履行がある。

4 契約不適合責任*

契約に基づいて引き渡された物の種類、品質または数量が契約の内容に適合しないものであるときは、それが買主の責めに帰すべき事由によらない場合は、買主は売主に対し目的物の修補、代替物の引渡しまたは不足分の引渡しによる履行の追完を請求することができる。ただし、売主は、買主に不相当な負担を課するものでないときは、買主が請求した方法と異なる方法による履行の追完ができる（第562条）。

5 危険負担

契約は、典型的には2人の当事者間で結ばれ、相互に債務を負っている。契約上の債務について、片方の債務が、両当事者の帰責事由なく履行不能となったときに、もう片方の債務は履行しなければならないのか、それとも消滅するのかが問題になる。このことを「危険負担」という。危険負担の規定は任意規定であり特約をすることもできるが、当事者間に合意がない場合は民法に定めるところによる。

当事者双方の責めに帰することができない事由によって債務を履行することができなくなったときは、債権者は、反対給付の履行を拒むことができる（第536条第1項）。履行を拒むことはできるが、債務は当然には消滅せず、債権者が自己の債務を消滅させるには契約を解除する必

★クーリングオフ
一定の契約に限り、一定期間、説明不要で無条件で申し込みの撤回または契約を解除できる法制度。会社や商人には適用されない。ただし、特定商取引に関する法律、割賦販売法、ゴルフ場等に係る会員契約の適正化に関する法律、宅地建物取引業法、保険業法等で規定されている。

★契約不適合責任
契約に不適合がある場合、買主は、売主に対して、代金減額を請求すること（第563条・第565条）、債務不履行として契約の解除をすること、または損害賠償請求をすることができる（第564条、第415条、第541条、第542条）。
種類・品質の契約不適合の場合は、買主は不適合を知ったときから1年以内に売主に不適合の事実を通知する必要がある（第566条本文）。数量・権利の契約不適合（数量不足、他人物売買など）の場合は、消滅時効の一般原則（知った時から5年、または行為の時から10年）による。

要がある。

債権者の責めに帰すべき事由によって債務を履行することができなくなったときは、債権者は、反対給付の履行を拒むことができない（第536条第2項前段）。この場合、債務者は、自己の債務を免れたことによって利益を得たときは、これを債権者に償還しなければならない（第536条第2項後段）。

ある物の売主（債務者）について、買主（債権者）への引渡し前にその物が滅失した場合、滅失について当事者双方の責めに帰すことができない場合には、買主は支払いを拒むことができ、契約を解除することができる。売主の責めに帰すべき事情によって履行不能となった場合にも、買主は契約を解除することができる。一方、買主の責めに帰すべき事由によって目的物が滅失した場合には、買主は代金支払を免れることができないことになる。

3 不法行為

1 不法行為とは

ある者が他人の権利や利益を違法に侵害することを不法行為といい、民法では、その場合に加害者に対して被害者の損害を賠償すべき債務を負わせている（第709条）。自動車を運転していて前方不注視の過失により、歩行者に衝突してけがを負わせた場合などである。

不法行為は、原則として**故意**または**過失**によって他人の権利・利益を侵害した場合にその損害賠償義務を負う（一般不法行為）。被害者が加害者の故意・過失の立証する責任を負う過失責任主義をとっている。

一方、民法の規定の一部や特別法では、この原則を修正して、被害者が立証すべき内容について加害者に立証責任を負わせる場合や、無過失責任の規定が設けられている場合がある（特殊不法行為）。

2 不法行為の成立要件

❶加害者の故意・過失

故意とは加害者が結果発生を認識し容認していること、過失とは結果発生を認識すべきであったにもかかわらず認識しなかったことをいう。

過失については、予見可能性（加害者自身が損害の発生という結果が予測できること）があったにもかかわらず損害の発生という結果を回避

すべき義務（結果回避義務）を怠ったことをいう。損害の発生について予測不可能であれば不法行為責任を負うことはなく、予測可能でも損害発生を回避するための対策を十分に講じていればやはり不法行為責任は発生しない。

加害者の故意・過失は、被害者が主張立証する責任がある。

❷権利侵害

加害者の行為によって被害者の権利や法律上保護されるべき利益が侵害されたこと。法律上の権利である所有権などの財産権のほかに人格権なども含まれる。どのような権利が侵害されたかは被害者が立証する。

❸損害の発生

加害行為がなければ存在したはずの利益と、加害行為の結果である現実の利益との差が損害となる。被害者が立証する責任がある。

❹相当因果関係

発生した損害と加害者の行為との間に因果関係が存在することが必要である。社会通念上、その行為がなければその損害が生じなかったことが認められ、かつ、そのような行為があれば通常そのような損害が生じるであろうと認められるような関係のことをいう。

被害者に立証する責任がある。

❺責任能力

行為者に**責任能力**がなければならない（第712条、第713条）。未成年者は他人に損害を加えた場合において、自己の行為の責任を弁識するに足りる知能を備えていなかったときは、その行為について賠償の責任を負わない（第712条）。

精神上の障害により自己の行為の責任を弁識する能力を欠く状態にある間に他人に損害を加えた者は、その賠償の責任を負わない（第713条）。

責任能力がない者が他人に損害を加え、その責任を負わない場合においては、法律上その責任無能力者を監督する義務を負う者は、その責任無能力者が第三者に加えた損害を賠償する責任を負う（第714条第1項本文）。ただし、監督義務者がその義務を怠らなかったとき、またはその義務を怠らなくても損害が生じたであろう場合には責任を免れる（第714条第1項ただし書）。

なお、監督義務者に代わって責任無能力者を監督する者も監督義務者と同様の責任を負う（第714条第2項）。

❻違法性

権利侵害は違法なものでなければならないので、法律上正当な行為等

（医療契約に基づく身体への損傷、正当防衛が成立する場合など）は被害者の権利を侵害しても違法性がなく、損害賠償の責任を負わない。

違法ではないことは、加害者が立証する責任がある。

3 特殊不法行為

❶使用者責任

事業のために他人を使用する者（使用者）は、被用者（従業員など）がその事業の執行について第三者に損害を加えた場合にはそれを賠償しなければならない。これを使用者の不法行為責任という（第715条第1項）。なお、使用者に代わって事業を監督する者も使用者としての責任を負うとされている（第715条第2項）。

ただし、使用者が被用者の選任およびその事業の監督について相当の注意をしたとき、または相当の注意をしても損害を避けることができなかったとき（監督責任と損害との間に因果関係がない場合）は、責任を負わない。

❷工作物責任

土地の工作物（建造、道路、塀、電柱等）の瑕疵によって他人に損害を与えた場合に、その工作物の占有者は被害者に対して損害を賠償する責任を負う。ただし、占有者が損害の発生を防止するのに必要な注意をしたときは、所有者がその損害を賠償しなければならない（第717条）。

❸損益相殺★

不法行為によって被害者が一定の利益を得た場合（保険金等）には損害賠償額は減額調整される。

❹過失相殺★

不法行為の発生において被害者側にも過失が認められる場合にも損害賠償額は減額調整される。ただし、被害者救済の見地から、裁判所に裁量権があり、過失相殺を賠償額の計算に反映させず損害額全額を認容することができる（第722条第2項）。

4 親族

1 親族とは

血縁関係がある者を血族、婚姻によって親族になった者を姻族といい、民法は、6親等内の血族、配偶者、3親等内の姻族を「親族」と

★**損益相殺**
損害を受けた者が、その損害発生と同一の原因によって利益を受けた場合、損害賠償の全額を被害者が受けることになると二重の利得となるため、損害賠償額からその利益を控除して調整を図る制度。たとえば、不法行為によって建物が焼失した場合、被害者に支払われた火災保険金額を、加害者から被害者に支払われる損害賠償額から控除する。

★**過失相殺**
損害額を算定するにあたって損害を受けた者がその損害発生に過失があった場合、加害者に損害額の全部を負担させるのは不公平であるので、その被害者の責任割合に応じた額ないし割合を控除して損害の公平な分担を図る制度。たとえば、運転者に前方不注視があったが、被害者たる歩行者も横断歩道以外のところで横断していた場合など、事情に応じて、被害者の過失割合分を損害賠償額から減額する。

して定めている（第725条（**図1-3**））。親等の数え方は、父母および子が1親等、祖父母および兄弟は2親等、孫、甥姪、伯父叔父・伯母叔母は3親等になる。

　直系血族および兄弟姉妹は、互いに扶養をする義務がある（第877条）。

図1-3　親族図（法律上親族とされる範囲）

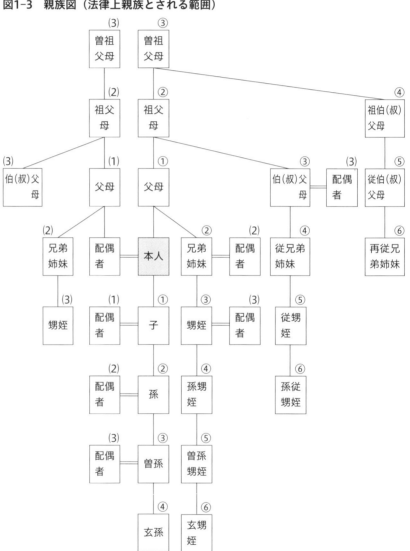

注　1）垂直線でつながった親族が直系であり、斜線で外側に出た親族は傍系である。血縁でつながった親族が血族であり、配偶関係を通した親族は姻族である。
　　2）自己の配偶者の兄弟姉妹の配偶者とは親族関係はない。また、自己の直系卑属（子・孫など）の配偶者の父母とは親族関係はない。
　　3）①—⑥は血族間の親等を示し、⑴—⑶は姻族間の親等を示す。
出典：福祉士養成講座編集委員会編『新版社会福祉士養成講座⑫　法学　第3版』中央法規出版，2006.

2 夫婦

❶婚姻

結婚は両性の合意によって成立し、法律上の配偶者としての保護は婚姻届を提出する必要がある。婚姻届を提出していない事実婚（内縁関係）についても、相続権を除き、判例によって一定の範囲で配偶者と同様の権利が認められている。

❷権利義務

夫婦は、同居して、お互いに協力しあわなければならない（第752条）。また、保有する資産や収入等に応じて、婚姻から生じる費用（婚姻費用）を分担する義務を負う（第760条）。

配偶者以外との不貞行為を禁じる直接の規定はないが、不貞行為は離婚事由と定められており（第770条第1項）、貞操義務を負う。

未成年の子どもがいる場合、親権者である両親は、子どもを監護する義務を負う（第820条）。

一方の配偶者が死亡した場合には、生存している配偶者に、死亡した配偶者の財産（遺産）を相続する権利が発生する（第890条）。

❸離婚

離婚も夫婦の合意によって成立する。離婚の種類は、協議離婚、調停離婚（家庭裁判所での調停による）、裁判離婚（訴訟による）の3種類があり、いずれの場合も所定の離婚届に必要事項を記載して離婚届を提出する。

合意が成立しない場合には、法律上の事由（不貞、3年以上の生死不明、暴力などの婚姻を継続しがたい重大な事由）がある場合に離婚請求ができる（第770条）。

離婚に伴って、未成年者の親権に関する協議が必要になるほか、婚姻期間中に夫婦で築いた財産の財産分与請求権が発生する（第768条）。厚生年金についても年金分割の制度が認められている。

3 親子

❶実親子

法律上の婚姻をした夫婦の間に出生した子は嫡出子、法律上の婚姻以外の子は非嫡出子となる。

❷養子

親子関係については婚姻と分娩によって発生する関係以外に養子縁組による場合がある。養子は嫡出子と同じ権利を有する。血縁関係の親子

関係も原則として失われないが、15歳未満の子との間では一定の要件を満たせば、法律上血縁関係の親子関係が維持されない特別養子縁組制度が認められている。

　未成年との養子縁組は、父母の婚姻に伴いその配偶者との間で養子縁組をする（再婚相手の連れ子と養子縁組をする）場合を除き、家庭裁判所の許可を得る必要がある。

★養子縁組
養子縁組については、双方の合意または、法律上の自由がある場合には、解消ができる。

　婚姻している場合の養子縁組[★]は夫婦で行う必要がある。

❸親権

　未成年の子に対しては、父母が親権者となる。

　親権は、子の監護・教育、居所指定、懲戒、職業許可、財産の管理と代理の権限である（第820条～第824条）。婚姻した夫婦の子に対する親権は夫婦が共同で行使するが、離婚をした場合には、父または母の単独親権となり、離婚にあたって未成年の子がいる場合には、必ずどちらかを親権者として指定しなければならない。

5 ▶ 相続

1 法定相続人と法定相続分

　人の死亡を契機として財産が移転することが相続であり、民法では、相続権がある親族を定めている。

　第1順位は配偶者および子であり、子がいない場合の第2順位の相続人は父母であり、子も父母もいない場合の第3順位は兄弟姉妹である。子が死亡している場合には、孫が代襲相続人になり、兄弟姉妹が死亡している場合にはその子である甥姪が代襲相続人になる。

　法定相続人の相続分は、

❶　配偶者と子の場合

　　配偶者：2分の1、子：2分の1を子の人数で割った割合

❷　配偶者と父母の場合

　　配偶者：3分の2、父母：3分の1（両名の場合6分の1ずつ）

❸　配偶者と兄弟姉妹の場合

　　配偶者：4分の3、兄弟姉妹：4分の1を兄弟姉妹の人数で割った割合

　子については、父母のいずれかしか同一ではない場合には、父母ともに同一である兄弟姉妹の法定相続分の2分の1となる。

法定相続分は上記のとおりであるが、誰がどの相続財産（遺産）をどのような割合で取得するかは、遺言がなければ相続人間の協議で定める。なお、債務については、相続人が法定相続分に従って承継する。

２ 相続放棄・限定承認

相続財産のなかには負債のほうが多い場合もある。このため、相続人は相続を放棄したり（第938条）、負債が財産よりも多い場合は財産の範囲で財産と負債を相続する限定承認（法定相続人全員で行うことが必要）をすることができる（第922条）。これは相続が発生したことを知ってから3か月以内に家庭裁判所に申し立てる。

３ 遺言

❶遺言の種類

満15歳に達した者は自分（被相続人）の相続財産を誰にどのように取得させるかを生前に定めることができる（第961条）。これを遺言といい、法律で定められた事項を記載した遺言書を作成する。

遺言は、公証役場で2人の証人立ち合いで作成する公正証書遺言と自筆遺言★がある。

遺言では、法定相続人だけではなく、誰（法人を含む）に対して財産を取得させることも自由にできる（遺贈）。

❷遺留分

遺言がある場合にも、配偶者・子は法定相続分の2分の1、子がいない場合の直系尊属（父母）は法定相続分の3分の1の遺留分を有する（第1042条）。

遺留分権利者が、遺言でその権利が侵害されている場合には、権利を取得する者に対して遺留分を請求できる。ただし、これは自らの権利が侵害されていることを知ってから1年以内に権利行使をしなければならない。

❸祭祀の承継

墓地や仏壇・位牌等を承継し、葬儀・法要等を行うことは祭祀の承継といい、被相続人があらかじめ承継する人を指定した場合にはその人が承継し、これがない場合には、慣習によって定める。

★自筆遺言
自筆遺言の遺産目録はパソコンで作成することも可能であり、作成後に原本を法務局に預けることができる。本人が死亡したときには遺言を保管している者が家庭裁判所に検認（裁判所で遺言を開封すること）の申立てをする必要がある。

Active Learning

あなたが認知症高齢者の権利擁護を行う場合を想定し、日常生活支援のさまざまな場面で必要な民法の制度を具体的に考えてみましょう。また、クライエントの死後の財産権継承にかかわる民法の制度について考えてみましょう。

学習のポイント

● 行政活動の形式とその特徴を理解する
● 行政活動の形式のうち救済の対象となるものを理解する
● 救済の対象となる行政活動の形式について適切な救済手段を理解する

 1 ソーシャルワークにかかわる行政法

　たとえば、生活保護を受給しているクライエントから福祉事務所の生活保護費減額の処分に不服である旨の相談を受けた場合にどのように対応すべきであろうか。また、介護保険給付を要するクライエントから介護認定審査会が行った介護認定に不服である旨の相談を受けた場合にどのように対応すべきであろうか。

　これらの相談に適切に対応するためには、生活保護法や介護保険法などの法律を理解することはもちろんであるが、さらに行政法の法理論の理解も必要となる。

2 行政法とは

　憲法や民法などと異なり「行政法」という固有の成文法があるわけではない。公権力は、立法・行政・司法の三権に分立されるが、その行政に関する法分野全般が行政法である。

　行政はさまざまな政策目的のもとに国民に関与するが、これを民主的にコントロールして国民の権利と自由を擁護するため、三権分立の原理の下では行政の活動は国民の代表である国会が制定した法律に従わなければならない。これを**法律による行政の原理（法治主義）**という。法律による行政の原理の下、行政の組織を設置することも法律によらなければならないし、行政の活動も法律によらなければならない。さらに、行政の活動が誤っていた場合に国民を救済する仕組みも法律によらなければならない。

　これらの観点から行政法を分類するとすれば、それぞれ行政の組織に関する法分野、行政の活動に関する法分野、行政の活動からの救済に関する法分野という分類が可能となる。

3　行政の組織に関する法分野

1　行政主体と行政機関

　国の組織に関する法として内閣法や国家行政組織法があり、地方公共団体の組織に関する法として地方自治法がある。国や地方公共団体である都道府県・市区町村は、それぞれが法人としての**行政主体**である。行政主体同士は対等な法人格を有しているが、行政事務を委託されて執行する限りで上下関係に立つ場合がある。

　行政主体のなかに一定の権限と**責務**を与えられた法的地位が用意される。これらの法的地位を**行政機関**という。行政機関のなかで自らの法的地位をもって対外的に活動を行う機関を**行政庁**といい、行政庁を補助する機関を**補助機関**という。

2　公務員

　行政機関を実際に担う者が公務員である。公務員の規律を定める法律としては国家公務員法や地方公務員法がある。

4　行政の活動に関する法分野

1　行政の活動と法律との関係

　「法律による行政の原理」が最も強く働くのが行政の活動に関する法分野である。行政の活動は法律に違反してはならない（**法律優位の原則**）ほか、行政活動には法律の根拠（授権）が必要である（**法律の留保の原則**）。

　「法律による行政の原理」の下、法律が行政の活動に政策目的による判断の余地さえ与えていない、すなわち法律に羈束（拘束）されている場合、その行政の活動を**羈束行為**という。羈束された行為を行わなければそれは**違法**となる。

　これに対して法律が行政に一定の範囲で授権をし、その授権の範囲内

★**行政庁**
各省の大臣、知事、市区町村長等を指す。

★**補助機関**
大臣を補助する次官や局長、知事や市長を補助する副知事や副市長、各局長等を指す。

★**法律の留保の原則**
何を法律の留保のもとにおくのかについては、個人の自由と財産を侵害するような行政活動と考える侵害留保説、すべての行政活動と考える全部留保説、公権力の行使としての行政活動とする権力留保説といった考え方の違いがある。

でどのような決定をするのかを行政の判断に委ねている場合、すなわち法律が一定の範囲内で行政の裁量を認めている場合、その行政の活動を**裁量行為**という。授権の範囲内にとどまる限り原則として違法とはならない。

もっとも、裁量行為が授権の範囲内にとどまっているとしても法律の趣旨・目的に反することはできない。このような裁量行為を**法規裁量（羈束裁量）**という。法律の趣旨・目的に反する限りで違法となる。たとえば、生活保護法における保護基準の設定や保護基準に基づいて実施機関が行う保護の要否に関する決定は法規裁量に属する。

さらに、裁量行為が授権の範囲内にとどまり法律の趣旨・目的に反しているとはいえなくとも、**裁量権の逸脱・濫用**があると評価される場合は違法となる。

▌2 行政活動の形式

❶行政活動の基準の設定

① 行政立法

行政機関が法律の委任に基づき作成する法形式が**行政立法**である。国の行政立法（命令とも総称される）として、内閣が定める政令、各省大臣が定める省令、各庁長官や各委員会が定める規則などがある。[i]

② 行政計画

行政機関がその活動を行うに先立って作成する具体的な行政目標の設定とこれを実現するためのさまざまな行政上の諸施策を組み合わせた計画を**行政計画**という。

❷行政の行為形式

① 非権力的な行為形式

(1) 行政指導

行政庁が、所掌事務の範囲内で、助言、指導、勧告といった手段で国民に働きかけてその任意の協力を求める行為形式が**行政指導**である。任意の協力を求めるものであるから、国民がこれに従わないからといって行政庁はこれを理由として不利益な取扱いをしてはならない（行政手続法第32条）。

(2) 行政契約

行政庁が、所掌事務の範囲内で、国民と協議し、相互の同意により

★行政立法
各大臣、各委員会、各庁長官がその所掌事務について公示する告示、訓令、通達というものがあるが、これらは行政立法ではなく、行政組織における内部的な規範に過ぎない。

i 　地方公共団体の行政立法としては、議会が制定する条例の委任に基づき都道府県知事や市区町村長が定める規則、教育委員会等の委員会が定める規則がある。

法律関係を形成する行為形式が**行政契約**である。

② 権力的な行為形式——行政行為

行政庁が、法律の定めるところに従い、その一方的な判断に基づき、国民の権利義務その他の法的地位を具体的に決定する行為を**行政行為**という。行政不服審査法や行政事件訴訟法においては、単に**処分**と一般化されている。

行政行為の効力としては、講学上、次のような効力があるものとされている。ただし、行政行為に**重大かつ明白な瑕疵（欠陥）**がある場合には、無効な行政行為として、これらの効力が認められない。

❶ 公定力

　行政行為が仮に違法であるとしても、職権により取り消されたり、行政不服審査または行政訴訟において正式にこれが取り消されたりしない限り、原則として有効とされ、国民を拘束する効力。

❷ 不可争力

　行政不服審査の不服申立期間または行政訴訟の出訴期間の経過によって国民が行政行為の違法を主張してその拘束を免れることができなくなる効力。

❸ 不可変更力（確定力・拘束力）

　行政庁がいったん判断を下した以上は、自らその判断を覆せない効力。ただし、**審査請求に対する裁決**など性質上裁判所による判決に類似した行政行為について認められる。

❹ 自力執行力

---

ii　行政行為の種類としては、講学上、次のような分類がなされている。ただし、法文上の使用例と異なることも多い。たとえば法文上は許可と記載されていても、講学上は特許に分類されることがある。

　下命：一定の行為をする義務を課すもの（例）租税の賦課処分

　禁止：一定の行為をしてはならない義務を課すもの（例）営業の禁止

　許可：一般的禁止を特定の場合に解除するもの（例）風俗営業の許可

　免除：すでに課されている一定の義務を解除するもの（例）児童の就学義務の免除

　特許：本来有していない新たな権利や地位を設定するもの（例）河川の占用許可

　認可：第三者の法律行為を補充してその法律上の効果を完成させるもの（例）農地の権利移転の許可

　代理：第三者がなすべき行為を行政主体が行ってその第三者が自ら行ったのと同じ効果を生じさせるもの（例）土地収用の裁決

　確認：特定の事実または法律関係の存否について公の権威をもってこれを判断し、確定するもの（例）建築確認

　公証：特定の事実または法律関係の存在を公に証明するもの（例）選挙人名簿の登録

　通知：一定の事項を知らせる行為について法律効果が付与されるもの（例）特許出願の公告

　受理：有効な行為として受け付けるもの（例）各種申請・届け出の受理

行政行為により命じられた義務を国民が履行しない場合に、行政庁が裁判手続きをとることなく、強制的に義務の内容を実現できる効力。

③ 行政上の義務履行確保の手段

(1) 行政強制

行政強制は、人権侵害を伴うおそれが強いことから、次のものだけが認められている。

❶ 行政代執行法による代執行

たとえば、違法建築物の取り壊し命令がなされたにもかかわらず、義務者がこれに応じない場合には、行政庁が代わって強制的に取り壊し、後にその費用を義務者から取り立てるというものである。

❷ 国税通則法による滞納処分

たとえば、税務署長が、滞納処分に基づき、差押え・公売の手段により滞納された税金を強制徴収するというものである。もっとも、この滞納処分の手続きは多くの法律で準用されている。

(2) 行政罰

❶ 行政刑罰

行政上の重大な義務違反について、刑事訴訟法の定めに基づいて懲役、禁錮、罰金、科料(とがりょう)を科すもの。

❷ 秩序罰

行政上の軽微な義務違反について、非訟事件手続法の手続きによりまたは行政処分の形式で過料(あやまちりょう)を課すもの。

(3) 即時強制

精神保健及び精神障害者福祉に関する法律による措置入院、警察官職務執行法による保護など。

(4) 行政調査

警察官職務執行法による質問、国税徴収法による財産調査のための質問・検査など。

5 行政の活動からの救済に関する法分野

1 行政不服申立制度

❶行政不服審査法

行政不服審査法に基づいて行政上の争いを行政が審理して裁断するも

のである。手続きが簡易迅速に行われるほか、行政の適正な運営を確保することも目的とされていることから違法な処分のほか不当な処分も対象となる（第1条第1項）。なお、次に解説する行政事件訴訟と合わせて行政争訟という。

❷行政不服審査法の3類型

① 審査請求

処分庁または不作為庁以外の行政庁に不服を申し立てる制度であり（第2条、第3条）、行政不服審査法における中心的・原則的な制度である。通常はその行政処分をし、またはしなかった行政庁（処分庁または不作為庁）を指揮監督する上級行政庁に請求するが、個別の法律で請求する機関が指定されることもある。

② 再調査請求

処分庁に対し、再調査を申し立てる制度である（第5条）。審査請求することができる場合に法律に再調査請求できる旨の定めがある場合で、かつ審査請求をしていない場合にのみ許される。

③ 再審査請求

審査請求による裁決に不服のある者がさらに不服を申し立てる制度である。法律により特に定められている場合にその法律が定める行政庁に対してのみ許される（第6条）。

❸審査請求の要件

① 不服申立て事項

一部の例外（第7条第1項）を除き、すべての行政処分に対して不服申立てをすることができる（第2条）。

② 不服申立ての利益

条文上の制限があるわけではないが、解釈上、不服申立てをすることができる者はそれなりの利益がある者であることが必要とされている。

③ 不服申立て期間

処分があったことを知ってから3か月を経過したとき、または処分があった日の翌日から起算して1年を経過したときは、正当な理由がなければ申立てをすることができなくなる（第18条第1項・第2項）。

④ 不服申立ての方式

法律または条例により口頭ですることができる旨の規定がある場合（たとえば介護保険法第192条）を除いて、書面を提出しなければならない（第19条第1項）。

★審査請求
生活保護法第64条は福祉事務所の処分についての都道府県知事に対する審査請求を、介護保険法第183条は介護認定審査会の認定についての介護保険審査会に対する審査請求を、障害者総合支援法第97条は市町村の処分についての都道府県知事に対する審査請求を、それぞれ定めている。

❹教示制度

行政庁は、不服申立てをすることができる何らかの処分を書面でする場合には、処分の相手方に対して、当該処分について不服申立てができること、不服申立てをすべき行政庁、不服申立てをすることができる期間を教示しなければならない（第82条第1項）とされ、国民の権利救済の道が塞がれることにならないように配慮されている。

❺審理方式

原則として書面審理であるが（第29条第1項、第30条第1項）、請求人から申立てがあれば、審査庁は、請求人に口頭で意見を陳述する機会を与えなければならない（第31条第1項）。

❻執行不停止の原則

審査請求がなされても、原則として処分の効力、執行、手続きの続行は妨げられない。もっとも、審査庁は、必要があると認める場合には、請求人の申立てまたは職権でその全部または一部の停止やその他の措置をとることができる（第25条第1項・第2項）。必要性の判断にあたっては、執行不停止による人権侵害の重大性や行政の適正な運営の確保の要請が考慮される。

2 行政事件訴訟制度

❶行政事件訴訟法

行政事件訴訟法に基づいて行政上の争いを裁判所が審理して裁断するものである。三権分立に基づく訴訟の手続きによるため、対象は違法な処分に限られる。

❷訴訟類型

行政事件訴訟法に基づく訴訟類型は**表1-4**のとおりである。

① **抗告訴訟**

抗告訴訟とは、行政庁の公権力の行使に対する不服の訴訟である。

⑴ **取消訴訟**

取消訴訟には、**処分取消しの訴え**と**裁決取消しの訴え**がある。いずれも瑕疵のある違法な行政行為（処分や裁決）の取消しを求める訴訟であって行政事件訴訟の中心をなす。

ここにいう「処分*」とは「行政行為」（行政庁が法律の定めるところに従い、その一方的な判断に基づき、国民の権利義務その他の法的地位を具体的に決定する行為）を意味し、「裁決」とは、審査請求、その他の不服申立てに対する行政庁の裁決、決定などを意味する。

★処分
行政立法や行政計画は未だ抽象的な決定である点で、行政指導は権利義務その他の法的地位の決定に至っていない点で、行政契約は一方的な判断でない点で、いずれも「処分」に当たらず、原則として抗告訴訟の対象とはならない。

表1-4　行政事件訴訟法に基づく訴訟類型

抗告訴訟（第3条第1項）	取消訴訟	処分取消しの訴え（第3条第2項）
		裁決取消しの訴え（第3条第3項）
	無効等確認訴訟（第3条第4項）	
	不作為の違法確認訴訟（第3条第5項）	
	義務付け訴訟（第3条第6項）	
	差止め訴訟（第3条第7項）	
当事者訴訟（第4条）		
民衆訴訟（第5条）		
機関訴訟（第6条）		

(2)　無効等確認訴訟

　無効等確認訴訟★は、行政行為（処分や裁決）に「重大かつ明白な瑕疵（欠陥）」があるものとして、行政行為の不存在または無効の確認を求める訴訟である。

(3)　不作為の違法確認訴訟

　不作為の違法確認訴訟は、行政庁が法令に基づく申請に対して相当な期間内に何らかの処分または裁決をすべきであるにもかかわらず、これをしないことについての違法の確認を求める訴訟である。この訴えは、その申請をした者だけが提起することができる（第37条）。

(4)　義務付け訴訟

　義務付け訴訟は、❶行政庁が一定の処分をすべきであるにもかかわらず、これがされないとき（❷の場合を除く）、❷行政庁に対し、一定の処分または裁決を求める旨の法令に基づく申請または審査請求がされた場合においてこれがされないとき、その処分または裁決をすべき旨を命ずることを求める訴訟である。

　❶についての訴えは、一定の処分がされないことにより重大な損害を生ずるおそれがあり、かつその損害を避けるためほかに適当な方法がないときに限り提起することができる（第37条の2第1項）。

　❷についての訴えは、補充的な訴訟であり、不作為の違法確認訴訟と併せて、または取消訴訟や無効等確認訴訟と併せて、提起しなければならない（第37条の3第1項・第3項）。

(5)　差止め訴訟

　差止め訴訟は、行政庁が一定の処分または裁決をすべきでないにも

★**無効等確認訴訟**
行政行為の不存在または無効を前提として現在の法律関係に関する訴えによって目的を達せられる場合は、無効等確認訴訟を提起することはできない（第36条）。たとえば、課税処分が無効であるのであれば、あえて課税処分の無効確認訴訟を提起することなく、不当利得返還請求として、納付させられた金銭の返還を求める民事訴訟を提起すれば足りる。

かかわらずこれがされようとしている場合において、行政庁がその処分または裁決をしてはならない旨を命ずることを求める訴訟である。この訴えは、一定の処分または裁決がされることにより重大な損害を生ずるおそれがある場合に限り、提起することができる（第37条の4第1項）。

② 当事者訴訟

当事者訴訟は、❶当事者間の法律関係を確認しまたは形成する処分または裁決に関する訴訟で法令の規定によりその法律関係の当事者の一方を被告とする訴訟、❷当事者間の公法上の法律関係に関する確認の訴えその他の公法上の法律関係に関する訴訟である。当事者が対等な立場で権利関係を争う訴訟であり、通常の民事訴訟と基本的な構造を異にするものではない。❶としては、土地収用法第133条第3項の土地収用における収用委員会が裁定した補償金の額について、不服のある起業者または土地所有者が直接相手方を被告として増額請求をしたり（原告：土地所有者、被告：起業者）減額請求をしたり（原告：起業者、被告：土地所有者）するものが、❷としては、公務員の地位の確認や俸給請求、損失補償請求などがある。

③ 民衆訴訟

民衆訴訟は、国または公共団体の機関の法規に適合しない行為の是正を求める訴訟で、選挙人たる資格その他自己の法律上の利益にかかわらない資格で提起するものである。法律に定める場合において、法律に定める者に限り提起することができる（第42条）。公職選挙法第203条以下の選挙の効力に関する訴訟などがある。

④ 機関訴訟

機関訴訟は、国または公共団体の機関相互間における権限の存否またはその行使に関する紛争についての訴訟である。法律に定める場合において、法律に定める者に限り提起することができる（第42条）。地方自治法第245条の8第3項の法定受託事務に関する執行を命ずる旨の訴訟、同法第251条の5以下の地方公共団体への国の関与に関する地方公共団体の長が提起する訴訟などがある。

❸取消訴訟を提起するための要件

① 審査請求前置（主義）

審査請求をするか処分取消しの訴えを提起するかは、原則として自由に選択できる（第8条第1項本文、自由選択主義）。ただし、例外として、法律により審査請求に対する裁決を経た後でなければ処分の取消しの訴

えを提起することができない旨の定めがあることがある（第 8 条第 1
項ただし書き）。

　もっとも、審査請求前置[★]がとられていても審査請求をして 3 か月を
経過して裁決がないときや処分やその執行等により生ずる著しい損害を
避けるために緊急の必要があるときなど正当な理由があるときは処分の
取消の訴えの提起が可能である（第 8 条第 2 項）。

② **原告適格**

　取消訴訟を提起できる者（これを原告適格という）は、「法律上の利
益を有する者」に限られる（第 9 条第 1 項）。原則として、処分または
裁決の名宛人ということになるが、処分または裁決の根拠となる法令の
趣旨目的等に照らして処分または裁決の名宛人以外の者にも原告適格が
認められる場合がある（第 9 条第 2 項）。

③ **被告適格**

　処分または裁決をした行政庁が属する国または地方公共団体を被告と
して訴訟を提起しなければならない（第 11 条第 1 項^{iv}）。

④ **出訴期間**

　取消訴訟[★]は、❶処分または裁決があったことを知った日から 6 か月
を経過したとき（第 14 条第 1 項本文）、❷処分または裁決の日から 1
年を経過したとき（第 14 条第 2 項本文）は提起することができない。
ただし、いずれの場合でも、正当な理由があるときは救済される（第
14 条第 1 項ただし書き、第 2 項ただし書き）。

⑤ **執行不停止の原則**

　処分取消の訴えの提起は、処分の効力、処分の執行または手続きの続
行を妨げない（第 25 条第 1 項、執行不停止の原則）。もっとも、処分
取消の訴えに加えて執行停止の申立てを行うことにより、例外的に執行
が停止される余地がある（第 25 条第 2 項）。執行停止の申立ての要件
として、重大な損害を避けるため緊急の必要がある場合であることが必
要である^v。

★**審査請求前置**
審査請求前置に関する
規定は、不作為の違法
確認の訴えにも準用さ
れる（第38条第 4 項）。

★**取消訴訟**
行政庁は、取消訴訟を
提起できる処分または
裁決をする場合には、
被告とすべき者、出訴
期間、審査請求前置の
要否について書面で教
示しなければならない
（第46条第 1 項）。

---

iii　この点、生活保護法第 69 条、介護保険法第 196 条、障害者総合支援法第 105 条は、
　　いずれも審査請求前置を採っている。
iv　被告適格に関する規定は、取消訴訟以外の抗告訴訟にも準用される（第38条第 1 項）。
v　この規定は、無効等確認の訴えにも準用される（第38条第 3 項）。

3 国家賠償制度

❶国家賠償法

憲法第 17 条は、「公務員の不法行為により、損害を受けたときは、法律の定めるところにより、国又は公共団体に、その賠償を求めることができる」と定めるが、これに基づき国家賠償法が定められている。

❷公権力の行使に基づく損害賠償

次の要件が満たされる場合、国または公共団体が賠償責任を負う（第1条第1項）。公務員個人に対する賠償請求は認められていない。[vi]

・国または公共団体の公権力の行使にあたる公務員の行為であること。

これについては公的な行政活動一般と解釈され、権力的な活動のみならず非権力的な活動の場面でも広く認められている。公務員についても行政から措置委託を受けた民間の福祉施設の職員も含まれる。

・その職務を行うにあたってなされた行為であること。

厳密に職務行為としてなされた行為でなくとも**職務行為の外観**が認められれば足りる。

・故意または過失によって違法に他人に損害を加えたこと。

その態様は、作為によるものはもちろん不作為によるものも含む。

❸営造物責任

道路、河川その他の公の営造物の設置または管理に瑕疵があったために他人に損害を生じたときは、国または公共団体が賠償責任を負う（第2条第1項）。[vii]

瑕疵とは、通常有すべき安全性を欠くことを意味する。瑕疵が生じた原因は問われていないことから無過失責任である。

Active Learning

クライエントが何らかの行政行為（処分）に基づいて国や地方公共団体との間で法律関係に入ったがこれに不服がある場合、教示制度のもとで教示される内容を踏まえて、いつまでに、どの行政庁に対し、どのような不服の申立てが可能であるのか、また裁判所に対し、どのような訴訟を申し立てることができるか考えてみましょう。

◇参考文献
・藤田宙靖『行政法入門 第7版』有斐閣，2016年.
・社会福祉士養成講座編集委員会編『新・社会福祉士養成講座⑲ 権利擁護と成年後見制度 第4版』中央法規出版，2014.

vi 国または公共団体は、故意または重大な過失があった公務員に対して求償することはできる（第1条第2項）。
vii 国または公共団体は、他に損害の原因について責めに任ずべき者があるときは、国または公共団体は、これに対して求償できる（第2条第2項）。

第2章

法の基礎

　私たちの社会は、さまざまな社会規範により秩序が維持されている。宗教、慣習、伝統、道徳、法などである。それぞれの規範には特色があり、私たちの社会を構成する自律的社会・団体（部分社会）の特性に合致した規範として秩序維持の役割を担っている。

　ソーシャルワーカーは、クライエントの支援のためにさまざまな部分社会と接する。その場合に、クライエントが属している部分社会の独自の規範を尊重することが必要な場合も少なくない。また、クライエント独自の道徳観が行動を支配することがある。これらのことから、ソーシャルワーカーには、さまざまな社会規範の特性と規範相互の関係について理解することが求められる。

　また、クライエントの権利擁護の手段として訴訟にかかわることが少なくない。それゆえに、裁判のシステムや裁判例の理解が求められる。

第 1 節 法と規範

学習のポイント

● 我々を取り巻く決まりごとにはどのような種類のものがあるか理解する
● 決まりごとのなかでも法はどのような特徴をもっているか理解する

1 我々を取り巻く決まりごと

　法学の授業は、「社会あるところ法あり（Ubi societas,ibi jus.）」という言葉から始まることが多い。

　法とか法律といった大げさなことを考えるまでもなく、人間が集まってグループ（社会）をつくればそこには何らかの決まりが必要とされるようになる。仮に人が2人だけであったとしてもお互いの付き合い方にはそれなりのルールができるはずである。さらに、もっと人が集まって何らかのサークルをつくろうとした場合、名称をどうするか、会費をどうするか、代表をどうするか、意思決定をどうするかなどについて決めていかなければならない。人間は決まりごとに取り囲まれて生活しているのである。

　ところで我々を取り巻く決まりごとには、大きく分けて二つの種類がある。一つは「〜は〜である」という性格の決まりであり、もう一つは「〜は〜であるべきである」という性格の決まりである。

　前者の例としては「水が100℃になると沸騰する（＝100℃の水は沸騰している）」、あるいは「水が0℃になると凍る（＝0℃の水は凍っている）」というような決まりを挙げることができる。これは放っておいてもそうなる、という性格の決まりであり法則と言い換えてもよい。

　後者の例としては、「物を盗んではならない」とか「両親は大切にしよう」というような決まりを挙げることができるが、世の中には泥棒もいれば親不孝者もいるように、この決まりごとは必ずしも守られるとは限らない。あくまでも「あるべきこと」としての決まりである。このような決まりごとを規範という。

★ sein（存在）の決まり
法律学ではドイツ語を用いて sein（存在）の決まりという。sein は英語の be 動詞に当たる。

★ sollen（当為）の決まり
同じくドイツ語を用いて sollen（当為）の決まりという。sollen は英語の ought to に当たる。

2 **法とその他の規範**

法も社会生活における規範、すなわち社会規範の一つである。社会規範としてはそのほかに道徳、宗教の教義、習俗、マナー等を挙げることができる。これらのなかでも、共に社会全体に広がりをもつ「法」と「道徳」との関係が特に問題とされる。

1 法と道徳

❶法と道徳との関係

その内容をみると、法と道徳は完全に重複するわけでもなければまったく無関係であるわけでもない。両者はある場合には重複し、ある場合には無関係であり、まれに対立することがある。人を殺してはいけない、物を盗んではいけない、というようなことは法でも道徳でも共通することである。しかし、車は道路の左側を通行せよ（道路交通法第 17 条第 4 項）というようなことは道徳とは関係ない。世界的にみれば車は道路の右側を走ることになっている国のほうが多い。円滑な交通のために右か左かどちらか一方に決めなければならないだけである。どちらかが道徳的に優位ということはない。

「法は最小限の道徳」といわれることもある。道徳は「よき人間であるためにはこうでなければならない」という性格のものである。当然、要求の水準も高くなる。しかし現実の人間は欠点だらけである。法は、欠点だらけの人間が集まってつくられている社会が曲がりなりにも動いていくようなものでなければならない。当然、誰でも守れるものでなければならない。社会が動いていくために必要最小限度のものでよい、ということである。凡人には守れないような内容のことを法に入れると、かえって法が守られなくなり、法の権威が低下することもあり得る。

「法の外面性、道徳の内面性」ということもいわれる。道徳は心のなかのことも問題にするが、法は外に現れた行動のみを問題とするということである。たとえば、心のなかで「殺してやる」と思った場合、道徳上は問題になるであろうが、法的には問題とはならない。法的に問題となるのは、実際に殺すための行動に出た場合のみである。

ただし、法も例外的に心のなかを問題にすることがある。人を死なせた場合、「わざと（故意）」死なせた場合には殺人罪となるが、「うっかり（過失）」人を死なせた場合には過失致死罪になるように、故意や過

失という心のありようが問題になることがある。ほかにも、「心神喪失」や「心神耗弱」においても心のありようが問題とされる。しかし、これらはあくまでも例外的なものである。

そして、法と道徳の最大の違いは強制力の有無であるとされる。道徳を守るか守らないかはあくまで本人の良心に委ねられており、道徳律を守らなかった場合はせいぜい世間の非難を受けたり良心の呵責に悩むくらいであるが、法は国家権力によって強制され、その違反に対しては最終的に刑罰や強制執行等の強制的な手段がとられる。ドイツの法学者イエリング（Rudolf von Jhering）は、強制力のない法は燃えない火、輝かない光のようなものであると述べている。それほど強制力は、法にとって欠くべからざるものである。

❷法を強制する手段としての裁判

法は制定された後、法執行機関や（私法の場合）当事者によって実施されていくが、法の執行に関して紛争が生じた場合、法の強制力を最終的に実現する手段として裁判がある。裁判によって下された結論は国家の物理的強制力を背景に実行されていく。

ただ、裁判に至る以前に調停、仲裁、斡旋等の非強制的手続を踏むこともある。これら非強制的手続を総称して「**裁判外紛争解決手続（ADR）**」という。場合によっては非強制的手続が必須とされることもある。たとえば、離婚する場合、当事者間での離婚協議がうまくいかず家庭裁判所に案件を持ち込んでも、いきなり裁判とはならずまずは調停に付されることになる（調停前置主義（家事事件手続法第257条））。

裁判は裁判所において行われる。裁判については本章第4節において詳しく述べるが、あらかじめ簡単に述べてみたい。

我が国においては憲法が特に定める例外（国会議員の資格争訟の裁判（第55条）、弾劾裁判（第64条））を除けば、裁判は最高裁判所を頂点とする司法裁判所によって行われる。弾劾裁判所を除けば最高裁の系列下にない特別裁判所は憲法によって禁じられている（第76条第2項）。憲法上司法権は「最高裁判所及び法律の定めるところにより設置する下級裁判所に属する」（第76条第1項）こととされており、最高裁判所以外の具体的な裁判所名は憲法には明示されていないが、法律（裁判所法）によって高等裁判所、地方裁判所、家庭裁判所、簡易裁判所が設置されている。最高裁判所は全国に1か所（東京都）、高等裁判所は8か所（札幌市、仙台市、東京都、名古屋市、大阪市、広島市、高松市、福岡市）、地方裁判所と家庭裁判所はそれぞれ50か所（47都道府県庁所

在地と北海道函館市・北海道旭川市・北海道釧路市）、簡易裁判所は438か所に置かれている。

　裁判は原則として三審制で行われる。地方裁判所（一審）→高等裁判所（二審）→最高裁判所（三審）というのが、一般的に認識されている基本パターンであろうが、家事事件や少年事件では一審が家庭裁判所になる。裁判所で取り扱われる事件は大きく分けて民事事件と刑事事件とに分かれるが、民事事件で訴訟の目的の価額が140万円を超える場合は一審が地方裁判所、140万円を超えない場合は一審が簡易裁判所になる（裁判所法第33条第1項第1号）。刑事事件では、罰金以下の刑罰に相当する犯罪については簡易裁判所が第一審となり、その他の犯罪は地方裁判所が第一審になる（裁判所法第33条第1項第2号）。なお、三審制において、一審から二審に上訴することを「控訴」、二審から三審に上訴することを「上告」という。このため、二審は「控訴審」、三審は「上告審」と呼ばれる。

　地方裁判所で行われる刑事事件の第一審において、一部の重大な事件については、国民から選ばれた裁判員がプロの裁判官とともに審理に参加し、有罪か無罪かの決定、有罪である場合の量刑の決定を行う裁判員制度が2009（平成21）年より導入されている（裁判員の参加する刑事裁判に関する法律）（二審や三審では従来どおりプロの裁判官のみによる裁判が行われる）。

2 法と宗教の教義

　宗教の教義も規範の一つである。ただ、道徳が社会全体に通用するのに対して、宗教上の教義はその宗教の内部にとどまる。また、教義に反した場合、団体内部での批判、資格の制限や団体からの追放はあるにしても、刑罰や強制執行を受けるわけではない。もっとも、その宗教が国家や社会のなかで圧倒的な地位を占めると法や道徳に限りなく近づいてくる可能性がある。イスラム教の影響が非常に強い国家のなかには、イスラム教の教義が法に反映されている場合がある。

　日本国憲法においては国家と宗教のかかわりを否定する「政教分離」の原則が定められているので（第20条および第89条）、宗教の教義が法に影響を及ぼすことはほとんどないと思われる。逆に、宗教の教義と国法が緊張関係に陥った例はいくつもある。

★民事事件
簡易裁判所が一審となった場合の二審は地方裁判所、三審は高等裁判所となり原則としてそこで終わりである（裁判所法第16条第3号および第24条第3号）。

★刑事事件
一審が簡易裁判所であっても地方裁判所であっても、刑事事件の場合、二審は高等裁判所、三審は最高裁判所になる（裁判所法第16条第1号）。

Active Learning

社会生活上のルールをいくつか取り上げ、そのルールができた経緯や背景、法的な根拠などについて調べてみましょう。

3 その他の規範

そのほかにも、それぞれの区別があいまいであるが、習俗・しきたり・慣習といったものも社会規範ということができ、さらにはマナーや流行も社会規範に該当するということができようが、いずれも社会的な同調圧力にはさらされるものの、国家によって強制されるものではない。

ただし、法には「慣習法」と呼ばれるものがあり、ある種の慣習は法として位置づけられる。長く続いた慣習のなかで、この慣習には従わなければならない、紛争が起きればこの慣習によって解決されるのだと認識されたものがそれに当たる。

慣習法は国際法や英米法などでは重要な法源であり、我が国でも慣習が条件付きで法律と同等の扱いを受けることがある（本章第2節参照）。

◇**参考文献**
・末川博編『法学入門 第6版補訂版』有斐閣，2014.
・伊藤正巳・加藤一郎編『現代法学入門 第4版』有斐閣，2005.
・向井久了『法学入門──法律学への架橋』法学書院，2009.
・伊藤真『伊藤真の法学入門 補訂版』日本評論社，2017.
・イエリング，和田小次郎訳「「イエリング」法律目的論」『早稲田法学別冊』第二巻，1930.
・福本日南『元禄快挙録（下）第3刷改版』岩波文庫，1982.

第2節 法の体系、種類、機能

学習のポイント

- 「法」にはどのような種類のものがあるか理解する
- 制定法の種類と効力の上下関係を理解する
- 法の機能を理解する

1 法の体系

法はさまざまな観点からグループ分けをすることができる。代表的な分け方は次のとおりである。

1 成文法と不文法

成文法は所定の機関によって所定の手続き・形式で意図的に文書の形で作成された法である。制定法ともいう。不文法は意図的に法として文書化されたものではない。慣習法や判例法がこれに当たる。判決（判例）は文書であるが、判決文そのものが法であるわけではなく、そこに含まれている法原則が法として扱われる。高度に複雑化した現代国家においては、客観性・法的安定性の見地から法は成文化される傾向にある。しかし、制定法は適用の過程において解釈が必要な場合が多々あり、裁判所が解釈を行うとそれが判例となり、また制定法を運用する過程において新たな慣習が生まれたりするので、不文法がなくなることはないと思われる。

2 実体法と手続法

法には実現されるべき内容（たとえば、権利義務の内容、権利義務の担い手、犯罪行為の内容とそれに対する刑罰等）を規定した法と、その内容を実現するための手続き（たとえば、捜査や裁判の手続き）を定めた法がある。前者を実体法と呼び後者を手続法と呼ぶ。言葉本来の意味での「六法」（憲法、民法、刑法、商法、民事訴訟法、刑事訴訟法）でいえば、憲法・民法・刑法・商法が実体法に当たり、民事訴訟法と刑事訴訟法が手続法に該当する。

両者は車の両輪にたとえられ、いずれか一方が欠けても法は機能しないと考えられている。実現する手段のない状態での実体法は絵に描いた餅にしかすぎず、実現されるべき内容がはっきりしない状態での手続法は無意味と言わざるを得ない。

▌3 公法と私法（そして社会法）

　公法とは国や地方公共団体といった公権力と私人の関係を規律する法である。実例として憲法、刑法、行政法、訴訟法を挙げることができる。**私法**とは私人と私人との関係を規律する法であり、実例として民法や商法を挙げることができる。両者の違いは、公法関係が対等な関係でないのに対して、私法関係が対等な者同士の関係であることである。

　対等な私人同士の間では自由な話し合いによって合意をつくり出すことが可能になる。

　私法関係においては契約自由の原則をはじめとする私的自治の原理が働き、当事者同士に運用が委ねられ公権力はそこには介入しない、というのが市民革命以後の近代市民社会における枠組みであった。そのことによって私法の規律する領域において市民は自由に活動することができた。国家の役割は小さければ小さいほど好ましいと考えられた。このような体制の国家は「自由国家」とか、あるいは皮肉を込めて「夜警国家」と呼ばれた。夜警国家において公権力は私法領域である経済活動等の市民生活には介入せず、その運営は市民に委ねられた。18世紀後半に起きた市民革命後、19世紀はおおむねこのような状態であった。この自由放任（レセ・フェール）の体制の下、経済活動は発展した。

　しかし、自由放任体制の下においては格差の発生は避けがたい。格差の拡大を受け、20世紀に入ると理想とされる国家像は変容した。従来の消極的な国家観（自由国家）から、社会的弱者を救済するため国家は場合によっては私的自治に介入するという、より積極的な国家が求められるようになった。社会国家・福祉国家の登場である。積極的な国家観は法の世界にも影響を及ぼした。憲法においては、社会権が登場し（1919年のワイマール憲法）、法の分野においては**社会法**という分野が出現した。社会法は私人間の関係に必要に応じて公権力が介入するもので、公法と私法の中間的な性格を有する。代表例は労働法である。雇用契約は元来私法の領域であるが、労働基準法や最低賃金法等によって契約自由の原則に枠がはめられており、また、被用者の権利侵害に対しては労働基準監督署等をはじめとする当局の介入を招くことがある。

2 法の種類

　法にはどのような種類のものがあるか。言葉を換えれば法はどのような形で存在しているか。法の存在形式を法源という。法源として考えられるのは、制定法（成文法）、慣習法、判例法である（そのほかに条理というものが挙げられることがあるが、法であることを否定する見解が多いのでここでは省略する）。

1 制定法（成文法）

　我が国において国家レベルで制定されるものとして憲法・法律・命令・規則があり、さらに地方公共団体が制定する条例、外国との間で結ばれる条約がある。

❶憲法

　憲法は国の最高法規であり、基本法である。国家の基本的な枠組みを定める。近代憲法はその内容として国家の構造（統治機構）と基本的人権が二本柱となる。最高法規として、その条規に反する法律、命令などの下位の法規範や国家行為は無効となる（第98条第1項）。ある法令や国家行為が違憲かどうかの判断は最終的には裁判所（終審としては最高裁判所）が行う（第81条）。

❷法律

　法律とは、国会が制定する法である。法といえば法律という言葉がすぐ思い浮かぶように、法の代表的な存在である。法律が成立するためには、原則として、衆参両議院において、いずれも「出席議員の過半数」で可決される必要がある（憲法第56条第2項（例外として第59条第2項および第95条））。

❸命令

　命令とは行政機関が制定する法である。このうち最高の行政機関である内閣が制定する命令が「政令」（憲法第73条第6号）、各省の大臣がその所掌事務について作成する命令が「省令」（内閣府の場合は「内閣府令」）、各省の外局のなかでも独立性の強い委員会が制定する命令が「規則」である（例：国家公安委員会規則、公正取引委員会規則等）。命令は上位規範である法律に反することはできず、法律の範囲内でのみ制定することができる。

❹規則（議院規則・最高裁判所規則）

周知のように、国会は衆議院と参議院の両院からなる。この二つはそれぞれ独立した組織である。それぞれが自律権をもっており、その内部に関する事項を自ら決めることができる（憲法第58条第2項）。

また、権力分立の見地から、司法権の独立性を維持するために、最高裁判所に司法権に関する規則を定める権限が与えられている（憲法第77条）。

これまでに挙げた制定法の効力には上下関係があり、下位の制定法は上位の制定法に反することはできない。反した場合は無効になる。制定法の上下関係は上から順に、憲法＞法律＞命令＝規則ということになる。国レベルで制定される以上のような制定法とは別に、国内で施行されている制定法には以下のものがある。

❺条例

条例は、地方公共団体がその区域内で実施するために制定する自主法である。条例は法律のみならず国のあらゆる法令よりも効力が劣ることになっている（憲法第94条および地方自治法第14条第1項）。

❻条約

条約とは文書による国家間の取り決めである。条約の効力は法律より上であるが憲法より劣るとするのが多数説及び判例（砂川事件）である。

以上述べてきたことを総合すると、制定法の効力の強さは強いものから順に、憲法＞条約＞法律＞命令＝規則＞条例ということになる。

2 慣習

我が国において慣習は、一定の条件の下、法律と同等の扱いを受けることがある。すなわち、法の適用に関する通則法第3条は「公の秩序又は善良の風俗に反しない慣習は、法令の規定により認められたもの又は法令に規定されていない事項に関するものに限り、法律と同一の効力を有する」と規定している。

3 判例

判例とは裁判における先例である。判決の文書そのものが法であるというわけではなく、判決のなかで述べられた原理が法として取り扱われ得る（第2章第4節参照）。

3 法の機能

法の機能としては次のものが考えられる。

1 社会統制機能

法は強制力を有しその違反に対しては強力な制裁を科す。そのことにより違反者に対しては事後的な矯正を行い、また、まだ違反していない者に対しては違反しないよう警告を行う。その結果社会を統制し安定を実現していくことができる。

2 社会変革機能

国家が実現したいとする目標（たとえば、女性の地位の向上や福祉国家の実現）を法に規定することにより社会を変革していく機能がある。

3 紛争解決機能

法は人々の権利義務を定め明確化することにより事前に紛争を防止する機能があると同時に、紛争が発生した場合には裁定者（とりわけ裁判官）に対して判断基準と手続を提供して紛争解決をもたらす機能をもっている。

4 資源配分機能

国家は国民から税を集め、それを元手に予算を組み施策を行う。教育や公衆衛生等の公的サービス、社会保障、生活環境の整備等により国民から集められた税は国民に配分されていく。徴税も含め、いずれも法律に基づいて行われる。主として行政法や社会法がこの機能をもつ。

Active Learning

成文法と不文法の例、実体法と手続法の例、公法と私法の例を調べて、法の種類や効力を調べてみましょう。

◇参考文献
・末川博編『法学入門 第6版補訂版』有斐閣，2014.
・伊藤正巳・加藤一郎編『現代法学入門 第4版』有斐閣，2005.
・向井久了『法学入門——法律学への架橋』法学書院，2009.
・伊藤真『伊藤真の法学入門 補訂版』日本評論社，2017.

法律の基礎知識、法の解釈

学習のポイント
● 法律のつくられ方、構造、相互関係を理解する
● 法解釈の意義と方法を理解する

1 法律の基礎知識

1 法律の制定

　第2節で述べたように、法律は国会によって制定される。法律は原則として衆参両議院で可決されたとき法律案から法律になる（憲法第59条第1項）。主任の国務大臣が署名、内閣総理大臣が連署した後（憲法第74条）、天皇によって公布され（憲法第7条）、施行される。

　法律は憲法に違反してはならないが、憲法の枠内であれば国会は法律を自由につくることができる（立法裁量）。とりわけ社会福祉・社会保障の分野では、憲法上の根拠となる第25条が「努力目標」的に捉えられている（朝日訴訟最高裁判決）ので、国会の裁量の範囲はかなり広くなる。「健康で文化的な最低限度の生活」を実現するためにはどのような制度をつくるべきか、政策的判断に委ねられる余地が大きい。

　視力障害者は国民年金法により障害福祉年金を受給できる。一人親家庭の子どもには児童扶養手当法により児童扶養手当が支給される。しかし、視力障害者が一人で子育てをしていても、障害福祉年金しか支給されない。この点が、憲法第25条等に反するとして争われた裁判があった（堀木訴訟）。この裁判で最高裁は、「憲法25条の規定の趣旨にこたえて具体的にどのような立法措置を講ずるかの選択決定は、立法府の広い裁量にゆだねられており、それが著しく合理性を欠き明らかに裁量の逸脱・濫用と見ざるを得ないような場合を除き、裁判所が審査判断するのに適しない事柄であるといわなければならない」と可能な限り立法府の判断を尊重する態度を示し、この併給禁止も裁量の範囲内のものであるとした。

★公布と施行
公布とは、成立した法令を公表し一般国民がその正文を知ることができるようにすることである。公布は官報に掲載することによって行われる。施行は公布された法令を発効させることである。

2 法律の題名・法令番号

法律には題名がつけられる。「民法」や「刑法」といった短い題名であればそのまま使われるが、長い題名の法律は略称で呼ばれることが多い。たとえば「雇用の分野における男女の均等な機会及び待遇の確保等に関する法律」は通常「男女雇用機会均等法」と呼ばれ、「行政手続における特定の個人を識別するための番号の利用等に関する法律」は「マイナンバー法」とか「個人番号法」あるいは「番号法」と呼ばれる。

法律には公布時を基準として番号が付される（法令番号）。たとえば、「会社法」という法律には「平成17年7月26日法律第86号」という番号が付されている。

3 条文の構造

法律の規定は条文として表現される。条文の構造としては、まず「第〇条」という「条」が基本になる。条だけの条文も多いが、条文によっては内容に応じて改行し「項」に細分することがある。項は1、2、3というようにアラビア数字を用いるが、1は省略して表示されることが多い。さらに条や項のなかでいくつかの事項を列挙する場合に「号」が用いられる。号は漢数字で表示される。実例として、介護保険法第7条を挙げてみたい。

★**法令番号**
ほかの法令が会社法を引用する場合は「会社法（平成17年法律第86号）」と、日付を省略する。

（定義）
第7条　この法律において「要介護状態」とは、身体上又は精神上の障害があるために、入浴、排せつ、食事等の日常生活における基本的な動作の全部又は一部について、厚生労働省令で定める期間にわたり継続して、常時介護を要すると見込まれる状態であって、その介護の必要の程度に応じて厚生労働省令で定める区分（以下「要介護状態区分」という。）のいずれかに該当するもの（要支援状態に該当するものを除く。）をいう。

2　略

3　この法律において「要介護者」とは、次の各号のいずれかに該当する者をいう。
　一　要介護状態にある65歳以上の者
　二　要介護状態にある40歳以上65歳未満の者であって、その要介護状態の原因である身体上又は精神上の障害が加齢に伴って生ずる心身の変化に起因する疾病であって政令で定めるもの（以下「特定疾病」という。）によって生じたものであるもの

4～9　略

条文のなかには「第○条の2」とか「第○条の3」というような書き方をしているものがある。これは第○条の第2項とか第3項ということではなく、それぞれが一つの条である。すなわち「第○条の2」というのは、「第○条の2」条ということである。このような書き方は「枝番号」と呼ばれ、法改正に伴って生じるものである。

■4 法律の競合

ある事項について複数の法律が競合した場合、どの法律が優先されるかについては、次のようなルールがある。

❶特別法優先の原則

ある事項について広く定めているのが一般法であり、その事項の特定の分野について定めているのが特別法である。たとえば、「取引」という事項について民法が定めているが、「商取引」については商法も定めており、両者が商取引に関して競合する。この場合民法が一般法で商法が特別法の関係になり、商取引に関しては商法が優先的に適用される。

❷後法優位の原則

同一の法形式の間で旧法と新法に矛盾が生じた場合は、新法（＝新しい意思）のほうが優先されるということ。形式の異なる憲法と法律、法律と命令などの間では適用されない。同一の法形式であっても旧法である特別法と新法である一般法の間でもこの原則は適用されず旧法である特別法が優先される。

2 法の解釈

法を現実に適用していくためには、「法の意味を確定し」、「事実関係を確定し」、「確定した事実に意味の確定された法を適用する」というプロセスを経る。法の意味を確定する際に解釈が必要となってくる。

■1 解釈の必要性

刑法第199条は殺人罪の規定で、「人を殺した者は、死刑又は無期若しくは5年以上の懲役に処する」としているが、「人」とは何であろうか？　胎児は含まれるのか？　胎児に対しては別に堕胎罪が存在するから、ここでいう「人」とは生まれてからということになるであろうが、それではいつ生まれたことになるのか？　一部露出の時か、全部露出の

時か。また、いつまで「人」であるのか？ 呼吸が止まった時か、心臓が停止した時か、脳が停止した時か。殺人罪になるかならないか、まさしく臓器移植に関連して議論された問題である。

成文法は言葉で書かれているが、ある程度抽象的に書かれている場合があり、また制定された時と社会の状況が変化して条文が想定した社会とずれが生じることもある等、さまざまな事情により現実に適用するためには解釈を行うことが必要になってくる。

2 解釈の態度

解釈にはいかなる態度で臨むべきか。まず、条文は日本語で書かれているわけであるから、日本語としての意味が重視されるのは当然であるが、先に例として挙げた殺人罪における「人」のように、言葉の意味を確定しきれない場合が出てくる。その場合にはさまざまな要素を考慮して意味を確定していかなければならない。考慮すべき要素として考えられるのは、立法者がどういうつもりで制定したか（立法者意思）、立法の際の基礎を提供しその合理性を支える事実（立法事実）、法の目的、ほかの条文や法令との関係、外国との比較、論理的整合性、社会的必要性、現実的妥当性等である。それらの要素のなかには対立する可能性のあるものもある。最終的には解釈者の価値観が反映することになり、その意味で、法の解釈は全人格的作業だということができる。

解釈を行うにあたっては次のような技法が使い分けられる。

3 解釈の技法

❶文理解釈

最初に、条文の日本語としての意味をとっていく作業が行われる。これが文理解釈である。これで結論が出てくることも多いが、複数の読み方が可能な場合もあり、その場合、文理解釈だけでは結論が出ないことになる。論理解釈によって妥当な結論を追求していくことになる。

❷論理解釈

① 拡張解釈（拡大解釈）

一つの言葉に狭義と広義の両方の意味があり、仮に通常は狭義で用いられているとしても広義に解釈することを拡張解釈という。ただ、拡張解釈は言葉の意味を広めにとるとしても、その言葉の範囲を踏み越えるものではない。その点が類推解釈と異なる。

★拡張解釈
たとえば、「配偶者」という言葉は正式に婚姻届を出している配偶者のみを指す場合と、内縁の配偶者も含める場合とがある。

② 縮小解釈

縮小解釈は拡張解釈とは逆で、狭義と広義がある場合に狭義で解釈するというものである。「被相続人の配偶者は、常に相続人となる」（民法第890条）にいう配偶者には内縁の配偶者は含まれないとされているのがその例である。

③ 類推解釈

条文の言葉には含まれないが条文の言葉に類似した事項にまでその条文を適用していこうとする解釈方法である。たとえば、道端に「車馬通行止め」という立札が立っているがその道の先には川が流れており、貧弱な木製の橋が架かっていて自動車や馬のような大きさ・重さのものが通れば橋が落ちそうであるという場合において、たまたま牛が通りかかったら、「牛は馬ではないが大きさ・重さが類似しており、ここでは馬に含めて考える」として牛の通行も禁止する。言葉の意味の範囲を広げるということでは拡張解釈と共通するが、拡張解釈との違いは、言葉本来の意味を踏み越えることである。

類推解釈は、犯罪の範囲が限りなく広げられるおそれがあるので、刑法の解釈にあたっては禁止されている（罪刑法定主義の派生原則）。

★罪刑法定主義
法律でこれが犯罪であると明記されたものだけが犯罪であり、その犯罪に対しては法律で規定された刑罰しか科すことができないという原則。犯罪の範囲を明確にして限定するものである。

Active Learning

六法を用いて実際の法律を一つ取り上げ、どのような構成・内容になっているか調べてみましょう。

④ 反対解釈

類推解釈が言葉本来の意味に入らないものにまで適用を広げるのに対して、反対解釈は言葉本来の意味に入らないものへの適用を否定する解釈である。「車馬通行止め」のところへ牛が来ても、牛は馬ではないから通ってよいということになる。

⑤ 勿論解釈

先に述べた、貧弱な木製の橋と「車馬通行止め」の立札の場所に象がやってきた場合、「馬が通れない以上、象は勿論通れない」とする解釈である。「小さいものが不可なら大きいものは勿論不可」、「大きいものが可なら小さいものは勿論可」というように、小から大に、大から小に及ぼしていく解釈ということができよう。

◇参考文献
・末川博編『法学入門 第6版補訂版』有斐閣，2014.
・伊藤正巳・加藤一郎編『現代法学入門 第4版』有斐閣，2005.
・向井久了『法学入門——法律学への架橋』法学書院，2009.
・伊藤真『伊藤真の法学入門 補訂版』日本評論社，2017.
・参議院法制局「法律の［窓］」https://houseikyoku.sangiin.go.jp/column/

第**4**節　裁判制度・判例を学ぶ意義

学習のポイント

● 裁判の意義と種類を理解する

● 判例の意義を理解する

● 権利擁護と判例の関係を理解する

1　裁判とは

1　裁判の位置づけ

❶憲法における裁判の位置づけ

　裁判とは、社会のなかでの紛争や利害が対立した場合の解決のために、第三者が拘束力のある判断を下す制度である。一般的には、国家が司法権を有して裁判所を設置しているが、国連の司法機関である国際司法裁判所や、EU加盟諸国における欧州裁判所など、国家以外によって設置された裁判所もある。

　立法権・行政権・司法権の三権分立を原則とする法治国家においては、裁判は、国家の司法権に基づいて設置される裁判所において行う訴訟やその他の事件のことである。

　憲法では、司法権は、最高裁判所および法律の定めるところにより設置する下級裁判所（高等裁判所・地方裁判所・家庭裁判所・簡易裁判所）に属する。裁判官は、その良心に従って独立してその職権を行い、憲法および法律にのみ拘束される（第76条）。

　そして、何人も裁判所で**裁判を受ける権利**を奪われないと定めている（第32条）。国家の司法権の下で裁判を受けることは国家権力の機能であるとともに、国民の権利でもある。

　裁判所には、最高裁判所、高等裁判所、地方裁判所、簡易裁判所、家庭裁判所がある。このうち最高裁判所は、個別の事件の判断に付随して、一切の法律、命令、規則または処分が憲法に適合するかしないかを決定する権限を有する終審裁判所である（第81条）。

❷権利擁護と裁判

　裁判は、社会の紛争を解決する機能であるが、福祉分野とも関係があ

★国際司法裁判所
国際連合の主要機関の一つで常設の国際司法機関である。オランダのハーグに本部を置く。国家間の法律的紛争について裁判をしたり（国際連合憲章第36条第3項、国際司法裁判所規程第36条）、国連総会や国連安保理などの要請に応じて勧告的意見を与える（同憲章第96条、同規程第4章）。

る。福祉サービスについては契約が主体となっているところ、その契約の履行や解釈をめぐって紛争になることもあるし、介護事故等について紛争になることもある。また、市町村等による措置は、行政が福祉サービスを必要としている人に対して法律に基づいて行うものであるが、行政の個人に対する権限の行使であり、それが適正になされたかどうかをめぐっては紛争になる場合もある。紛争は話し合いによって解決される場合も多いが、民事裁判によって解決を求めることもある。

また、介護現場での事故は、故意による暴行・傷害はもちろん、過失に基づく場合も、業務上過失傷害・過失致死などの犯罪に該当する場合があり、刑事裁判で裁かれることもある。

■2 裁判の種類

❶刑事裁判

刑事裁判は、刑法をはじめとする刑罰が定められている法律に違反したかどうかを判断し、刑罰を科すための手続である。

刑法等に違反した場合も、すべてが刑事裁判になるわけではない。裁判にするかどうか（起訴するか）は検察官が判断をすることになっており、仮に刑法等で定めた犯罪の要件に該当しても、前科の有無、被害の程度、示談の成否等の諸事情を判断して、起訴猶予[*]にする場合もある。この場合には裁判所における刑事裁判（刑事訴訟）手続には付されない。刑事裁判は、検察官が裁判所に起訴した被告人に対して裁判所が行う手続であり、被告人は、公平な裁判所の迅速な公開裁判を受ける権利を有する（憲法第37条）。刑事裁判では、被告人は黙秘権[*]や弁護人選任権を有し、適正な手続が保障されたもとで（憲法第31条）、手続が行われ、裁判所は判決を言い渡す。

判決に不服がある場合には上級裁判所に控訴して判断を求めることができる。控訴裁判所の判決に不服がある場合には、法律で定められている事由に該当すればさらに最高裁判所の判決を求めることができる。

❷民事裁判

① 民事裁判とは

刑事裁判以外の裁判所が行う裁判が**民事裁判**である。

民事裁判は、民法上の権利主体である私人間（国家賠償請求訴訟など国や地方公共団体が当事者となる場合もある）の権利関係についての紛争を解決するための手続である。行政事件についても、行政による判断が法律に違反していないかどうかを判断する権限は最終的には裁判所に

あり、民事訴訟のなかで、行政訴訟として位置づけられる。

　民事裁判も、判決に対して不服がある場合には控訴をすることができる。控訴裁判所の判決に不服がある場合には、法律で定められている事由に該当すればさらに最高裁判所の判決を求めることができる。

②　民事裁判の手続

　民事裁判は、自らの権利を裁判によって実現しようとする者が原告となって、相手方（被告）に対して、裁判所に訴状を出すことによって訴える。裁判所では、原告・被告がそれぞれ自らの請求権やそれに対する反論を法律上の根拠に基づいて主張して、証拠によって立証する。

　裁判所は、これらを踏まえて、その紛争にかかわる事実を認定し、原告の請求に対する判断を判決によって示す。原告の請求を認めない場合には、請求を棄却または却下する判決が出される。

　もっとも、民事裁判は紛争を解決するための機能であるため、手続きの過程で、裁判所における話し合いによって和解が成立して解決する場合もある。

★棄却・却下
「却下」は手続や要件の不備などで不適当な訴訟として請求の内容を検討することなく原告の訴えを退ける場合であり、「棄却」は、内容を検討して理由がないとして退けられる場合である。

2 ▶ 判例

1 判例とは

　判例とは、裁判所が具体的事件について判断するために、法令の意味を明らかにしたり、判断基準を示したり、法の一般原則を具体化したものである。また、法律の解釈や当てはめとして法律の実務において参照されており、法律の解釈を示すものとして法体系の重要な一部となっている。

2 法律と判例の関係

　法律は、国会で制定される。また、内閣が定める政令（憲法・法律の規定を実施するために制定された政令と、法律の委任に基づいて指定される政令がある）、省庁等が定める省令等がある。地方公共団体が議会の議決によって、その地方公共団体において適用されるものとして定めるものが条例である。

　また、最高裁判所は、民事訴訟規則、刑事訴訟規則、家事審判規則、少年審判規則などの訴訟に関する手続、弁護士・裁判所の内部規律、司法事務処理に関する事項等について規則を制定する権限を有している

★条例
憲法第94条で、地方公共団体は、法律の範囲内で条例を制定することができるとされており、地方自治法の規定に基づき各地方議会において制定される。憲法を頂点とする国内法体系の一部をなすものであり、国の法に違反できないものと位置づけられる。

（憲法第 77 条）。

　裁判では、法律のほかに、その法律に関する規則や政省令も判断の根拠になる。

　もっとも、社会で起こる多数の事象をすべて法律の条文として定めることは困難である。法律の文章は抽象的な場合が多く、どのような場合に、その法律が適用されるかを判断することは簡単ではない。このため、法律の当てはめをめぐって紛争になり、裁判で判断が求められる場合がある。

　そこで裁判では、その当事者間に起こった事実について、それぞれの主張と証拠によって、法律のどの条文に当てはめてどのような効果が生じるかが判断される。

　裁判所が裁判になった具体的事件について示した判断が判決である。判決は、ほかの似たような事案において参考にされたり、法律の条文の解釈の参考にされるという意味で、判例[*]と呼ばれる。

★判例
判例とは、判決一般ではなく、「法律の解釈の先例として、後のほかの事件についても適用される可能性のある判断を示したもの」に限定していう場合もある。

3 判例の効力

　日本では、法律の条文として定められたもの（実定法）のことであって、裁判所が法律の解釈について示した判例は、ほかの裁判の判断を拘束することとはされていない。

　しかし、個別の事件においては、上級審の裁判所の裁判における判断は、その事件について下級審の裁判所を拘束する（裁判所法第 4 条）。

　また、上級裁判所は、法律の解釈に誤りがある場合は下級審の裁判を破棄することができる（民事訴訟法第 325 条第 1 項、第 337 条第 5 項。刑事訴訟法第 397 条、第 400 条）。

4 最高裁判所の判例

　最高裁判所の判決は、憲法その他の法令の解釈適用についての終局的な判断であり、最高裁判所が以前出した判決と異なる判断を出す場合には、最高裁判所は 15 人の裁判官によって構成される大法廷で判断をしなければならないとされている（裁判所法第 10 条第 3 号）。

　最高裁判所の判例については、判例の変更について重大な手続を設けており、最高裁判所の判例に反する下級審の判決について、法令解釈の誤りとして取り消すことができることとなっている。

　個々の事件で裁判官は独立して判断をできるが、法律の解釈については、個々の事件によって異なる基準で判断がなされると法律の解釈が不

明確になるので、法令解釈の統一を図るため、最高裁判所の判例には後の裁判所の判断に対し拘束力があるものと解されている。

また、最高裁判所の判例に反する場合には、高等裁判所の判決に対して、上訴できる（民事訴訟で、上告受理申立理由となり（民事訴訟法第318条第1項）、刑事訴訟で、上告理由となる（刑事訴訟法第405条第2号・第3号）。

5 判例の意義

判例には、以下のような意義がある。

❶ 法律の解釈についての指針

特に最高裁判所の判例は法律解釈の指針となる。

したがって、法律の変更が必要になる場合もある。たとえば、婚姻によらない子（非嫡出子）と婚姻した夫婦間の子（嫡出子）の法定相続分は、民法では非嫡出子は嫡出子の2分の1という規定であったが、最高裁判所はこの民法の規定が憲法第14条（法の下の平等）に反して違法であると判断した（2013（平成25）年9月4日）。これに伴い、民法の規定の変更に先立ち、この判決以降の相続については、下級審の裁判例も嫡出子と非嫡出子のいずれの法定相続分も同一であるとする判断にしたがうこととなった。その後、民法の規定は国会で改正された。

❷ 法律の適用についての参考

最高裁判所の判決だけではなく、下級審の判例も実務においては法律の解釈・適用における参考として扱われている。

❸ 同様の事例についての参考

法律実務において、判例は、ある紛争の解決や訴訟を提起する場合において、同様・類似の事例における裁判所の判断を参考として参照されている。

ただし、個々の判例は、その個別事案についてのもので、同じような事例でも具体的な事実の違いで結論が異なる場合があり、ほかの判例がそのまま当てはめられるわけではない。

3 ソーシャルワーカーと判例

1 ソーシャルワーカーと判例

ソーシャルワーカーがかかわる権利擁護は、いずれも法律に根拠を有

するものであるので、法体系の一部である判例とも密接な関係がある。その意味で、権利擁護にかかわる業務につくものが判例について知識を有することは意義がある。

　しかし、判例は、膨大であり、その紛争に関連する法律が何であるかを理解していなければ、関係する判例を探すことは難しい。重要な判例の一部は、裁判所ホームページの検索システムで参照することもできるが、一般的には、法律実務家のための判例雑誌や判例データベースに掲載されているものが利用されている。

　また、判例は、実際には個別の紛争にかかわる判決であるので、その紛争にかかわる主張や事実の認定、判断の理由が記載されていて、どの部分を参照する必要があるかを理解して読むことは難しい。このため判例については、自ら必要な判例を探すことができることが必要なのではなく、権利擁護に関する判例について、それが法律の解釈においてどのような意義があるかを理解できるようになることが必要である。

▌2 判例の具体例

❶朝日訴訟（1967（昭和42）年5月24日最高裁判決）

　生活保護法にかかわる支給基準について、憲法第25条第1項の解釈をめぐって争いになった事件である。

　憲法第25条は、国が国民に対して「健康で文化的な最低限度の生活を営む権利」（生存権）を保障している。生活保護法はこれを具体化する法律であるが、生存権の権利としての性格がどのようなものであるかを最高裁判所が判断をした。

　判決では、憲法第25条第1項は「すべての国民が健康で文化的な最低限度の生活を営み得るように国政を運営すべきことを国の責務として宣言したにとどまり、直接個々の国民に対して具体的権利を賦与したものではない」とし、国民の権利は法律（生活保護法）によって守られればよいとし、「何が健康で文化的な最低限度の生活であるかの認定判断は、いちおう、厚生大臣の合目的的な裁量に委されて」いるとした。これによって、最高裁判所は、生存権について個々の具体的な権利を保障するものではなく、プログラム規定であると示した。そして、個々の支給基準は厚生労働大臣＝行政権の裁量によるとした。もっとも、裁量はまったく自由なものではなく、生活保護法の目的の実現に著しく反する場合には、裁量権の濫用として違法となる場合はある。濫用にあたるかどうかは、個々の事案で裁判所が判断する。

❷ JR 東海事件（2016（平成 28）年 3 月 1 日最高裁判決）

認知症高齢者が線路内に立ち入って電車の事故に遭い死亡したことについて、鉄道会社が同居していた高齢者の配偶者および息子を相手に鉄道遅延等による損害賠償を請求した事案である。

民法第 709 条で、故意または過失によって他人の権利または法律上保護される利益を侵害した者は、これによって生じた損害を賠償する不法行為責任を負うとされている。ただし、法律上の責任能力を欠くものについては、民法第 713 条で責任を負わないとされている。

そして、その場合には、「その責任無能力者を監督する法定の義務を負う者」（監督義務者*）または「監督義務者に代わって責任無能力者を監督する者」（法定の監督義務者に準ずべき者）が、責任無能力者が第三者に加えた損害を賠償する責任を負う。ただし、監督義務者がその義務を怠らなかったとき、またはその義務を怠らなくても損害が生ずべきであったときは、責任を負わないと規定されている（第 714 条）。

この規定をめぐって、責任能力を欠いた認知症高齢者の行為について、損害が発生している場合、同居していた配偶者や長男はこの「責任無能力者を監督する法定の義務を負う者」か、これと同様に解すべき責任を有する者かが問題になった。一審・控訴審ではそれぞれ同居親族の責任を認める判決が出されたため、家族や介護事業者は認知症高齢者が外に出て行かないように鍵をかける必要があるのか、それは虐待にならないのか等、大きな関心をもたれた。

最高裁判所は、民法第 714 条第 1 項の監督義務者については、精神障害者と「同居する配偶者」であるからといって該当することにはならず、一方、法定の監督義務者に該当しない者であっても、「責任無能力者との身分関係や日常生活における接触状況に照らし、第三者に対する加害行為の防止に向けてその者が当該責任無能力者の監督を現に行いその態様が単なる事実上の監督を超えているなどその監督義務を引き受けたとみるべき特段の事情が認められる場合」には、法定の監督義務者に準ずべき者として、民法第 714 条第 1 項が類推適用されるとの一般的な基準を示した。

そのうえで、認知症により責任を弁識する能力のない者 A が鉄道会社に損害を与えた場合、A の妻について、長年 A と同居しており長男らの了解を得て A の介護に当たっていたものの、当時 85 歳で左右下肢に麻ひ拘縮があり要介護 1 の認定を受けており、A の介護につき長男の妻の補助を受けていたなどの事情のもとでは、法定の監督義務者に準

★監督義務者
未成年者については親権者（民法第 820 条）、未成年後見人（民法第 857 条）、児童福祉施設の長（児童福祉法第 47 条）およびこれらの者に代わって親権を行使する者である。

ずべき者に当たらないとした。

　そして、Aの長男について、Aの介護に関する話しあいに加わり、長男の妻がA宅の近隣に住んでA宅に通いながらAの妻によるAの介護を補助していたものの、長男自身は、当時20年以上もAと同居しておらず、事故直前の時期においても1か月に3回程度週末にA宅を訪ねていたにすぎないなどの事情のもとでは、長男も法定の監督義務者に準ずべき者に当たらないとした。

　民法第714条によって責任無能力者に代わって責任を負う「監督義務者」「法定の監督義務者に準ずべき者」についての判断基準を示したうえで、その基準に当てはめて、妻および長男のそれぞれについて、同項の「法定の監督義務者に準ずべき者」に当たらないとして責任を否定した。

　なお、判決は、成年後見人にかかわり、「身上配慮義務は、成年後見人の権限等に照らすと、成年後見人が契約等の法律行為を行う際に成年被後見人の身上について配慮すべきことを求めるものであって、成年後見人に対し事実行為として成年被後見人の現実の介護を行うことや成年被後見人の行動を監督することを求めるものと解することはできない」と指摘しており、民法第714条の監督義務者には当たらないとした。

第3章

権利擁護の意義と
支える仕組み

　近年、成年後見制度をはじめとする権利擁護に関連する法律や制度が改正され、整備されてきている。権利擁護の制度があれば問題が解決するわけではない。ソーシャルワークは、権利擁護の諸施策と社会サービスを活用し、各専門職との連携、地域住民との協働など、重層的な権利擁護のシステムを構築していくことが求められている。

　本章では、ソーシャルワークの価値である権利擁護の考え方を基盤に据え、権利擁護を推進する諸施策の福祉サービスの適切な利用、事業者や自治体等の苦情解決の仕組み等を理解し、「虐待」や「DV」等に関する法律、制度および障害を理由とする差別の解消について学んでいく。

● 権利擁護が打ち出された背景を理解する
● 地域を基盤とした権利擁護を理解する
● 権利擁護とソーシャルワークとの関連を理解する

1 権利擁護はなぜ必要なのか

1 権利擁護が必要とされる背景

　公益社団法人日本社会福祉士会の定款（2014（平成 26）年 4 月 1 日施行）の目的には、「社会福祉士の倫理を確立し、専門的技能を研鑽し、社会福祉士の資質と社会的地位の向上に努めるとともに、都道府県社会福祉士会と協働して人々の生活と権利の擁護及び社会福祉の増進に寄与する」とあり、公益社団法人日本精神保健福祉士協会の定款（2013（平成 25）年 4 月 1 日施行）における事業には、「(1)精神障害者等の精神保健福祉の援助を必要とする人々の生活と権利の擁護に関すること」と規定されている。ソーシャルワークの職能団体の目的や事業には、「人々の生活と権利の擁護」が打ち出されており、このようにソーシャルワーク実践と「権利擁護」は、密接に関係していることがわかる。

　近年、子ども、高齢者や障害者への虐待、孤立死、DV 等の出現が顕著である。認知症の高齢者に対する経済的搾取などの権利侵害事件も後を絶たない。また性的マイノリティ、難民、ヘイトスピーチ、子どもの貧困、新型コロナウイルスによる差別等、多様で複雑な背景をもつ課題が顕在化している。これらの権利侵害に対して、ソーシャルワーカーが果たす役割はきわめて大きく、ソーシャルワーク実践において権利擁護活動の展開や権利擁護システムの構築が求められている。

　我が国において、1990 年代以降、「権利擁護」が求められてきた背景には、いくつかの要因が挙げられる。一つ目には、戦後築かれてきた我が国の社会福祉制度は、貧困対策を中心として、特定の人たちに対する保護と救済にその目的があり、福祉サービスは行政の措置によって行われ、スティグマ（stigma）を伴いがちであったことが挙げられる。

少子化の進展と超高齢社会の到来等により介護をはじめとした社会福祉サービスは、誰もが権利として利用できる仕組みが必要とされてきた。当然福祉サービスは利用にあたって、利用者の選択が基本となる。また、我が国の社会福祉は平等性と公平性の名の下に、制度の拡充を図ってきた。しかし、最低基準による平等性・公平性は、現実には一人ひとりの個別性を重視し、個人の権利を尊重するという社会福祉の根本理念からは、かけ離れたものとなってしまったことは否めない。たとえば「施設の社会化★」「脱施設化★（deinstitutionalization）」「ノーマライゼーション★（normalization）」「QOL」「自己決定」などの概念が、次々と現れ、進化している面はもちろんあるものの、構造的には、依然として社会的弱者を救済する型が残存してきたという背景があった。

　二つ目に、社会福祉基礎構造改革の基本的な方向の一つとして、「サービス利用者と提供者の対等な関係の確立」が示された。社会福祉サービスの利用が従来の行政による措置から、利用者の意思に基づく契約方式への転換によってこの確立の具現化を目指したことである。2000（平成12）年の介護保険制度の導入と同時に、判断能力が十分でない人を支える制度として、民法の改正により、成年後見制度が新設された。また社会福祉事業法改正による社会福祉法では、サービス提供者に対してのサービスの質の保障のための苦情解決の仕組み、運営適正化委員会の設置、福祉サービス利用援助事業など、利用者の「生活と権利を擁護」する制度が誕生してきた。

　三つ目には、1990年代以降、入所型施設を中心に障害者や児童への権利侵害（体罰や虐待等）の事件が弁護士等により明らかにされ、権利擁護は、利用者の権利侵害からの救済や利用者への権利侵害防止という側面が強く打ち出されてきたことが挙げられる。少子高齢化が進むなかで地域においては、従来の縦割りの福祉サービスでは、対応できない虐待、孤立死、ドメスティックバイオレンスなど多問題複合事例が増加してきた。特に虐待の増加は深刻な状況となり、これらに対応すべく、**児童虐待の防止等に関する法律**（2000（平成12）年）、**配偶者からの暴力の防止及び被害者の保護等に関する法律**（2001（平成13）年）、**高齢者虐待の防止、高齢者の養護者に対する支援等に関する法律**（高齢者虐待防止法、2005（平成17）年）、**障害者虐待の防止、障害者の養護者に対する支援等に関する法律**（障害者虐待防止法、2011（平成23）年）が成立した。2005（平成17）年には、介護保険法改正により、地域包括ケアの方向性が打ち出され、その拠点として地域包括支援センターが

★**施設の社会化**
1970年代以降、社会福祉施設（特に入所施設）の閉鎖的な運営に対する問題が地域福祉の台頭とともに提起されたものであり、機能の社会化、処遇の社会化、運営の社会化、問題の社会化の四つの社会化を意味している。

★**脱施設化**
社会福祉施設、精神病院などの施設に収容されている利用者や患者を、ノーマライゼーションの考えに基づいて、施設から解放し、地域社会で利用者、患者個々のニーズに合ったサービスを提供することを指す。主に1980年代のアメリカにおいて、その実践がなされたが、地域移行後のサービスに対する課題もみられた。

★**ノーマライゼーション**
北欧のデンマーク、スウェーデンを起点に、1950年代に提唱された概念である。知的障害者の入所施設のアブノーマルな隔離・保護的処遇に対して、地域において、ノーマル（当たり前）の生活ができる社会をつくっていくという理念である。国際障害者年、障害者の権利に関する条約等にも影響を与えた。

設置される。同センターには社会福祉士の必置と権利擁護機能が規定され、高齢者の虐待防止や地域ネットワークの構築が求められている。

障害福祉の分野は、2002（平成14）年の障害者基本計画において、権利擁護の推進および施設サービスの再構築として、「入所施設は、地域の実情を踏まえて、真に必要なものに限定する」とされ、入所施設からの地域移行、地域生活支援が強調された。そして障害者のサービスにおいても契約制度が導入され、支援費制度（2003（平成15）年）、障害者自立支援法（2005（平成17）年）、障害者の日常生活及び社会生活を総合的に支援するための法律（2012（平成24）年）など自立支援、地域生活支援の方向性が打ち出されてくる。また国連で障害者の権利に関する条約が採択されたことに伴い、我が国でも批准に向けた法整備が行われ、上記法律に加え、障害当事者の長年の悲願であった、障害を理由とする差別の解消の推進に関する法律（障害者差別解消法、2013（平成25）年）が成立し、差別に関する物差しや枠組みが規定され、これをもとに差別の議論を行っていく基盤ができた。そして2014（平成26）年には我が国においても障害者の権利に関する条約が批准され、医学モデルから社会モデルへの転換*が示された。さらに生活の主体者として、障害者自身の意思決定が強調され、「障害福祉サービスの利用等にあたっての意思決定支援ガイドライン」（2017（平成29）年）が国から示されるなど、この条約の具現化が求められている。

2 さまざまなレベルの「生活」を支える権利擁護

近年、ひとり親世帯、高齢者世帯（単身世帯）、子どもの貧困、非正規雇用、外国人問題等、さまざまな格差（所得格差、健康格差、医療格差、介護格差、情報格差等）が顕在化してきている。これら生活上の諸問題の解決にあたるには、複雑に絡みあった問題の背景や構造を総合的・包括的に捉えていくソーシャルワークの視点が求められている。そこでは生活いわゆるLifeをいかに捉えるのかということになる。

QOL（quality of life）という概念がある。一般に、個人の人生の質や社会的にみた生活の質、あるいは終末期医療や治療の選択等、生命の質などを指している。つまり、いかにその人らしい人生や生活を送り、生命が尊重されているのかという視点から生活全体を捉える概念である。また、QOLは、国家の発展状況、個人の人権・自由が保障されている度合い、暮らしの快適さとも関連する概念である。つまり「QOL」の「life」は、個人の人生や生命のありよう、個人の暮らしや社会生活

の状況など幅広い意味が含まれている。

　また、ソーシャルワークにおいては「QOL」に加えて、「今・ここ」（Here and Now）*を捉える視点が重要である。「今・ここ」にある場面が、未来の「今・ここ」に大きな影響を及ぼすことになるからである。ソーシャルワークにおける相談援助や支援活動は、まさに「今・ここ」（Here and Now）における利用者とソーシャルワーカーの信頼関係を基盤として、利用者を取り巻く環境・時間・空間の交互作用を通じてまず、ミクロレベルで展開される。また、相談援助の場面でアセスメントされた問題の背景には、必ずメゾ・マクロレベルの問題があり、これらを総合・包括的に把握することがソーシャルワークには求められている。つまり「生活」を支えていくということは、日常生活においては意思決定権の尊重とその支援が必要となり、「人生」においては、職業や居所の選択など人生に大きな影響を与える自己決定権の尊重とその支援が求められる。さらには「生命」においては、医療における治療選択、終末期のあり方等の重要な自己決定と支援にかかわることになる。特に判断能力が十分でない人たちのさまざまなレベルの「生活」を支えていくソーシャルワークは、生存権、幸福追求権、自己決定権等を支えていく権利擁護がソーシャルワークの基盤となるのである。

3 地域共生社会と権利擁護

　2019（令和元）年12月「地域共生社会に向けた包括的支援と多様な参加・協働の推進に関する検討会」（地域共生社会推進検討会）の最終とりまとめでは、地域共生社会の理念として、制度・分野の枠や、「支える側」「支えられる側」という従来の関係を超えて、人と人、人と社会がつながり、一人ひとりが生きがいや役割をもち、助けあいながら暮らしていくことのできる、包摂的なコミュニティ、地域や社会をつくるという考え方を基底に、福祉の政策領域だけでなく、対人支援領域全体、一人ひとりの多様な参加の機会の創出や地域社会の持続という観点に立ち、その射程は、地方創生、まちづくり、住宅、地域自治、環境保全、教育などほかの政策領域に広がることを想定している。個人や世帯を取り巻く環境の変化により、生きづらさやリスクが多様化・複雑化していることを踏まえ、一人ひとりの生を尊重し、複雑かつ多様な問題を抱えながらも、社会との多様なかかわりを基礎として自律的な生を継続していくことを支援する機能の強化を求めている。さらに専門職による対人支援は、「具体的な課題解決を目指すアプローチ」と「つながり続ける

★「今・ここ」（Here and Now）
心理療法のゲシュタルト療法では、「今・ここ」という概念を現在性として重視する。その現在性こそが、クライエントの理解につながる起点となる。同様にソーシャルワークにおいても「今・ここ」という概念は、利用者の過去の経験や想い、また部分と全体とのつながりを含んでいる。つまり「今・ここ」を観ながら、今までの過程や全体とのつながりを総合的にアセスメントしていく視点である。

第3章 権利擁護の意義と支える仕組み

ことを目指すアプローチ（伴走型支援）」の二つのアプローチを支援の両輪として組み合わせていくことが必要であるとされている。これを実現するためには、専門職による伴走型支援と地域の居場所などにおけるさまざまな活動等を通じて日常の暮らしのなかで行われる地域住民同士の支えあいや緩やかな見守りといった双方の視点を重視する必要がある。

　このように、利用者の支援は、住み慣れた地域を基盤にして、生活全般を視野に入れ、持続可能な支援を行っていく必要がある。特に判断能力が不十分の人や、自らの福祉ニーズを明確に表明し、訴えることができず、なおかつさまざまな社会生活上の脆弱さや傷つきやすい性格のゆえに、相談機関とも疎遠で生活のしづらさに伴うニーズを潜在化させている、いわゆる「ヴァルネラビリティ[★]（vulnerability）の人々」を発見・把握・支援していく総合的な権利擁護のシステムが求められる。

2　権利擁護とソーシャルワーク

1　権利擁護とソーシャルワーカーの自己覚知

　我が国のソーシャルワーカーの多くは、社会福祉機関、施設に属している。組織の一員であるソーシャルワーカーは、組織の機能や役割の範囲内で活動している。一方で、一人ひとりの利用者の権利擁護を推進していくために、利用者の立場に立とうとすれば、法制度や組織の枠組みと対立することも少なくない。しかし組織の一員であることに忠実であろうとすれば、ソーシャルワーカーは、制度や組織の側に立たざるを得ず、利用者の権利を奪いかねない。これは組織に属するソーシャルワーカーにとっての宿命でもあり、まさに「ロイヤルティのジレンマ[★]」である。

　逆説的ではあるが、むしろこのジレンマに気づき、援助者と利用者の対等な関係の構築が困難であるということを自己覚知しているソーシャルワーカーほど、権利擁護の意味を痛感している。しかし現実には、このジレンマに気づいていないソーシャルワーカーも存在しており、このようなソーシャルワーカーほど、自らの経験に頼り、権威をふりかざすような、権利擁護とは正反対の権利侵害を行ってしまう可能性がある。さらにこのジレンマに巻き込まれてしまったソーシャルワーカーは、自らの仕事に対するあきらめのなかで疲れ、バーンアウト[★]してしまうことも少なくない。権利擁護の推進の出発点の一つは、このジレンマの自己

★ヴァルネラビリティ
「脆弱性」とも訳されるが、この概念が近年、地域共生社会の推進のなかにも登場してきており、弱く、傷つきやすく、支援を拒み、孤立しているとみなされた人たちは、リスク管理の対象となり、その結果、自己決定権が侵害され、専門職による過度な保護や干渉が行われていると指摘されている。

★ロイヤルティのジレンマ
ソーシャルワーカーが属する組織に忠誠（ロイヤルティ）になることで、利用者に不利益をもたらす際の葛藤をロイヤルティのジレンマという。

★バーンアウト
強い使命感や責任感をもって、懸命に仕事に取り組んでいた人が、あるときを境に、急に意欲を低下させ投げやりになったりする一連の症候群を指し、燃え尽き症候群とも呼ばれる。アメリカの精神分析医、フロイデンバーガーが「バーンアウト＝燃え尽き」と名づけた。

覚知にある。

　世界人権宣言（1948年）や児童の権利に関する条約（1989年）、障害者の権利に関する条約（2006年）等の人権規約、ソーシャルワーク専門職のグローバル定義（2014年）、日本社会福祉士会の倫理綱領（2005（平成17）年）、日本精神保健福祉士協会による精神保健福祉士の倫理綱領★（2018（平成30）年）は、権利擁護をソーシャルワークのアイデンティティとするための価値基盤であり、ソーシャルワーカーは常にこれらを意識して実践に取り組む必要がある。

2 ソーシャルワークにおけるアドボカシー

　アドボカシーはソーシャルワークの変遷や展開のなかで位置づけられてきた重要な概念である。全米ソーシャルワーカー協会（National Association of Social Workers：NASW）は、1968年に「アドボカシーに関する特別委員会」を設置し、『弁護者（advocate）としてのソーシャルワーカー：社会的犠牲者への擁護者』（Ad Hoc Committee on Advocacy 1969）がまとめられた。そこでソーシャルワーカーは、クライエントの権利を擁護し、代弁者および専門職の役割の担い手になることが強調され、ソーシャルワーカーとしての最も大切な職責は、自らが属する機関ではなく、クライエントのために果たされるべきことが表明された。この時期のアメリカの社会背景には、反人種差別運動としての「公民権運動★」や「貧困との戦い」があり、社会的に抑圧されてきた人々が権利意識をもち、自らの権利獲得に向けて行動を起こした時代でもあった。その影響を受け、ソーシャルワークにおいてもアドボカシーが強調され、貧困や差別などによって無力な状態におかれている人たちに焦点を当てた「ケースアドボカシー」と社会変革（social action）や社会改良を視野に入れた「コーズアドボカシー」に取り組む必要性があるという方向性が見出された。アドボカシーは、ソーシャルワーカーの価値、倫理を基盤に、その専門的知識と技術を活用し、クライエントの最善の利益を追求しつつ、権利を擁護することであり、同時に法律や制度、社会サービス供給主体に対して、利用者が最も適切で最良のサービスが受けられるよう柔軟な対応や変革を求めていく一連の活動である。

　近年、超少子高齢化の進展により、子ども、高齢者や障害者への虐待、孤立死、DV等の出現が顕著である。認知症の高齢者に対する財産侵害などの権利侵害の事件は後を絶たない。今日、高齢者・障害者・子ども・

★倫理綱領
社会福祉専門職団体協議会（現在の日本ソーシャルワーカー連盟）は、特定非営利活動法人日本ソーシャルワーカー協会、日本社会福祉士会、公益社団法人日本医療社会福祉協会、日本精神保健福祉士協会で構成され、国際ソーシャルワーカー連盟に日本国代表団体として加盟しており、同協議会代表者会議で、2005（平成17）年に共通の倫理綱領を定めた。前文、原理およびクライエント、組織、職場、社会、専門職に対する倫理基準が規定されている。

★公民権運動
アメリカにおいて、アフリカ系アメリカ人が、主に1950年代から1960年代にかけて、公民権の適用と教育、雇用、選挙などのさまざまな人種差別の解消を求めて行った大衆運動である。全米黒人地位向上協会（National Association for the Advancement of Colored People：NAACP）をはじめとするさまざまな組織が作られた。1963年、キング牧師率いるワシントン大行進が行われ、運動はピークを迎え1964年に公民権法が定められた。

女性等の権利侵害に対しての「ケースアドボカシー」や「コーズアドボカシー」がますます求められており、財産権、身体的自由、精神的自由などの市民的権利をも含む諸権利の擁護の問題について検討し、権利擁護システムを構築することが課題となっている。

　ソーシャルワークにおいては、権利侵害への対応だけでなく、「自分らしく生きる」ことの保障とエンパワメントに向けた一連の支援が重要である。ソーシャルワークが本来的に依拠する「価値」に基づいた権利擁護活動のあり方が求められている。岩間がアドボカシー機能と位置づけているように、意見表明、対決、交渉、代弁などの核とするソーシャルワークの実践と理論化が求められ、「ケースアドボカシー（第1層から第3層）」のミクロ・メゾレベルそして「コーズアドボカシー（第4層）」のマクロレベルのソーシャルワークのアドボカシーが展開していく必要がある（**図3-1**）。

3 重層的な権利擁護の仕組み

　2000年代以降、我が国の権利擁護の取り組みは、社会福祉分野の職能団体はもちろんのこと、弁護士、司法書士などの法曹関係者、医療、看護、教育そして市民活動（シチズンシップ）などの協働的な実践が積み重ねられてきている。

　アメリカでは1960年代を中心に、ソーシャルワーカーがクライエントの権利を擁護し、代弁する、専門的な役割の担い手とされてきた。1990年代に入り、コミュニティケアが進展するイギリスでは、アドボ

図3-1　ソーシャルワークにおけるアドボカシーの4層構造

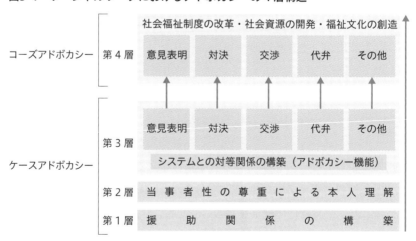

出典：岩間伸之「ソーシャルワークにおける「アドボカシー」の再検討」『別冊発達第25号　社会福祉法の成立と21世紀の社会福祉』ミネルヴァ書房, p.36, 2001.

カシーとエンパワメントをソーシャルワークの機能として明確に位置づけてきた。

　そこで共通するのは、従来のソーシャルワーカーの代弁的活動という役割から、利用者の主体性、自己決定に着目した、利用者自身（セルフ）による「セルフ・アドボカシー」が強調されてきていることである。また、知的障害者のピープルファースト*等に代表されるように、施設やコミュニティにおいて当事者が集団（グループ）として自らアドボカシーを推進する「グループ・アドボカシー」も登場してきた。この「セルフ・アドボカシー」は、我が国において権利擁護の実践を推進するうえで、特に意思決定支援において重要な役割を担うことになろう。それは利用者の権利をソーシャルワーカーが擁護するのではなく、ソーシャルワーカーには、利用者自身が自らの力を発揮し、自分自身の権利を主張することが可能となるよう、側面的援助者*（イネーブラー）としての役割が期待されている。さらに「セルフ・アドボカシー」は、地域のなかで利用者がその人らしい生活を営む方向性を目指すものであり、これを進めていくためには、市民（シチズン）との協働が不可欠である。これは自らの地域を豊かなものにしていこうとする住民自治の力でもあり、多様性の尊重につながる地域づくりでもある。したがって一般市民による「シチズン・アドボカシー」も重要になってくる。今後、市民後見人、介護相談員、オンブズマン、見守り活動等をはじめとする、市民の意識変革と成熟した民主主義社会を形成するうえでも、「シチズン・アドボカシー」の役割がますます重要になる。

　また、法的（リーガル）な側面から権利を主張し、法制度などの改革を迫る活動を、弁護士、司法書士、行政書士等によって展開していく「リーガル・アドボカシー」も必要である。特に成年後見制度は、権利擁護の一つの柱として確立していくことを推進する必要がある。さらに公的（パブリック）な役割としてのセーフティネット保障、サービスの質の担保、事業に対する行政監査、権利擁護に根差した各計画の策定等の「パブリック・アドボカシー」が求められている。

　このように「セルフ・アドボカシー」「シチズン・アドボカシー」「リーガル・アドボカシー」「パブリック・アドボカシー」に関連する活動、専門職、制度などをつなげ、住み慣れた地域においての重層的な権利擁護システムの構築が求められる。

第3章 権利擁護の意義と支える仕組み

★ピープルファースト
知的に障害をもつ当事者が、自分たちの問題を自分たちで、自分たちのために発言する、セルフ・アドボカシーの団体である。1973年、アメリカのオレゴン州で知的に障害をもつ人たちが、知恵遅れというレッテルをはられることがどんなに嫌か、ということを話し合っていたときに誕生した。「ほかの人にどんなふうに知られたい？」と聞かれて、「まず第1に人間として」と答えたことから、人間＝ピープル・第一＝ファーストという名前ができた。各国に活動団体があり、世界大会も開催されている。

★側面的援助者
ソーシャルワークの機能を説明する際に用いられるが、特に決まった訳語はない。イネーブラー（enabler：力を与える人）としてのソーシャルワーカーには、利用者に、自らの力で問題やニーズを解決していけるように支援する役割が求められる。あくまでも利用者の主体性を重視し、支援内容の例としては、心理的な支持を与える、考えや計画を整理するのを手伝う、新たなリソース（資源）を紹介する、代弁する等といったことが挙げられる。

■4 積極的権利擁護とエンパワメント

　利用者の自己決定権を保障するということは、サービスおよびサービス提供者主体の論理から利用者主体の論理へ転換することを意味する。自己決定は自己実現を目的になされる援助過程における一つの手続きである。つまり、利用者の人生や生き方における自己実現こそが、自己決定の本質である。利用者が志向する人生をどのように支援できるのかが問われている。そこではエンパワメントの視点が求められてくる。

　久保は、エンパワメントとは、「社会的存在であるクライエントが社会関係のなかで正当な社会的役割を遂行し自己決定権を行使していくべく、力（個人的、社会的、政治的、経済的）を獲得することを目的とした援助実践の過程であり、それは個人レベル、社会レベルの変化をもたらすことになる。そして、エンパワメント実践はワーカーとクライエントとの協同作業である」と定義している[1]。つまりエンパワメントは、利用者のもっている適応能力、潜在的能力、自己決定能力等の力（パワー）を信じ、かつその可能性を引き出し、さらには自己実現と幸福追求の権利を援助の中心におくといえる。また、利用者の自己実現を支援するためには、それを阻んでいる社会制度の改革をも促進していかなければならない。支援者は、利用者のパートナーとして、社会的、経済的、政治的に抑圧された状況の改善を図り、利用者の諸権利を実現していく手続き的過程のなかで一つひとつの権利を獲得していく支援★が求められる。

　権利擁護のための制度や仕組みについては、制度の運用のみに終始してしまうと、当たり前の生活を維持する最低限の保障としての「消極的権利擁護」となる。権利擁護の制度が整うことと、利用者一人ひとりの権利および生活や人生が守られることが必ずしも連動しないことを十分に認識しておかなければならない。それはソーシャルワークの価値の具現化である。岩間が主張する「本人の生命や財産を守り、権利が侵害された状態から救うというだけでなく、本人の生き方を尊重し、本人が自分の人生を歩めるようにするという本人の自己実現に向けた取り組みを保障する」という「積極的権利擁護[2]」を推進していくことである。

★支援
伴走的支援の過程が利用者を社会システムに対して影響力をもつ、力をもった存在とすることにつながり、実は、援助者自身もこのプロセスを経ることによって力を獲得していくことになる。

Active Learning

生活を支える権利擁護としては、どのようなものがあるか、さまざまな福祉分野から具体例を挙げてみましょう。

◇引用文献
　1）久保美紀「ソーシャルワークにおける Empowerment 概念の検討」『ソーシャルワーク研究』第21巻第2号，p.94，1995.
　2）岩間伸之・原田正樹『地域福祉援助をつかむ』有斐閣，pp.117-119，2012.

◇参考文献
　・外務省編『障害者権利条約パンフレット』2018.

 第**2**節 福祉サービスの適切な利用

学習のポイント

● 福祉サービスの適切な利用が必要とされてきた背景を理解する
● 福祉サービスの適切な利用の具体的な内容を理解する

1 社会福祉事業法から社会福祉法へ
──社会福祉基礎構造改革の意義

1 社会福祉法への改正の背景と意義

❶戦後に整備されてきた社会福祉のあり方の見直し

　日本では 1945（昭和 20）年の終戦後、急増した貧困対策を中心とした社会福祉施策を確立させてきた。1951（昭和 26）年に社会福祉事業法が制定されたが、同法は制定後、大きな改正をしないままに 21 世紀を迎えようとしていた。

　1990 年代後半に社会福祉基礎構造改革の検討が開始された背景には、加速する高齢化や世帯構造の変化等を受けて、国民の社会福祉サービスへの需要が増大し、ニーズの多様化への対応の必要性があった。また、2000（平成 12）年からの介護保険制度の導入により、契約による高齢福祉サービスの利用が開始されるが、これに先駆けて保育所の利用における選択制の導入などもあり、福祉サービスの利用のあり方の見直し、福祉サービスの質の向上への取り組みも求められることとなった。

　これを具体的に検討していくためには、社会福祉の基礎構造を見直すことが必要であり、社会福祉制度の基盤を支える社会福祉事業法の大きな見直しは不可欠であった。

❷社会福祉基礎構造改革が示した基本理念

　社会福祉基礎構造改革の検討過程において、1998（平成 10）年に「社会福祉基礎構造改革について（中間まとめ）」（以下、中間まとめ）が示された。この中間まとめでは、今後の社会福祉の理念とは「個人が人としての尊厳をもって、家庭や地域の中で、障害の有無や年齢にかかわらず、その人らしい安心のある生活が送れるよう自立を支援すること」であることを示した。その基本的な方向は以下のとおりである。

❶　サービスの利用者と提供者の対等な関係の確立

❷　個人の多様な需要への地域での総合的な支援

❸　幅広い需要に応える多様な主体の参入促進

❹　信頼と納得が得られるサービスの質と効率性の確保

❺　情報公開等による事業運営の透明性の確保

❻　増大する費用の公平かつ公正な負担

❼　住民の積極的な参加による福祉の文化の創造

　主に上記の❶❹❺を起点として利用者本位の福祉サービスのあり方を構築していくために、福祉サービスの利用者の利益を保護し、利用者の選択を支援するさまざまな仕組みが検討されることとなった。かつての福祉サービスの受け手は、福祉サービスを主体的に利用する利用者となり、サービスの提供者に対しても、利用者は人としての尊厳ある対等な関係にあることが明確化された。利用者はサービスの選択にあたって、さまざまな情報を活用することができ、サービスは利用者が信頼し納得できる質が求められるのだということも明らかにした。

　そして、社会福祉基礎構造改革において示された基本理念が、社会福祉法において具体化されていくことになった。

■2 社会福祉法の目的

❶「福祉サービスの利用者の利益の保護」という考え方

　社会福祉法第1条ではこの法律の目的が以下のように規定されている。

　「この法律は、社会福祉を目的とする事業の全分野における共通的基本事項を定め、社会福祉を目的とする他の法律と相まって、**福祉サービスの利用者の利益の保護**及び地域における社会福祉（以下「地域福祉」という。）の推進を図るとともに、社会福祉事業の公明かつ適正な実施の確保及び社会福祉を目的とする事業の健全な発達を図り、もって社会福祉の増進に資することを目的とする」

　社会福祉基礎構造改革の理念を反映させる形で、利用者の利益の保護がその目的として明記されている。

　利用者は福祉サービスの提供者との対等な関係にあるということは、対等な立場であることを具体化するために、利用者の利益を保護することが不可欠となった。契約によって福祉サービスを利用することで、即利用者と事業者の関係性が対等になるわけではない。福祉サービスの利用者は何らかの支援を必要としているからこそ利用者になるわけであり、福祉サービスの提供者と対等であることを具体化するには、これま

でになかった利用者を支援する仕組みの整備が必要になったことを示している。福祉サービスの利用者の特性から、自身の意思を十分に表出することが困難な利用者も多数いることを認識する必要がある。このような利用者を支援する仕組みが、福祉サービスを適切に利用できるようにするための仕組みということになる。これが社会福祉法の第8章として新たに設けられた「福祉サービスの適切な利用」で具体化されている。

❷「福祉サービスの適切な利用」の意義

　契約を前提とする福祉サービスの利用は、利用者による情報収集⇒福祉サービスの選択⇒福祉サービス利用の申し込み⇒契約の締結⇒福祉サービスの利用⇒利用料等の支払い、といった過程をたどることになる。このような過程の各段階を支える仕組みが、**福祉サービスの適切な利用**の仕組みであり、社会福祉法第8章には、以下のような対応が用意されている。

① 　**情報収集および福祉サービス選択段階を支える仕組み**

・福祉サービスを提供する事業者による福祉サービスに関する情報提供

・国・自治体による利用者への情報提供体制の整備

・誇大広告の禁止

② 　**福祉サービス利用申し込み段階を支える仕組み**

・契約申し込み時における契約の内容の説明

③ 　**契約の締結段階を支える仕組み**

・契約成立時の書面の交付義務

④ 　**サービスの利用段階を支える仕組み**

・福祉サービス提供事業者による苦情解決への取り組み

・苦情解決に対応する運営適正化委員会の設置

　このように、利用者の立場から福祉サービスを利用するまでの過程の各段階を捉えた仕組みが適切に機能することによって初めて、利用者が福祉サービスを適切に利用していくことになるのである。

2 社会福祉法における「福祉サービスの適切な利用」の具体的な内容

1 情報収集から福祉サービスの契約段階を支える仕組み

❶利用者に対する必要な情報の適切な提供と誇大広告の禁止

　社会福祉法第75条では、福祉サービス事業者（以下、事業者）と国および地方公共団体に対して、利用者に適切な情報提供をするよう努力

★**福祉サービスの情報提供**
国のレベルにおいては、厚生労働省のホームページ上に「介護事業所・生活関連情報検索」（https://www.kaigokensaku.mhlw.go.jp/）として、介護サービスの情報公開システムを用意している。地方公共団体レベルでは、当該地域にある事業者に関する情報のホームページ上への公開や、事業者を一覧にしたリーフレット・冊子等の配布を行っている。

義務を課している。利用者にとって、福祉サービスの選択にあたっては、その情報が重要になる。しかし、身体面、精神面、また生活面において困難な状況があるからこそ福祉サービスの利用を考えているため、情報の収集にも困難を伴う場合がある。事業者は、利用者の困難な状況を前提とした情報提供のあり方を検討しなければならない。福祉事業者は、福祉サービス利用希望者の状態像を想定し、主体的な創意工夫によって情報提供に努めることが求められている。

しかし、この情報提供は、虚偽であってはならないことはもとより、実際のサービスよりも優良であること、有利であることを示してはいけない。福祉サービス利用希望者が誤解してしまうような、いわゆる誇大広告については、社会福祉法第79条によって禁止されている。

福祉サービスの情報を適切に提供していくことについては、まず個々の事業者の責務ではあるが、同時に国および地方公共団体に対しても利用者が必要な情報を容易に得られるようにすることを求めている。しかし、利用者の立場から福祉サービスを適切に利用できるための情報提供方法になっているかどうかが重要である。情報保障の観点から、たとえば知的障害、視覚障害、聴覚障害などの障害の状況について、利用者や関係者の声を聴き、適切な方法を踏まえた情報提供のあり方を検討していく必要がある。

❷福祉サービスの利用申し込み時の説明と書面の交付

社会福祉法第76条では、事業者に対して、福祉サービスの利用を希望する者からの申し込みがあった場合、その希望者に対して利用契約の内容、契約の履行に関する事柄について説明する努力義務を課している。契約を結ぶ前のこの段階での説明は利用者にとっては福祉サービスの内容等について十分な理解を得る重要な機会となる。

また、社会福祉法第77条では、社会福祉事業者に対して、利用希望者との間に契約が成立した際は、利用者に契約における重要事項を記載した書面交付の義務を課している。書面を交付することにより、利用者と事業者間の契約関係が明確になる。万一、書面に記載された契約内容が実行されない場合には、この書面が利用者の利益の保護に資する重要な文書になる。

❸福祉サービスの質の評価

社会福祉法第78条では、事業者に対して、提供する福祉サービスの質について自己評価等を行うことにより、利用者の立場に立って良質な福祉サービスを提供するよう努力義務を課している。事業者による自己

評価は自らのサービスを見直し、質の改善を促すものである。

しかし、自己評価は客観的な視点をもつ情報とはいえず、より客観的な指標になり得る福祉サービスの第三者評価の仕組みなども求められる。そこで同条では、併せて国に対して、事業者のサービス評価の取り組みを後押しするために、第三者評価を推進することができるための評価基準の策定や質の評価を実施する仕組みを整備することを求めている。国は都道府県に対して、「「「「福祉サービス第三者評価事業に関する指針について」の全部改正について」の一部改正について」（平成 30 年 3 月 26 日子発 0326 第 10 号、社援発 0326 第 7 号、老発 0326 第 7 号）」を示し、福祉サービスの第三者評価事業の目的等について、本事業は「利用者の適切なサービス選択に資する者ともなり得る」としている。つまり、福祉サービス第三者評価の結果も福祉サービス利用者にとっては、福祉サービスを選択する際の重要な情報であり、事業者の情報として活用されることにより、福祉サービスの適切な利用につながるものであると理解することができる。

2 福祉サービスの適切な利用を支える福祉サービスの利用援助と運営適正化委員会の役割

❶福祉サービス利用援助事業の実施にあたっての配慮

社会福祉事業法が社会福祉法に改正された際、第二種社会福祉事業として新たに福祉サービス利用援助事業が位置づけられた。福祉サービス利用援助事業とは、精神上の理由により日常生活を営むのに支障がある者に対して、無料または低額な料金で、福祉サービス（社会福祉事業において提供されるものに限る）の利用に関し相談に応じ、および助言を行い、並びに福祉サービスの提供を受けるために必要な手続きまたは福祉サービスの利用に要する費用の支払いに関する便宜を供与することその他の福祉サービスの適切な利用のための一連の援助を一体的に行う事業と定義されている（社会福祉法第 2 条第 3 項第 12 号）。このサービスの利用者としては、知的障害者、精神障害者、認知症高齢者等、判断能力が十分ではない状態にある人を想定している。このサービスは、そのような状態像にあるために、福祉サービスを利用する際の情報収集、福祉サービスの利用契約を結ぶために必要な諸手続き、福祉サービス利用料の支払い等において、困難な状況にある利用者の自立を支援するものである。

福祉サービス利用援助は、当然利用者の立場に立って、本人の意向に

沿った支援をしなければならないが、このサービスが想定している利用者の状況から、ともすれば本人の意向を無視したサービスの契約、金銭を扱う場面での不適切な行為等により、本人の権利を侵害する可能性がある。そのため、社会福祉法第80条では、福祉サービス利用援助事業を行う者に対して、この事業は利用者の意向を十分に尊重し、利用者の立場に立って公正かつ適切な方法によって行うことを求めている。福祉サービス利用者の利益の保護という理念に立てば、当然のことではあるが、この条文の意味を踏まえて福祉サービス利用援助事業による支援がなされることにより、利用者にとっての福祉サービスの適切な利用につながるのである。

　この福祉サービス利用援助事業を都道府県社会福祉協議会が実施する場合には、別途実施要領が定められている。

❷都道府県に設置される運営適正化委員会の役割

　社会福祉法第83条により、都道府県社会福祉協議会には、**運営適正化委員会**という組織を設置することになっている。この運営適正化委員会は、以下の二つの目的をもって設置されている。

❶　福祉サービス利用援助事業の適正な運営の確保

❷　福祉サービスに関する利用者等からの苦情の適切な解決

　❶については、前述したとおり、福祉サービス利用援助事業は適切な支援が行われなければ利用者の権利侵害につながる可能性の高いサービスである。そのため事業の担い手である都道府県社会福祉協議会が適切に実施しているかという観点から監視をするとともに、専門的な見地によって助言または勧告をすることができるよう第84条に規定している。運営適正化委員会が客観的な視点をもって福祉サービス利用援助事業の実施に関与することで、この事業の利用者を間接的に支援することになる。

　なお、運営適正化委員会のもう一つの重要な役割である❷の福祉サービスに関する利用者等からの苦情の適切な解決については、次節において詳述する。

苦情解決の仕組み

第**3**節

● 苦情解決の仕組みの概要を理解する

● 多様な苦情解決の仕組みの意義を理解する

1 社会福祉法における利用者からの 福祉サービスに対する苦情への対応

1 福祉サービスに対する苦情解決とは何か

❶福祉サービスに関する利用者の苦情

　社会福祉法第82条では、事業者に対して、利用者からの苦情について適切な解決に努めることを求めている。第83条では都道府県段階においても苦情解決に対応する体制として**運営適正化委員会**を設置することを規定している。このように、利用者が福祉サービスに関して納得できないことがある場合には、苦情を申し立てることができることになっている。

　福祉サービスに関する苦情は、食事や提供される活動プログラム内容への不満、車いすの操作や入浴介助の職員の未熟さへの指摘、利用者によって対応が変わる、わかりやすい言葉で説明をしてもらえない、利用者に暴言をはくといった職員の態度、ヘルパーがいつも時間に遅れて到着し約束していた家事援助をしてもらえないなど、実に多様である。つまり苦情には、個人の嗜好にかかわる要望から、介護等の専門的な技術に関する要求、虐待が疑われるような職員の言葉かけや態度、契約内容が適切に履行されずに契約違反が疑われるような、法的な対応を必要とする深刻なものまで、実に幅が広いものである。

❷利用者が苦情を申し出ることの難しさ

　社会福祉法に苦情解決の仕組みが導入されて20年以上が経過し、この仕組みの活用により、事業者や運営適正化委員会等に前述したような苦情内容とその対応についても蓄積がなされてきているといえる。では、利用者は容易に苦情を申し立てることができるのかといえば、必ずしもそうではない。これにはいくつかの要因が考えられる。

　契約によって利用する福祉サービスは、利用者が主体的に選択するも

のであり、利用者は事業者とも対等な関係であるとされている。しかし、福祉サービスへの不満や苦情があったからといって、そのサービスの利用をやめ、すぐにほかの事業者のサービスを利用できるようになるかといえば、決してそうではない。福祉サービスは利用者の尊厳を守り、継続する日常生活を支える必要不可欠のものである。サービスによっては、急な中断や変更は利用者の生活の質の低下につながりかねない。そのため、日常生活の継続を優先して、サービスに対する不満や苦情があったとしても、利用者は声を出すのを躊躇するということがあり得る。

　また、たとえば自分の担当職員の支援技術や言動等について不満や苦情がある場合にも利用者は苦情の申立てをためらうことがある。申立てによって自分が職員の対応に不満をもっていることが伝わってしまっては、かえって職員を不機嫌にさせ、さらなる不利益を受けてしまうのではないかと恐れてしまうことがあり得るからである。理念的には利用者と事業者は対等な関係であるが、現実には事業者側は利用者側のプライバシーにかかわる情報をもっており、法制度等の専門的な知識、技術があることから、利用者に対しては圧倒的に強い立場にある。利用者と事業者・職員との非対称的な関係性があるという現実を踏まえると、このようなことを感じ取っている利用者による苦情の申立ては容易ではない。

　さらに、福祉サービスの利用者のなかには、不満や苦情があったとしてもそれを表現し、伝えることが難しい場合があり得る。あるいは、客観的に見て明らかに不適切なサービスの提供状況にあったとしても利用者自身がそのことに気づかずにいることも考えらえる。

　このように利用者が福祉サービスに対して苦情を申し立てるには、さまざまな障壁があることを認識しなければならない。しかし、利用者にとっての最善の利益のためには、利用者が福祉サービスを信頼し、安心して利用し続けることができるためにも、苦情への適切な対応は不可欠である。そして、利用者の尊厳や命に影響があると思われる苦情は迅速で厳格な対応が必要である。

　一方、利用者からの要望、要求、苦情があったときに事業者は、よりよい福祉サービスへの改善・向上に活かす機会と捉えることが重要である。福祉サービスの提供事業者は利用者との真に対等な関係を実現するためにも、利用者が苦情を申し出ることが困難な状況にあることを十分に理解し、利用者の声に耳を傾け、真摯に受けとめる姿勢が求められる。

2 福祉サービスの苦情解決の仕組み

❶福祉サービスの苦情解決の仕組みの概要

　社会福祉法に規定している福祉サービスの苦情解決の仕組みの全体像は、**図3-2**のように示されている。

　福祉サービス利用者からの苦情は、第一義的には事業者が受けとめ、当事者間での解決が望まれることから、まず両者間による解決が促されることになる。

　しかし福祉サービスへの苦情については当事者間での解決は困難な事

図3-2　福祉サービスに関する苦情解決の仕組みの概要図

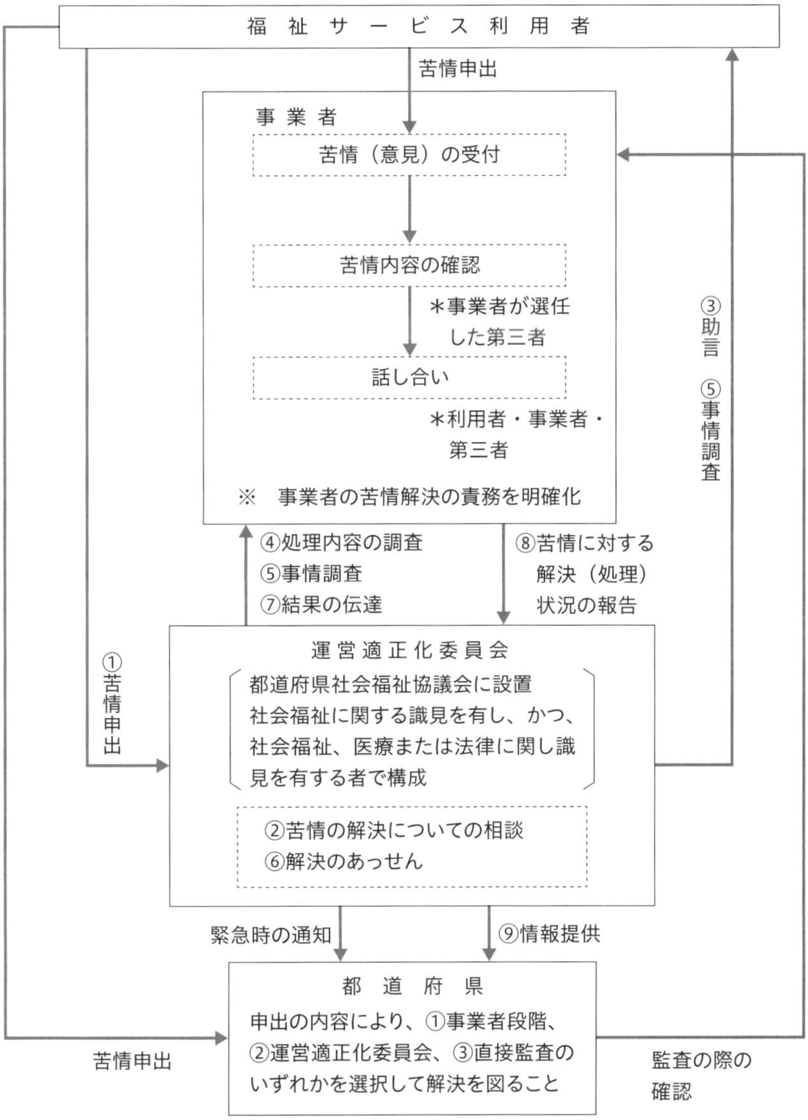

出典：社会福祉法令研究会編『社会福祉法の解説』中央法規出版，2001.

例もある。利用者が事業者の対応に納得できない、あるいは事業者が利用者からの苦情に対して苦情とは受けとめず、解決すべき事柄だと認識していないというような場合である。そのような状況に対応できるよう、都道府県社会福祉協議会の運営適正化委員会が解決のための相談に応じて対応する体制を用意している。

さらに運営適正化委員会が対応した苦情解決事案について、事業者による利用者へのかかわり等が、不適切で不当な行為であるとのおそれがあるときは、運営適正化委員会には、都道府県に対して速やかに通知することが求められている。

苦情解決の仕組みとしては、福祉サービス事業者段階、運営適正化委員会段階、都道府県段階と3段階の対応が用意されていることになる。なおこの仕組みにおいては、福祉サービス利用者は、事業者だけでなく、運営適正化委員会や都道府県に対しても直接苦情を申し出ることも可能としている。

❷事業者による苦情解決

前述したとおり、福祉サービス利用者からの苦情に対する第一義的な対応をするのは福祉サービス提供事業者の責務である。社会福祉法第82条に規定されている苦情解決の仕組みが円滑に機能するよう、厚生労働省からは「「「社会福祉事業の経営者による福祉サービスに関する苦情解決の仕組みの指針について」の一部改正について」（平成29年3月7日雇児発0307第1号、社援発0307第6号、老発0307第42号）」（以下、苦情解決指針*）が示されている。苦情解決指針では、苦情解決の仕組みの目的について「自ら提供する福祉サービスの検証・改善や利用者の満足感の向上、虐待防止・権利擁護の取組の強化など、福祉サービスの質の向上に寄与するものであり、こうした対応の積み重ねが社会福祉事業を経営する者の社会的信頼性の向上にもつながる」としている。併せて苦情を密室化させないこと、社会性や客観性の確保、一定のルールに沿った方法による解決が重要であることに言及している。

苦情解決体制の概要は以下のとおりである。

❶　苦情解決責任者の明確化
　　施設長や理事等

❷　苦情受付担当者（職員）の業務
　　利用者からの苦情受付
　　苦情内容、利用者の意向等の確認と記録
　　受け付けた苦情、改善状況等を苦情解決責任者および第三者委員に

報告

❸ 第三者委員の設置と役割

社会性、客観性を確保し、利用者の立場や特性に配慮した適切な対応を推進する

事業者段階の苦情解決において、重要な役割の担い手が**第三者委員**である。苦情をめぐっては、まずは当事者間での解決が望ましいが、前述のとおり、福祉サービス利用者は事業者に対しては苦情を申し出にくい状況にある。そこで、中立・公正性の確保のために、事業者が第三者を選任、任命することには一定の意義がある。第三者は苦情受付担当者（職員）から苦情内容について報告を受ける、あるいは利用者から直接苦情を受け付けることができる。そのうえで、利用者・事業者双方に助言をすること、苦情を申し出た利用者と苦情解決責任者との話しあいへの立ち合いをすることができる。

❸運営適正化委員会による苦情解決事業

苦情解決の二つ目の段階として用意されているのが都道府県に設置される運営適正化委員会である（社会福祉法第83条、第85条、第86条）。運営適正化委員会が担う苦情解決については、厚生労働省から「「運営適正化委員会における福祉サービスに関する苦情解決事業について」（平成29年3月7日社援発0307第7号）」が示されている。この指針では、運営適正化委員会が福祉サービスの苦情解決事業を行う目的について、「利用者等からの苦情を適切に解決するため、助言、相談、調査若しくはあっせん又は都道府県知事への通知を行うことにより、福祉サービスの適切な利用又は提供を支援するとともに、福祉サービスの利用者の権利を擁護すること」としている。

この事業の対象範囲は以下のとおりである。

❶ 福祉サービスの範囲

原則として社会福祉法第2条に規定する社会福祉事業

❷ 苦情の範囲

特定の利用者および不特定の利用者に対する福祉サービスに対する支援内容、契約の締結、履行、解除に関する苦情および申立て

❸ 苦情の申出人の範囲

福祉サービスの利用者、その家族、代理人等、特定の利用者

民生委員・児童委員、当該事業者の職員等、当該福祉サービスの提供に関する状況を具体的かつ的確に把握している者

① 運営適正化委員会から通知を受けた都道府県の対応

社会福祉法第86条に基づいて運営適正化委員会からの通知を受けた都道府県は、第70条(調査)の規定に基づいて、事業者からの報告徴収、検査等を行うことができる。その結果、不当な行為等が認められた場合にはさらに第71条（改善命令）、第72条（許可の取消し等）により、事業者に対して業務改善命令や、悪質な場合は業務停止命令、許可の取消し等を行うことができる。

② 自治体による独自の対応

福祉サービスに関する苦情対応については、**図3-2** の体制とは別に自治体が独自に対応組織や窓口を用意している場合がある。相談対応から調査、解決に向けた調整等を行う場合や、弁護士や社会福祉士等の専門職等による相談対応を行っている場合などがある。

苦情の対応分野については、介護保険法上のサービス、障害福祉サービス、児童福祉サービス等が想定されている場合が多い。しかし、対応組織・窓口によっては、それぞれのサービス分野の一部のみが対象であったり、保健サービスも対象としていたり、対応可能な範囲は多様である。

★自治体の対応
たとえば東京都の場合は、「とうきょう福祉ナビゲーション」(http://www.fukunavi.or.jp/fukunavi/index.html) 上において区市町村の苦情対応機関・窓口の一覧を公開している。

2 その他の苦情解決・苦情対応等、利用者の声を受けとめる仕組み

1 国民健康保険団体連合会による対応

国民健康保険団体連合会（国保連合会）は、受給者の介護報酬の請求総額を算出し、事業者からの請求の審査を行う。審査結果に問題がなければ、事業者への支払を行い、各市町村に対して事業者への支払いに対する請求を行うという形で介護保険システムを担っている。

国保連合会は、介護保険法第176条第1項第3号に基づいて、介護サービス利用者等からの相談に応じ、介護サービスの質の向上を目的とする調査、指定事業者への必要な指導・助言を行うこととされている。

介護保険法に基づく仕組みであることから、苦情の対象は介護保険サービスに限定される。また、保険者である市町村では対応困難な場合や、市町村の区域を越える場合、利用者が国保連合会による対応を希望する場合などに国保連合会が対応することになる。国保連合会は、申立て等に基づき、公正・中立な立場から事業者に対して調査を行い、サー

★国民健康保健団体連合会
国民健康保険法第83条に基づき、会員である保険者が共同でその目的を達成するため必要な事業を行うことを目的に設立された公法人であり、全国47都道府県に設立されている。

ビス改善に必要性があると判断された場合には、指導・助言を行う。

　国保連合会の苦情対応によって不適切な介護サービスの実態や事業者による不正請求が発見されるなど、国保連合会も適正なサービスの提供のためのチェック機能を果たしているといえる。対応窓口は都道府県国民健康保険団体連合会によって用意されている。

2 介護相談員派遣等事業の実施

　介護相談員派遣等事業は、実施主体を市町村として、介護保険制度の開始に合わせて介護サービスの質的向上を図るための施策として位置づけられた。厚生労働省からは「介護相談員派遣等事業の実施について」（平成18年5月24日老計発第0524001号）が示されている。この指針において同事業の目的は、「介護サービスの提供の場を訪ね、サービスを利用する者等の話を聞き、相談に応じる等の活動を行う者の登録を行い、申出のあったサービス事業所等に派遣すること等により、利用者の疑問や不満、不安の解消を図るとともに、派遣を受けた事業所における介護サービスの質的な向上を図ること」としている。また、各自治体が用意する苦情窓口や国保連合会の苦情対応は事後的対応にならざるを得ないなか、この事業は苦情の未然防止、利用者の日常的な不平、不満、疑問に対応する、問題提起・提案解決型の事業を目指すとしている。

　介護相談員は、一定の研修を受講した者等として登録を行い、介護相談員の派遣を希望する事業所に派遣される。介護相談員は担当する事業所を訪問し、利用者の話を聴いて相談にのる、施設等の行事に参加する、サービスの現状把握に努める、事業所の管理者や従事者と意見交換する等の活動を行い、提案等がある場合に事業所に伝えることになる。介護相談員には利用者と事業所の橋渡しの役割が求められている。

　なお、この事業を導入している市町村は、全国で約3割であるとされている。[i]

3 福祉オンブズマン等

　介護保険制度の導入から、契約に基づく福祉サービス利用への転換が

---

i　特定非営利活動法人地域ケア政策ネットワーク介護相談・地域づくり連絡会『介護施設における高齢者虐待の防止・身体拘束の廃止・サービスの質向上に向けた介護相談員派遣等事業の効果的活用に関する調査研究事業』（2020（令和2）年）の事業実施目的において、「介護相談員派遣等事業（地域支援事業の任意事業）の実施市町村は、平成大合併の影響などを受けることなく、制度発足（2000（平成12）年度）以来、全国市町村の約3割で推移してきている」としている。

図られるという動向に伴い、福祉サービス利用者の権利擁護という視点が重視されてきているが、1990年代から、行政および民間、地域において福祉オンブズマンの活動が展開され始めた[ii]。背景には、福祉サービス提供場面における利用者への権利侵害、利用者と事業者との関係性の転換への必要性があった。第三者という立場でありながら、利用者を代弁するオンブズマンの存在は、社会福祉基礎構造改革に先んじて今日の福祉サービスの利用・提供のあり方を示唆していたといえる。

福祉オンブズマンは以下のように類型化され、次のような特徴を有している。

❶ 行政型福祉オンブズマン
　自治体独自で条例や要綱によって運用
❷ 施設単独型福祉オンブズマン
　社会福祉施設が個別に導入
❸ 地域ネットワーク型オンブズマン
　一定圏域内の社会福祉施設が協働で導入
❹ 当事者型福祉オンブズマン
　障害のある当事者が主体となって活動
❺ 市民活動型福祉オンブズマン
　情報公開請求等の手段により、市民の立場から課題を明らかにし、監視する

オンブズマンの起源は、1809年スウェーデン議会に設置された議会オンブズマンであり、「代理人」の意味がある。スウェーデン議会のオンブズマンは法的に位置づけられており、市民の代理人、司法型オンブズマンとして活動している。

上記の我が国のオンブズマンは社会福祉関係法上に根拠をもたないために法的拘束力はない一方、自由で多様な展開がなされている。利用者の権利擁護システムにおいて、重層性と多様性が不可欠であるため、多様なオンブズマン活動も福祉サービスの適切な利用を支える重要な仕組みである。

ii 権利擁護にかかわる福祉オンブズマンについては、日本地域福祉学会編『新版 地域福祉事典』中央法規出版，2006．の「16-8権利擁護に関わる活動（オンブズマン）の動向」に詳しい。

Active Learning
社会福祉法では福祉サービスの実施とともに、苦情解決についても規定している点について、その理由や背景を考えてみましょう。

第4節 虐待・暴力防止関係法の概要

学習のポイント

● 虐待・暴力防止関係法の概要を学ぶ

1 児童虐待防止法

1 児童虐待防止法の目的

児童虐待の防止等に関する法律（児童虐待防止法）は、以下の目的により、2000（平成12）年に公布された。

> 児童虐待が児童の人権を著しく侵害し、その心身の成長および人格の形成に重大な影響を与えるとともに、我が国における将来の世代の育成にも懸念を及ぼすことにかんがみ、児童に対する虐待の禁止、児童虐待の予防および早期発見その他の児童虐待の防止に関する国および地方公共団体の責務、児童虐待を受けた児童の保護および自立の支援のための措置等を定めることにより、児童虐待の防止等に関する施策を促進し、もって児童の権利利益の擁護に資する。

2 児童虐待の定義

「児童虐待」とは、保護者（親権を行う者、未成年後見人その他の者で、児童を現に監護する者）がその監護する児童（18歳に満たない者）に対して行う**表3-1**に掲げる行為をいう。

3 児童虐待への対応

❶発生予防・早期発見

児童虐待の**発生予防**については、子育て世代包括支援センターによる、妊娠期から子育て期までの支援を切れ目なく提供するための相談支援等のほか、乳児家庭全戸訪問事業、養育支援訪問事業、地域子育て支援拠点事業等の子育て支援事業が実施されている。児童の親権を行う者は、児童のしつけに際して、民法の規定による監護および教育に必要な

表3-1　児童虐待の類型

①身体的虐待	児童の身体に外傷が生じ、または生じるおそれのある暴行を加えること。
②性的虐待	児童にわいせつな行為をすることまたは児童をしてわいせつな行為をさせること。
③ネグレクト	児童の心身の正常な発達を妨げるような著しい減食または長時間の放置、保護者以外の同居人による①、②または④と同様の行為の放置、その他の保護者としての監護を著しく怠ること。
④心理的虐待	児童に対する著しい暴言または著しく拒絶的な対応、児童が同居する家庭における配偶者に対する暴力（配偶者（婚姻の届出をしていないが、事実上婚姻関係と同様の事情にある者を含む）の身体に対する不法な攻撃であって、生命または身体に危害を及ぼすものおよびこれに準ずる心身に有害な影響を及ぼす言動をいう）その他の児童に著しい心理的外傷を与える言動を行うこと。

範囲を超える児童の懲戒を禁じ、「体罰等によらない子育て」が求められている。また、早期発見については、学校、児童福祉施設、病院その他児童の福祉に業務上関係のある団体および学校の教職員、児童福祉施設の職員、医師、歯科医師、保健師、助産師、看護師、弁護士その他児童の福祉に職務上関係のある者は、児童虐待を発見しやすい立場にあることを自覚し、児童虐待の**早期発見**に努めなければならないことが児童虐待防止法において規定されている。

❷通報・対応

　児童虐待を受けたと思われる児童を発見した者は、速やかに、これを市町村、都道府県の設置する福祉事務所もしくは児童相談所等に通告[★]しなければならない。通告により、市町村または福祉事務所の長は、児童との面会等、**安全の確認**[★]のための措置を行う。都道府県知事は、児童虐待が行われているおそれがあると認めるときは、児童の保護者への**出頭要求**、児童の住所または居所への**立入調査**を行うことができる。保護者等が正当な理由なく立入調査を拒否する場合に、都道府県知事は**再出頭要求**を行うことができるが、さらにこれを拒む場合には都道府県知事は裁判所の許可を得て**臨検・捜索**を行うことが可能である。こうしたプロセスにおいて必要な場合には、児童相談所長は**警察署長に対する援助要請**ができる。児童に施設入所や**一時保護**等の措置がなされた場合、児童虐待を行った保護者に対して、児童との**面会・通信の制限**を図ることもある。

　児童虐待を行った保護者への指導は、親子の再統合への配慮、その他の児童虐待を受けた児童が家庭で生活するために必要な配慮のもとに適

図3-3　子どもの安全確認・保護のプロセス

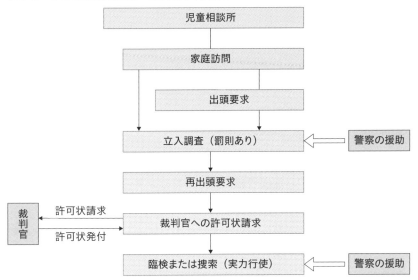

出典：厚生労働省雇用均等・児童家庭局総務課編『子ども虐待対応の手引き（平成25年８月改正版）』2013.

切に行われることとしている。また、民法に規定する親権の喪失の制度は、児童虐待の防止および児童虐待を受けた児童の保護の観点から適切な運用が求められている。

2 DV 防止法

1 DV 防止法の目的

　人権の擁護と男女平等の実現を図るため、配偶者からの暴力（ドメスティック・バイオレンス（DV））を防止し、被害者を保護するための施策として、**配偶者からの暴力の防止及び被害者の保護等に関する法律（DV 防止法）**が、2001（平成 13）年に公布された。

2 DV の定義

　「配偶者からの暴力」とは、配偶者からの身体に対する暴力（身体に対する不法な攻撃であって生命または身体に危害を及ぼすもの）、またはこれに準ずる心身に有害な影響を及ぼす言動（身体に対する暴力等）を指す。また、配偶者からの身体に対する暴力等を受けた後に、その者が離婚をし、またはその婚姻が取り消された場合にあっては、当該配偶者であった者から引き続き受ける身体に対する暴力等を含む。

★配偶者
「配偶者」には、婚姻の届出をしていないが事実上婚姻関係と同様の事情にある者を含み、「離婚」には、婚姻の届出をしていないが事実上婚姻関係と同様の事情にあった者が、事実上離婚したと同様の事情に入ることを含む。また、生活の本拠を共にする交際（婚姻関係における共同生活に類する共同生活を営んでいないものを除く）をする関係にある相手からの暴力およびその被害者について、この法律が準用される。

■3 DVへの対応

❶基本計画

　内閣総理大臣、国家公安委員会、法務大臣および厚生労働大臣は、配偶者からの暴力の防止および被害者の保護のための施策に関する基本的な方針を定めなければならないとされている。また、都道府県および市町村における基本計画の策定も規定されている。

❷配偶者暴力相談支援センター

　DVに関する専門相談機関として、都道府県は、婦人相談所その他の適切な施設において、**配偶者暴力相談支援センター**の機能を果たすようにする。DVを受けている者を発見した者は、その旨を配偶者暴力相談支援センター、または**警察官**に通報するよう努めなければならない。また、配偶者暴力相談支援センターは、被害者の保護に際しては、都道府県、市町村、警察、福祉事務所等との連携が必要である。

❸保護命令

　配偶者からの身体に対する暴力を受けている被害者がさらなる身体に対する暴力により、または生命等に対する脅迫を受けた被害者が身体に対する暴力により、その生命または身体に重大な危害を受けるおそれが大きいときに、被害者からの申立てにより、裁判所が配偶者に対し、**保護命令（接近禁止命令、退去命令）**を発することができる。

3 　高齢者虐待防止法

■1 高齢者虐待防止法の目的

　高齢者虐待の防止、高齢者の養護者に対する支援等に関する法律（高齢者虐待防止法）は、以下の目的により2005（平成17）年に公布された。

> 　高齢者の尊厳の保持にとって高齢者に対する虐待を防止することが極めて重要であること等にかんがみ、高齢者虐待の防止等に関する国等の責務、高齢者虐待を受けた高齢者に対する保護のための措置、養護者の負担の軽減を図ること等の養護者に対する養護者による高齢者虐待の防止に資する支援のための措置等を定めることにより、高齢者虐待の防止、養護者に対する支援等に関する施策を促進し、もって高齢者の権利利益の擁護に資する。

2 高齢者虐待の定義

　高齢者虐待防止法において「高齢者虐待」とは、養護者による高齢者虐待および養介護施設従事者等による高齢者虐待をいう。**表3-2**に養護者による高齢者虐待の類型を示す。

★高齢者
65歳以上の者を指す。

★養介護施設従事者等
「養護施設」、「養介護事業」、「養介護施設従事者等」の範囲は、介護保険施設等の入所施設や介護保険居宅サービス事業者など、老人福祉法や介護保険法で規定されている高齢者向け福祉・介護サービスの業務に従事する職員すべてが対象となる。

★高齢者虐待の類型
養介護施設従事者等による高齢者虐待の類型も、**表3-2**の①〜⑤の内容に準ずる。

表3-2　養護者による高齢者虐待

①身体的虐待	高齢者の身体に外傷が生じ、または生じるおそれのある暴行を加えること。
②介護・世話の放棄・放任	高齢者を衰弱させるような著しい減食または長時間の放置、養護者以外の同居人による①、③または④に掲げる行為と同様の行為の放置等養護を著しく怠ること。
③心理的虐待	高齢者に対する著しい暴言または著しく拒絶的な対応その他の高齢者に著しい心理的外傷を与える言動を行うこと。
④性的虐待	高齢者にわいせつな行為をすることまたは高齢者をしてわいせつな行為をさせること。
⑤経済的虐待	養護者または高齢者の親族が当該高齢者の財産を不当に処分することその他当該高齢者から不当に財産上の利益を得ること。

3 高齢者虐待への対応

❶養護者による高齢者虐待の防止、養護者に対する支援

　養護者による高齢者虐待の発見者は、高齢者に重大な危険が生じている場合には市町村に通報しなければならない。通報を受けた市町村は、高齢者の安全と通報の事実確認の措置を講ずるとともに、高齢者虐待対応協力者と協議を行う。市町村長は、養護者による高齢者虐待により高齢者の生命または身体に重大な危険が生じているおそれがあると認めるときは、**立入調査**や**警察署長に対する援助要請**、老人福祉法による措置入所における**面会制限**等を行うことができる。また、市町村には、虐待対応に必要な**居室の確保**が求められており、必要に応じて**一時保護**等の措置を実施する。市町村長は**法定後見開始等の審判の請求**をすることも可能である。市町村は、高齢者のみならず、養護者の負担の軽減のため、養護者に対する相談・指導・助言その他必要な措置を講ずることとされている。

❷養介護施設従事者等による高齢者虐待の防止

　養介護施設の設置者または養介護事業を行う者は、養介護施設従事者等による高齢者虐待の防止等のための措置を講ずるものとされている。施設従事者は、業務において虐待を受けたと思われる高齢者を発見した場合は、速やかに市町村に通報しなければならない。施設従事者は、通

図3-4　高齢者虐待防止法による対応スキーム

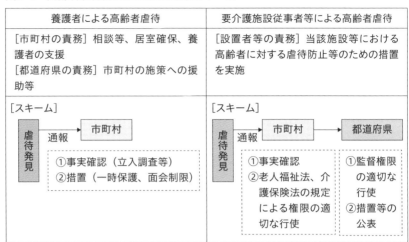

出典：厚生労働省老健局編『市町村・都道府県における高齢者虐待への対応と養護者支援について』2018.

報をしたことを理由として、**解雇その他不利益な取扱いを受けない**。市町村に通報があった場合、市町村または都道府県は、老人福祉法および介護保険法に基づく権限を行使することができる。

4 障害者虐待防止法

1 障害者虐待防止法の目的

　障害者虐待の防止、障害者の養護者に対する支援等に関する法律（障害者虐待防止法）は、下記を目的として、2011（平成23）年に公布された。

> 　障害者に対する虐待が障害者の尊厳を害するものであり、障害者の自立および社会参加にとって障害者に対する虐待を防止することが極めて重要であること等に鑑み、障害者に対する虐待の禁止、障害者虐待の予防および早期発見その他の障害者虐待の防止等に関する国等の責務、障害者虐待を受けた障害者に対する保護および自立の支援のための措置、養護者の負担の軽減を図ること等の養護者に対する養護者による障害者虐待の防止に資する支援のための措置等を定めることにより、障害者虐待の防止、養護者に対する支援等に関する施策を促進し、もって障害者の権利利益の擁護に資する。

★**学校の長等の責務**
就学する障害者、保育所等に通う障害者および医療機関を利用する障害者に対する虐待への対応・防止等のための措置の実施を学校の長、保育所等の長および医療機関の管理者に義務づけている。

2 障害者虐待の定義

障害者虐待防止法において「障害者虐待」とは、養護者による障害者虐待、障害者福祉施設従事者等による障害者虐待および使用者による障害者虐待をいう。

表3-3に養護者による障害者虐待の類型を示す。

表3-3　養護者による障害者虐待

①身体的虐待	障害者の身体に外傷が生じ、もしくは生じるおそれのある暴行を加え、または正当な理由なく障害者の身体を拘束すること。
②性的虐待	障害者にわいせつな行為をすることまたは障害者をしてわいせつな行為をさせること。
③心理的虐待	障害者に対する著しい暴言または著しく拒絶的な対応その他の障害者に著しい心理的外傷を与える言動を行うこと。
④介護・世話の放棄・放任	障害者を衰弱させるような著しい減食または長時間の放置、養護者以外の同居人による①から③までに掲げる行為と同様の行為の放置等養護を著しく怠ること。
⑤経済的虐待	養護者または障害者の親族が当該障害者の財産を不当に処分することその他当該障害者から不当に財産上の利益を得ること。

3 障害者虐待防止法の概要

❶市町村障害者虐待防止センター・都道府県障害者権利擁護センター

市町村には障害者虐待に関する通報・届出の受理、障害者および養護者に対する相談・指導・助言、啓発活動等を行う「**市町村障害者虐待防止センター**」が設置される。また、都道府県には、障害者虐待に関する通報・届出の受理、市町村相互間の連絡調整、市町村に対する情報の提供、助言等を行う「**都道府県障害者権利擁護センター**」が設置される。

❷養護者による障害者虐待の防止、養護者に対する支援

養護者による障害者虐待を受けたと思われる障害者を発見した者は、速やかに市町村に通報しなければならない。通報を受理した市町村は**立入調査**等による事実確認を実施する。市町村は、障害者支援施設等に**居室の確保**を行い、虐待により生命または身体に重大な危険が生じているおそれがあると認められる障害者の**一時保護**を行うことができる。市町村長は、立入調査、警察署長に対する**援助要請**、法定後見開始等の審判の請求等の措置を行うことができる。

❸障害者福祉施設従事者等による障害者虐待の防止

障害者福祉施設等による障害者虐待を受けたと思われる障害者を発見した者は、速やかに市町村に通報しなければならない。通報を受理した

★**障害者**

「障害者」とは、身体・知的・精神障害その他の心身の機能の障害がある者であって、障害および社会的障壁により継続的に日常生活・社会生活に相当な制限を受ける状態にあるものをいう（障害者基本法第 2 条第 1 号）。

★**障害者福祉施設従事者等**

「障害者福祉施設従事者等」とは、障害者総合支援法等に規定する「障害者福祉施設」または「障害福祉サービス事業等」に係る業務に従事する者を指す。

★**障害者虐待の類型**

障害者福祉施設従事者等による障害者虐待および使用者による障害者虐待による虐待の類型も、**表 3-3** の①〜⑤の内容に準ずる。

市町村は事実確認等を実施し、都道府県に報告を行う。また、虐待対応の一環として、市町村または都道府県は、**障害者の日常生活及び社会生活を総合的に支援するための法律（障害者総合支援法）等に基づく権限の行使を行うことができる**。障害者福祉施設の設置者または障害福祉サービス事業等を行う者は、従事者等の研修の実施、苦情処理体制の整備等により虐待の防止等のための措置を講ずることとされている。

❹使用者による障害者虐待の防止

使用者による障害者虐待を受けたと思われる障害者を発見した者は、速やかに市町村または都道府県に通報しなければならない。通報を受理した市町村および都道府県は事実確認等を実施し、市町村は都道府県に通知し、さらに都道府県は事業所所在地の**都道府県労働局に報告する**。都道府県労働局は、**障害者の雇用の促進等に関する法律、労働基準法等に基づく権限の行使を行うことができる**。障害者を雇用する事業主は、労働者の研修の実施、苦情処理体制の整備等の障害者虐待の防止等のための措置を講ずることとされている。

図3-5 障害者虐待防止法による対応スキーム

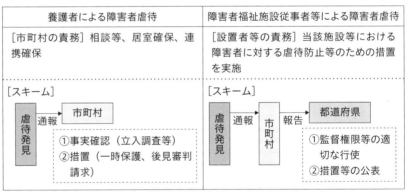

虐待の事例や事件を取り上げ、ソーシャルワーカーとしてどのようなかかわりが求められるか、どのようなかかわりができるかを話しあいましょう。

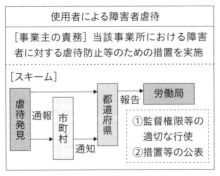

出典：厚生労働省社会・援護局障害保健福祉部障害福祉課地域生活支援推進室編『市町村・都道府県における障害者虐待防止と対応の手引き』2018.

第5節 障害者差別解消法の概要

学習のポイント

● 障害を理由とする差別の解消の推進に関する法律（障害者差別解消法）の概要を学ぶ
● 合理的配慮のあり方を知る

1 障害者差別解消法制定の背景

1 障害者差別に関する意識

「障害者に関する世論調査」（内閣府、2017（平成 29）年）によると、障害を理由とする差別や偏見の有無について、「あると思う」とする者が 83.9％、「ないと思う」とする者が 14.2％であった。さらに、障害を理由とする差別や偏見が「あると思う」とする者に、5 年前と比べて障害のある人に対する差別や偏見は改善されたと思うか聞くと、「改善されている」とする者が 50.7％、「改善されていない」とする者が 41.5％であった。調査結果からは、多くの人々が障害を理由とする差別や偏見の存在を感じており、その改善も道半ばであることがわかる。

2 障害者差別解消のための法的枠組みの整備のあゆみ

現代の障害者の人権保障の根幹をなす障害者の権利に関する条約（障害者権利条約、2006 年国連総会採択、2014（平成 26）年日本における批准）では、一般原則の一つとして「無差別」を挙げ、「障害に基づく差別」を禁じている。

我が国は、障害者権利条約締結に向けて国内法の整備等を進め、2011（平成 23）年の障害者基本法改正では、「差別の禁止」を基本原則として規定した。この原則を具体化するため、2013（平成 25）年に障害を理由とする差別の解消の推進に関する法律（障害者差別解消法）が成立した。

障害者差別解消法は、障害者基本法の理念に基づき「障害を理由とする差別の解消の推進に関する基本的な事項、行政機関等及び事業者における障害を理由とする差別を解消するための措置等を定めることにより、障害を理由とする差別の解消を推進し、もって全ての国民が、障害

★障害に基づく差別
障害に基づくあらゆる区別、排除または制限であって、政治的、経済的、社会的、文化的、市民的その他のあらゆる分野において、ほかの者との平等を基礎としてすべての人権および基本的自由を認識し、享有し、または行使することを害し、または妨げる目的または効果を有するものをいう。障害に基づく差別には、あらゆる形態の差別（合理的配慮の否定を含む）が含まれている。

★事業者
商業その他の事業を行う者。目的の営利・非営利、個人・法人の別を問わず、同種の行為を反復継続する意思をもって行う者（個人事業者や対価を得ない無報酬の事業を行う者も対象となる）。

の有無によって分け隔てられることなく、相互に人格と個性を尊重し合いながら共生する社会の実現に資すること」を目的としている。

2 障害者差別解消法による差別解消のための措置

1 不当な差別的取扱いの禁止

行政機関等および事業者が、障害者に対して正当な理由なく、障害を理由として、下記の取扱いをすることを障害者の権利利益の侵害とみなし禁じている（法的義務）[i]。

財・サービスや各種機会の提供に際して…

・拒否する

・場所・時間帯などを制限する

・障害者でない者に対しては付さない条件を付ける　など

ただし、障害者の事実上の平等を促進し、または達成するために必要な特別の措置は、不当な差別的取扱いではない。

2 合理的配慮の提供

合理的配慮の提供とは、行政機関等および事業者が、障害者から社会的障壁の除去を必要とする意思表明があった場合、障害者の権利利益を侵害することとならないよう、社会的障壁を除去するために合理的な配慮を行うことである。ただし、合理的配慮の提供にあたり、行政機関および事業者の負担が過重であるものは除外される。

また、合理的配慮は、障害の特性や具体的場面・状況に応じて異なり、多様かつ個別性が高いため、代替措置の選択も含め、当事者間の建設的対話による相互理解が重要である。さらに、合理的配慮の内容は、技術の進展、社会情勢の変化等に応じて内容が変わり得る。

なお、合理的配慮の提供については、行政機関等は率先して取り組む主体として法的義務が課せられている。事業者は、障害者との関係が分野・業種・場面・状況によりさまざまであるため努力義務とされている。

★障害者
身体障害、知的障害、精神障害（発達障害を含む）その他の心身の機能の障害がある者であって、障害および社会的障壁により継続的に日常生活または社会生活に相当な制限を受ける状態にある者。

★社会的障壁
障害がある者にとって日常生活または社会生活を営むうえで障壁となるような社会における事物、制度、慣行、観念その他一切のものをいう。

---

i　雇用分野における障害者差別解消の措置については、障害者雇用促進法の定めるところによる。

3 障害者差別解消のための取り組み

❶障害を理由とする差別の解消の推進に関する基本方針

　政府は、障害を理由とする差別の解消の推進に関する施策を総合的かつ一体的に実施するため、「障害を理由とする差別の解消の推進に関する基本方針」を定めなければならない。

❷対応要領・対応指針

　国および地方公共団体等は、各機関における取り組みとして対応要領の策定が求められている。事業者については、主務大臣が事業分野別の対応指針（ガイドライン）を策定する。主務大臣は、民間事業者に対する報告徴収、助言、指導、勧告等を行い実効性を確保する。対応要領・対応指針は、趣旨、不当な差別的取り扱いおよび合理的配慮の基本的な考え方、具体例、相談体制の整備、行政機関等・事業者における研修・啓発等を内容とする。

❸環境の整備

　行政機関等および事業者には、不特定多数の障害者を主な対象とする事前的改善措置について、個々の障害者に対する合理的配慮を的確に行うための環境の整備として実施に努めることが規定されているほか、ハード面のみならず、研修等のソフト面も含まれることが望ましい。

❹相談および紛争の防止等のための体制の整備

　国・地方公共団体は、相談窓口の明確化、相談や紛争解決などに対応する職員の業務の明確化・専門性の向上などの体制整備を図る。

❺啓発活動

　国および地方公共団体は、障害を理由とする差別の解消について国民の関心と理解を深めるとともに、特に、障害を理由とする差別の解消を妨げている諸要因の解消を図るため、必要な啓発活動を行う。

❻情報の収集、整理および提供

　国は、障害を理由とする差別を解消するための取り組みに資するよう、国内外における障害を理由とする差別およびその解消のための取り組みに関する情報の収集、整理および提供を行う。

❼障害者差別解消支援地域協議会

　障害者にとって身近な地域において、多様な機関が、地域の実情に応じた差別の解消のための取り組みを主体的に行うネットワークとして組織することが求められている。協議会には、適切な相談窓口機関の紹介、具体的事案の対応例の共有・協議、構成機関等による調停・斡旋等の紛争解決、複数機関による対応等の役割が期待されている。

★**対応要領**
地方公共団体における対応要領の策定は、努力義務とされている。

★**事前的改善措置**
バリアフリー化、意思表示やコミュニケーションを支援するための人的支援、情報アクセシビリティの向上等を図ること。

★**啓発活動**
具体的には、❶行政機関等における職員に対する研修、❷事業者における研修、❸地域住民等に対する啓発活動等が挙げられる。

Active Learning
「障害者への不当な差別的取扱い」と感じることを取り上げ、その実態や背景について考えてみましょう。

第**3**章　権利擁護の意義と支える仕組み

第4章

権利擁護活動と
意思決定支援

　「自己決定」はクライエントの重要な権利であり、ソー
シャルワーカーがそれを尊重するのは「ソーシャルワー
カーの倫理綱領」等に明示されているとおり、自明のこと
である。一方で、クライエントの自己決定を、真に尊重し
たといえるのは、「どのような場合なのか」という疑問が
ある。本章における意思決定支援に関する各節は、その疑
問に答えるものである。

　さらに個人情報保護法、インフォームド・コンセントな
どソーシャルワーカーが権利擁護活動を行うに当たって、
知っておくべき事項について本章では学んでいく。

意思決定支援とは

● 支援付き意思決定は基本的人権として保障されていることを理解する
● 支援付き意思決定と代理代行決定を区別する理由について理解する
● 意思決定支援における支援者の基本姿勢を理解する

1 意思決定と基本的人権

1 意思決定の権利はすべての人に保障されている

★意思決定
ある目標を達成するために、複数の選択肢から一つを決定する認知的活動をいう。類似の用語として「自己決定」が用いられることもあるが、国際的には、自己決定 self determination は「民族自決（それぞれの民族は自らの運命を自ら決するべきであるとする考え）」と混同されるおそれがあることから、意思決定（decision-making）という用語を用いることが適切との見解もある。本稿では特に断らない限り「意思決定」を用いる。

　私たちは、自分の日常生活や社会生活において、どのような意思決定★をしているだろうか。食事をする、学校に通う、団体に加入する、旅行する、医療を受ける、創作活動をする、仕事をする、結婚をする、投票に行く、お金を管理する、情報を得る…などさまざまな意思決定が想像されるだろう。これらの行動を「とらない」こともまた意思決定である。

　このように、私たちは日々、意思決定を繰り返しながら生活をしている。後で振り返ってよかったと感じる意思決定もあれば、こうしておけばよかったと悔やまれる意思決定もあるだろう。現代社会においては、私たちの意思決定とそれに基づく行動は、「基本的人権」（憲法第13条の幸福追求権ほか）として保障されている。

　しかしながら、誰しも権利として保障されているはずの「意思決定」は、障害のある人にも等しく保障されているだろうか。「障害がある人は合理的な判断ができない」、「本人の意思がわからないからほかの人が決めるのは仕方がない」と考え、障害のある人から意思決定をする機会自体を取り上げてしまっているということはないだろうか。

2 意思決定支援は基本的人権が実質的に保障されるための重要な手段

　自ら意思決定をするために他者からの適切な支援を受けることも、幸福追求権（憲法第13条）を全うするための手段として憲法上保障されている。なぜなら、私たちは、障害のあるなしにかかわらず、意思決定をするにあたって何らかの「支援」を必ず受けているからである。たと

えば、私たちは何か意思決定をする際には、テレビ、インターネットや本での調査、他者への相談など「さまざまな手段」を通じて「自分にとってわかりやすい情報」を入手している。また、さまざまな選択肢があるなかで「自分が心地よいと思う（あるいはリスクを許容できる）選択肢」を選んでいる。そして、その選択を実行するために他者の協力を必要とするものであれば「自分の得意とする方法（口語・SNS など）」で意思を伝えている。私たちは一人で意思決定できていると思いがちであるが、それは社会が自分たちに合わせてさまざまな工夫（支援）をしているからである（言葉が通じず、文化も異なる外国へ一人で来たと想像してみてほしい）。

　他方、社会的バリアとして「障害」を捉えた場合（障害の社会モデル）はどうだろうか。障害のある人にとっては、入手経路を制限された、わかりにくい情報に基づいて、自分にとって心地よい選択肢がない状態で意思を無理やり形成し、他人が得意とする方法で自分の意思を伝えなければならない、という状況におかれているかもしれない。このような状況を解消し、誰もが心からの希望に基づいて意思決定できるよう、社会（支援者）が、本人自らが意思決定できるようにさまざまな工夫（支援）を行う試みが「意思決定支援」である。

2 障害者権利条約第 12 条と意思決定支援

　「Nothing About Us Without Us（私たちのことを、私たちを抜きにして決めないで）」という標語をご存じだろうか。障害があることを理由に意思決定ができないとされ、他者によって自分のことを勝手に決められてきた、そのような過去をもつ世界中の障害当事者の声が反映されてつくられた標語である。この標語のもとに当事者が自ら声を上げ、2006 年 12 月 13 日、国際連合総会において、障害者の権利に関する条　約（United Conventions on the Rights of Persons with Disabilities：障害者権利条約）が採択された。同条約は、障害のあるなしにかかわらず、さまざまな選択の機会が保障され（チョイス：choice）、その選択の積み重ねによって自分なりの人生を歩んでいるという実感がもてる（コントロール：control）ような社会を実現することを目的としている。

　我が国では、障害者権利条約を履行するためには、障害者基本法の改

★障害の社会モデル
障害の原因は、障害のない人を前提につくられた社会のつくりや仕組みにあるという考え方。多数派にとって都合のよい社会や組織の仕組み、文化や慣習などの「社会的障壁」が障害者などの少数派に対する「障害」をつくり出しているのであるから、それを解消するのは多数派が形成した社会の責任であると捉える。従来は、障害を個人の心身機能の問題と捉え、個人が社会に適応できるように訓練や医療、福祉が提供されるべきとする医学（個人）モデルの考え方が主流であった。

★障害者権利条約
障害者権利条約は、「障害」の捉え方について、医学モデルから社会モデルへの転換を促す内容となっている。

正や障害者差別解消法などの各種法整備を行うことが先決であるとの考えから、同条約の批准は、採択から約7年後の2014（平成26）年1月20日となった。

さらに、障害者権利条約が適切に各国において履行されているかどうかの審査を行う国連障害者権利委員会の公式見解「一般的意見第1号」において、次のような言及がなされたことにより、成年後見制度や意思決定支援に関する議論が進むきっかけとなった。すなわち、障害者権利委員会は、障害のある人の法的能力（legal capacity）を制限し、第三者が本人に代わって決定を行うための制度（いわゆる「代理代行決定制度」）を廃止し、さまざまな支援を受けながらも障害のある人自らが意思決定することを可能とするための制度（いわゆる「支援付き意思決定制度」）への概念転換を求めたのである。この一般的意見を踏まえ、一部の団体からは、代理代行決定を許容する成年後見制度それ自体が障害者権利条約第12条に違反しているとして、制度の見直しを求める動きも出てきている。

★法的能力（の制限）
障害者権利条約第12条第1項には「締約国は、障害者が全ての場所において法律の前に人として認められる権利（legal capacity）を有することを再確認する」とあるが、これが権利能力（人は生まれながらにして基本的人権があること）の保障のみを意味するのか、行為能力の保障（保障されている基本的人権を単独で留保なく行使できること）までをも意味するのかが各国ごとに解釈が分かれている（日本政府は前者の立場をとる）。

3 意思決定支援の出発点
——支援付き意思決定と代理代行決定の区別

障害者権利条約が目指す意思決定支援制度への概念転換の意味を理解するためには、まず、支援付き意思決定と代理代行決定の違いについて意識する必要がある。

支援付き意思決定（supported decision-making）とは、他者からの支援を受けながらも本人自身が意思決定することをいう。また、**代理代行決定**（substituted decision-making）とは、意思決定ができない本人に代わって第三者が意思決定をすることをいう。我が国の意思決定支援ガイドラインの基礎となっている英国意思決定能力法（Mental Capacity Act 2005：MCA2005）の実務に携わる支援者などは、意思決定支援とは、「本人自らが」意思決定を行うために支援者が実行可能な支援を行うことであると捉えている。つまり、最終的な意思決定の主体が本人にあるのか、第三者にあるのかを明確に区別しているのである。

あえて両者を区別するのは、意思決定の主体がどちらなのかによって支援者が寄って立つべき指針が異なるからである。特に、代理代行決定は「最善の利益」の発想と結びつきやすく、本人の自己決定権の侵害や

★最善の利益
最善の利益には、❶本人の客観面の利益を重視する考え方と、❷本人の主観面の利益を重視する考え方が存在する。いずれの考え方においても、本人自身の意思決定が困難となった場面における最終手段として用いられる代理代行決定上の指針である。したがって、本人自身が意思決定を行うことを目的とした意思決定支援の場面では、この発想は用いられるべきではないとされている。

権限濫用のリスクを常にはらむため、慎重な取り扱いが求められよう。

　本稿が用いる意思決定支援とは、意思決定の主体である本人が自ら意思決定を行うにあたって、支援者が実行可能な支援を尽くすための一連の取り組みを指す。代理代行決定とは根本的に異なる概念であることに注意されたい。

4　意思決定支援における基本的姿勢
——表出された意思・心からの希望の探求

　一般社団法人日本意思決定支援ネットワーク（SDM-Japan）代表理事の名川勝は、意思決定のプロセスにかかわる支援者の姿勢には、三つのアプローチがあることを指摘する。すなわち、「**表出された意思・心からの希望（expressed wish）**」「**意思と選好に基づく最善の解釈（best interpretation of will and preferences）**」「**最善の利益（best interests）**」の3点である。

　支援付き意思決定（意思決定支援）の領域においては、本人の表出された意思・心からの希望に基づき本人の意思を探求し続ける姿勢が求められる。他方で、意思と選好に基づく最善の解釈や最善の利益の領域については、代理代行決定の領域で用いられるものとして整理されている。

表4-1　三つの原則

	表出された意思・心からの希望（エクスプレス・ウィッシュ）	意思と選好に基づく最善の解釈	（客観的な）最善の利益（ベスト・インタレスト）
説明	支援者の傾聴によって表出された本人の内なる意思・希望であり、本人から意図的に表出される意思決定	本人から意図的に表出されたメッセージ（＝意思）と、意図的ではないが本人の選好を明示する諸情報（＝選好）に基づき他者が解釈する、本人の意思決定	特に客観的な本人利益を重視して他者が判断する最善の利益
観点	【その人が何を言っているか、何を本当に願っているか、何がその人の生きる力になっているか】【What's important TO ME】	【その人のメッセージや発せられる情報が何であると解釈できるか】【What do you think is important TO HIM/HER】	【その人のために何が利益か、大局的・一般的に考えたら何がその人にとってよいか】【What's important FOR HIM/HER】

出典：名川勝・水島俊彦・菊本圭一編著『事例で学ぶ福祉専門職のための意思決定支援ガイドブック』中央法規出版，p.6，2019. を参考に筆者一部改変

ここでは、最善の利益と表出された意思・心からの希望の違いについて考えてみよう。一つの事例として、「ドッグ（犬）ストーリー」を紹介したい。たとえばあなたが、あるグループホームに住んでいる知的障害・発達障害のあるＡさんから「犬欲しい！　吠えれば吠えるほどいい」という相談を受けたとする。Ａさんは障害年金など月収７万円を得ているが、犬の価格を聞くと20万円だという（雑誌のペット特集の大型犬を指さしている）。他方でグループホームは大型ペットを飼うことを禁止している。このような状態で、どのようにあなたはＡさんに「意思決定支援」を行うだろうか。

　最善の利益を重視する発想からすれば、「Ａさんは状況を理解していない。もし犬を飼おうとするのであればグループホームを追い出されてしまう。順番を待ってようやく入れたのにもったいない」等という考えから、本人に対して「我慢したほうがいい。グループホームから追い出されてしまうと行くところがなくなって困ってしまうよ」と指導したり、「さすがにこの犬は大きすぎるんじゃないかな。ウサギとかほかの小動物だったらグループホームは許可してくれるかもしれないし…そうだ！犬のぬいぐるみとかはどうだろう？」と両者のバランスを考えて妥協案を提案するかもしれない。いずれにしても本人のために「よかれと思って」の発言であり、支援者にはまったく悪気はない。しかし、いずれの対応にしても、「本人は大型犬を飼うべきではない」という支援者側の価値判断が先行しており、支援者側が「自分たちが提示する案の方が合理的だろう」と考え、一定の結論へ本人の意思決定を誘導していることがうかがわれる。客観的利益を重視した最善の利益の発想を重視した支援では、本人の自由意思に基づく意思決定を支援者側の意図に基づく意思決定へと引っ張り込んでしまう可能性が高い。

　他方、表出された意思・心からの希望に焦点を当てた場合には、どうだろうか。支援者は結論を先取りせず、「Ａさんは、本当は何を望んでいるのだろうか。犬を飼いたいという発言は、Ａさんにとって何を意味しているのだろうか」と考え、Ａさんの意図を探求するところから始めようとする。「Ａさんは犬をどこで飼いたい？」──庭で飼いたい。「犬を飼うとＡさんにとってどんなよいことがある？」──人が逃げていくからいい。というＡさんの回答が得られた段階で、グループホームの職員にも状況を聞いてみると、日中、不特定多数の人が、勝手口からＡさんの部屋の窓に面している庭を通って玄関口に行くことが多い、ということが判明した。そこで、Ａさんに再度犬を飼いたい理由を確認し

てみると、「犬が自分を守ってくれる。だから犬飼いたい」と話してくれた。果たしてAさんは本当に「犬を飼うこと」が真の目的なのだろうか。

この場合、Aさんの心からの希望は、「安全を確保したい、プライバシーを確保したい」ということではないだろうか。犬を飼うことはその目的を達成するための一つの手段ではあるが、それ以外にもさまざまな選択肢があるはずである。支援者としては、Aさんの心からの希望に着目し、その希望を達成するとすればほかの選択肢もあり得ることを含めて本人に提示し、必要があればそれぞれの選択肢についてももう少し詳しく知る体験をしてもらうことも工夫としてはあるだろう。

このケースでは、Aさんと話しあいの結果、「勝手口に日中は鍵をかけておく」こととしたことにより、Aさんが知らない人物は庭には入ってこなくなった。数日後、あらためてAさんに「今も犬を飼いたい?」と聞くと「ううん、もう犬いらない」と答えた。

「ドッグ・ストーリー」から私たちが学ぶべきことは、以下の3点であろう。

・私たちは、本人の表面に現れた言動だけにとらわれてしまっていないか。
・本人の選択がよいことか、悪いことかを自分たちの物差しで先に判断したうえで支援に臨んでいないか
・よかれと思って本人に助言・指導するということを「善き支援」であると思っていないか

意思決定支援を行うにあたっては、ある意思決定を行うべきか、行わざるべきかということに終始するのではなく、本人が真に何を望んでいるのか、という点を探求することが大切である。そのためにも、意思決定支援の際には、最善の利益の観点ではなく、まずは表出された意思・心からの希望に基づく支援の姿勢が求められるのである。

◇参考文献
・名川勝・水島俊彦・菊本圭一編著『事例で学ぶ福祉専門職のための意思決定支援ガイドブック』中央法規出版，2019.
・上山泰「現行成年後見制度と障がいのある人の権利に関する条約12条の整合性」菅富美枝編『成年後見制度の新たなグランド・デザイン』法政大学出版局，2013.

●おすすめ
・日本福祉大学権利擁護研究センター監，平野隆之・田中千枝子・佐藤彰一・上田晴男・小西加保留編『権利擁護がわかる意思決定支援——法と福祉の協働』ミネルヴァ書房，2018.
・日本社会福祉士会編『意思決定支援実践ハンドブック——意思決定支援のためのツール活用と本人情報シート作成』民事法研究会，2019.

Active Learning
あなた自身がこれまでに意思決定をどのように行ってきたかを振り返ってみよう。障害のある人があなたと同じように意思決定できる機会をどのように確保すればよいかを考えてみましょう。

第4章 権利擁護活動と意思決定支援

学習のポイント

● 意思決定支援ガイドライン相互の関係性を理解する
● 意思決定全体のプロセスとチームアプローチの重要性を理解する
● 意思決定能力アセスメントと代理代行決定のプロセスについて理解する

 意思決定支援ガイドラインと相互の関係性

1 「意思決定支援」ガイドラインの発出

　我が国が障害者の権利に関する条約（障害者権利条約）を批准した2014（平成26）年以降、意思決定支援に関するさまざまな調査・研究を踏まえ、各種ガイドライン等が公表されている。

・障害福祉サービス等の提供に係る意思決定支援ガイドライン（2017年3月、厚生労働省社会・援護局障害保健福祉部、以下、障害福祉サービスガイドライン）
・人生の最終段階における医療・ケアの決定プロセスに関するガイドライン（2018年3月、厚生労働省医政局）
・認知症の人の日常生活・社会生活における意思決定支援ガイドライン（2018年6月、厚生労働省老健局、以下、認知症の人ガイドライン）
・身寄りがない人の入院及び医療に係る意思決定が困難な人への支援に関するガイドライン（2019年6月、厚生労働省医政局総務課）
・意思決定支援を踏まえた後見事務のガイドライン（2020年10月、意思決定支援ワーキング・グループ、以下、後見事務ガイドライン）

2 国内の「意思決定支援」ガイドライン同士の関係性
——意思決定支援の定義の違い

　国内の各種ガイドラインは英国意思決定能力法（MCA 2005）や障害者権利条約の影響を受けて作成されており、それぞれまったく独立のものというよりは、相互に連関・補完しあっている。したがって、各ガイドラインの「意思決定支援」の定義上のずれを意識しつつ、第1節で述べた支援付き意思決定と代理代行決定の違いに留意して読み解いて

★代理代行決定
本人による意思決定・意思確認が困難な場面等において、本人に代わって第三者が意思決定をすること（substituted decision-making）をいう。支援を受けて本人自らが意思決定を行う「支援付き意思決定」（第1節参照）との対比として使われることが多いが、その線引きは難しい。障害者権利委員会は、障害者権利条約第12条について、代理代行決定に関する制度（とりわけ成年後見制度）を廃止すべきであるとの意見を述べているが、各国の理解はさまざまであり、第12条は、最後の手段としての代理代行決定の可能性を排除するものではないとする見解もみられる。

いくことが大切である。以下において、各ガイドラインの関係性を整理
した（**図4-1**）。

❶障害福祉サービス等の提供に係る意思決定支援ガイドライン

　当ガイドラインによると、意思決定支援とは、自ら意思を決定するこ
とに困難を抱える障害者に対し、事業所の職員等が、「定義❶可能な限
り本人が自ら意思決定できるよう支援し、（❶が難しい場合でも）定義
❷本人の意思の確認や意思及び選好を推定し、支援を尽くしても本人の
意思及び選好の推定が困難な場合には、定義❸最後の手段として本人の
最善の利益を検討する」行為および仕組みであるとしている（定義❶か
ら❸の注記については筆者が追記）。この点、特に定義❸においては、
他者決定、すなわち代理代行決定の領域にも踏み込んでいるようにも解
される。したがって、当該ガイドラインにおける「意思決定支援」の定
義は、支援付き意思決定と代理代行決定の双方を含めた概念となってお
り、国際的な意思決定支援の定義づけとはやや異なっている。ただし、
本人の意思決定がどうしても困難とされる場面においては、直ちに最善
の利益に基づく判断を行うのではなく、「根拠を明確にしながら障害者
の意思及び選好を推定する」こととされている。この点は、最善の利益
に基づく代理代行決定の廃止を求める障害者権利委員会が、代替手段と

第4章　権利擁護活動と意思決定支援

図4-1　各種ガイドラインの対象領域の違いに関するイメージ図

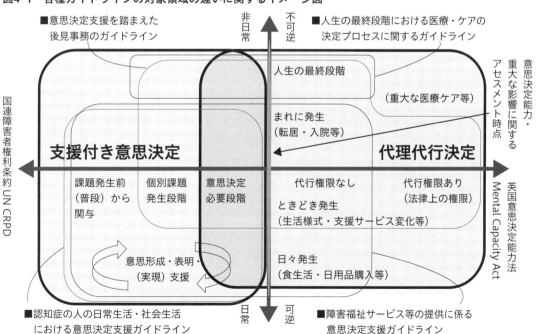

して推奨する「意思と選好に基づく最善の解釈」（第1節参照）の手法を優先的に採用したものと評価し得よう。

❷認知症の人の日常生活・社会生活における

　意思決定支援ガイドライン

　当ガイドラインにおける意思決定支援とは、認知症の人の意思決定をプロセスとして支援するもので、そのプロセスは、❶意思形成支援：本人が意思を形成することの支援と、❷意思表明支援：本人が意思を表明することの支援を中心とし、❸意思実現支援：本人が意思を実現するための支援を含むとされている。先ほどの障害福祉サービスガイドラインの定義❶に着目し、その内容を整理しつつ、英国MCAや障害者権利条約の文脈で理解されている意思決定支援、すなわち意思決定の主体である本人による意思決定を支援するという支援付き意思決定の概念に合わせて定義づけているものといえる。また、支援のタイミングとしては、障害福祉サービスガイドラインと同様、何らかの意思決定が求められた時点に限定せず、日常生活の場面から意思決定支援を行っていくことが期待されている。これは、すべての人が平等に意思決定の機会を得ていくためには、長期的な視点で本人の意思決定の能力を育んでいき、かつ、意思の変化を見守っていく支援者側の成長も必要という視点に基づく発想であり、障害者権利条約におけるチョイス・アンド・コントロール（自らの選択の積み重ねによって自己の人生をコントロールできているという実感をもてるようになること）の理念を意識しているものといえよう。

❸人生の最終段階における医療・ケアの

　決定プロセスに関するガイドライン

　当ガイドラインおよび身寄りがない人の入院及び医療に係る意思決定が困難な人への支援に関するガイドラインについては、意思決定支援の定義を明確に設けてはいない。ただし、❶医療従事者から適切な情報の提供と説明がなされ、本人と医療・ケアチームとの合意形成に向けた十分な話しあいを踏まえた本人による意思決定を基本とし、❷本人の意思確認が困難な場合は、家族等が本人の意思を推定できる場合には本人の推定意思を尊重し、❸意思を推定することが困難な場合には、何が本人にとって最善であるかを家族等と協議し、最善の方針をとるというプロセスが規定されている。対象領域は異なるものの、全体構成としては、障害福祉サービスガイドラインの支援プロセスと類似する。

❹意思決定支援を踏まえた後見事務のガイドライン

　当ガイドラインにおける意思決定支援は、「特定の行為に関し本人の

判断能力に課題のある局面において、本人に必要な情報を提供し、本人の意思や考えを引き出すなど、後見人等を含めた本人に関わる支援者らによって行われる、本人が自らの価値観や選好に基づく意思決定をするための活動」とされている。支援の場面はやや限定されているが、認知症の人ガイドラインと同様、支援付き意思決定の概念に合わせた定義づけがされている。他方、前記ガイドラインと異なる*のは、成年後見人等という強い代理代行権限をもつ者のガイドラインであることに鑑み、代理代行決定の領域についても詳述している点であろう。

2 各種意思決定支援ガイドラインを踏まえた意思決定プロセスの全体像

1 はじめに

第1項で解説した各種意思決定支援ガイドラインを参考に、支援付き意思決定の領域、代理代行決定の各領域において、どのような基本原則に基づく支援が求められているのかを**図4-2**で整理した。なお、プロセスの理解を促進するために、ガイドラインそのものの記述とは異なる表記をしている箇所もあることから、詳細については、各ガイドフィンの本文を参照されたい。

★**成年後見人等による意思決定支援**
後見事務ガイドラインでは、成年後見人等として、日常の意思決定の場面では直接の支援者が意思決定支援を適切に行っているかを見守るという関与にとどめている。他方で、本人にとって重要な影響を与えるような法律行為およびそれに付随した事案行為の場面においては、後見人等は積極的にかかわっていくことが本人の意思決定プロセスに推奨されている。

図4-2　支援付き意思決定と代理代行決定──意思決定の領域とプロセスの全体像

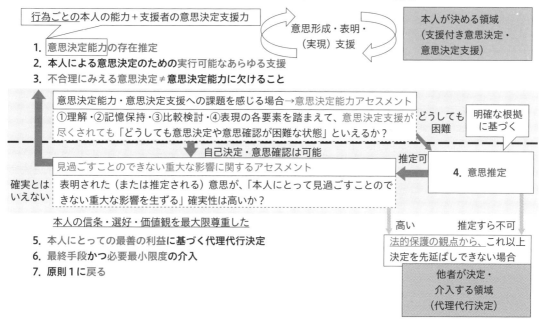

2 支援付き意思決定の領域における原則

❶第1原則　意思決定能力の存在推定

> すべての人は意思決定能力があることが推定される。

★意思決定能力
ほかのガイドラインには意思決定能力について言及がないものもみられるが、いずれも本人による意思決定を基本と捉えていることから、意思決定能力の推定を前提として内容が構成されているものといえる。

　障害の内容・程度にかかわらず、本人には意思があり、意思決定能力[★]を有することを前提として支援を行うという原則である。国内のガイドラインでは認知症の人ガイドラインおよび後見事務ガイドラインにおいて明示されている。

　意思決定能力とは、特定の場面における特定の意思決定について、支援を受けて自らの意思を自分で決定することのできる能力であるとされている。意思決定の対象は、どの洋服を着るか、休日にどこに出かけるか、といった日常的な意思決定から、生命にかかわる手術を受けるか否か、自宅から離れて施設に入所するか、資産を売却するかといった、非日常的な意思決定まで広く含まれ、必ずしも法律行為に限定されるものではない。

　意思決定能力を理解するためのポイントは以下の3点である。

・意思決定能力は、行為内容ごとに相対的に判断される。意思決定の内容ごとに求められる水準は異なり、かつ、異なる時点や場面においては、同じ意思決定であっても能力は変化し得るからである。

・意思決定能力は、あるかないかの二者択一的なものではなく連続量として評価される。どんなに重い障害があろうとも、本人には何らかの意思決定能力が残されていると考えるべきであり、その能力を最大限引き出すための支援を展開すべきであるとされる（ただし、支援者側の能力の限界により本人の意思を汲み取ることが難しい場面はあり得る）。

・意思決定能力は、本人の個別能力だけではなく、意思決定支援者の支援力によって変化する。したがって、意思決定能力アセスメント（後述）では、本人の個別能力の評価だけではなく、支援者側の意思決定支援に対する評価も同時になされることとなる。

❷第2原則　本人による意思決定のための実行可能なあらゆる支援の提供

> 本人が自ら意思決定できるよう、実行可能なあらゆる支援を尽くさなければ、代行決定に移ってはならない。

①　総論

「意思決定支援」の核となる原則である。一見すると意思決定が困難とみられる本人についても、適切な意思決定支援が展開されていないなど、意思決定に関連する情報や表現方法について社会そのものにバリア（障害）が存在している可能性もある。そのような状況を解消し、本人が心からの希望に基づいて自ら意思決定をすることを保障するために、社会（支援者）が、本人自らが意思決定できるよう実行可能なさまざまな工夫（支援）を行うことが求められる。

この原則は、成年後見制度を利用する本人の法定代理権を有する後見人等であっても適用される。後見事務ガイドラインでは、第2原則について「本人が自ら意思決定できるよう、実行可能なあらゆる支援を尽くさなければ、代行決定に移ってはならない」と規定されており、例外を設けていない。後見人等による代理代行決定を検討する前に、まずは本人への意思決定支援を尽くし、本人自らが意思決定し得る機会を提供することが明確に求められている。

②　支援のプロセスと留意点

意思決定支援にあたっては、人的・物的環境の整備（事前準備）を前提として、意思形成支援および意思表明支援を基本としている（後見事務ガイドライン）。なお、意思実現支援を含むガイドラインも存在する（認知症の人ガイドライン、障害福祉サービスガイドライン）。

以下ではそれぞれの要素におけるポイントをまとめたものである。

❶　人的・物的環境の整備（事前準備）
・支援者自身が意思決定支援の準備ができているか？（本人意思の尊重、安心感ある丁寧な態度、家族関係・生活史の理解、ガイドラインの共有など）
・意思決定支援者との信頼関係、立ち会う者との関係性への配慮がなされているか？（本人との信頼関係の構築、本人の心情、遠慮などへの心配りなど）
・意思決定支援における環境に配慮されているか？（緊張・混乱の排

除、時間的ゆとりの確保、本人の得意とするコミュニケーション方法の準備など）

　意思決定支援の場面において支援者側が目指すべき支援は、最善の利益に基づく支援ではなく、**本人の表出された意思・心からの希望に依拠した支援である**とされる（第1節参照）。この概念が関係者・チーム間で十分に理解・共有されていなければ、本人の表出された意思や心からの希望を読み解く前に、支援者側の価値観へと本人の意思を引っ張り込んでしまう可能性が高い。これでは、事実上の代理代行決定となってしまい、本来の意思決定支援を展開することはできない。

　また、専門職や支援者主導ではなく、意思決定の中心に常に本人をおく姿勢を意識する必要がある。本人による**意思決定のためのベストチャンス（機会）**を提供するためには、たとえば、本人とのコミュニケーション方法についても、**図4-3**のようなさまざまな方法を試行錯誤しながら、本人の意図を適切に汲み取っていくため努力が重要である。

❷　意思形成支援のポイント

・支援者らの価値判断が先行していないか？

・本人の「理解」と支援者らの「理解」に相違はないか？

・選択肢を提示する際の工夫（体験も含む）ができているか？

・他者からの「不当な影響」はないか？

　支援者ら、特に専門職の場合には、これまでの知識・経験から蓄積された一定の先入観（バイアス）が存在する以上、まったく誘導の要素がない選択肢の提示を期待することは現実的ではない。とはいえ、これまでの本人の選好や価値観からすれば選択の可能性があり得る選択肢も併せて提示することは意識すべきである。このような選択肢を提示するには、そもそも本人の好き嫌い、優先事項、信条等を把握する必要があり、意思決定支援の基本的姿勢である、本人の表出された意思・心からの希望を読み解こうとする姿勢が重要となる。

　これらの選択肢を検討の土台に挙げ、本人にとっての利益・不利益（主観的な利益・不利益も含む）を可能な限り本人の理解しやすい方法で提供することにより、本人なりの意思形成および納得感のある意思決定を行うことが期待される。

❸　意思表明支援のポイント

・決断を迫るあまり、本人を焦らせていないか？

・本人の表明した意思が、これまでの本人の生活歴や価値観等からみて整合性があるか？

図4-3　パートナーとの多様なコミュニケーション方法について

- 表情
- 目、頭の動き
- 身ぶり・手ぶり・姿勢
- 音
- 物品
- マカトンサイン・手話
- タブレット
- トーキングマット★
- 代替コミュニケーション（AAC）
- コミュニケーションボード
- ビジュアル（絵、文字、写真）等

・意思を表明しにくい要因や他者からの「不当な影響」はないか？

　本来の意思決定支援は本人の表出された意思・心からの希望が出発点であると考えられるものの、現実には、周囲の者が本人に意思決定してもらいたいという何らかの事態（課題）が発端となることも多い。しかし、このような場面ではしばしば支援者側の価値判断に本人が従わざるをえなかったり、本人の表面上の言葉やしぐさが関係者にとって都合よく解釈されたりすることもある。

　このような現状を踏まえると、意思決定支援にあたって重要な要素の一つは「チームアプローチ★」と考えられる。本人の言動・態度等から本人の意思をどのように読み取るか、本人との意思疎通のためにほかに効果的な方法はないか、本人による意思決定と言いながら支援者側の都合で不当な誘導をして決めていないかどうかなど、意思決定支援が十分に展開されるよう、相互の目で確認しながら行っていくことが重要だからである。

　たとえば、これまでは自宅でずっと暮らしたいという意思表明をしてきた本人が、あるとき、施設等への転居はどうかと問われたときに「いいよ」という返答をしたとする。ある支援者はそれを施設入所への承諾と理解した。しかしながら、別の支援者は、本人は言葉をオウム返しにする傾向や選択肢の中に自宅での生活が入っていなかったことを捉え、もしかすると嫌だという趣旨で「（もう）いいよ」と答えたのではないかと反論した。同じ「いいよ」という言葉も、各自の視点によって、まったく違った意味で捉えられることもあるということを意識しておきたい。

★トーキングマット
イギリスのスターリング大学で研究開発されたコミュニケーション支援ツール。認知症の人、知的障害・自閉症の人、子どもなどさまざまな状況下にある本人の選好や価値観を把握し、意思決定支援を促進するツールとして、英国MCAの行動指針においても紹介されている。テーマを示すカード、絵のスケール（尺度）、選択肢のカードを組み合わせたセットから成る。日本国内でも2020（令和2）年8月より日本語版の流通が開始された。

★チームアプローチ
チームアプローチの具体的手法については、障害福祉サービスガイドラインや後見事務ガイドラインのモデル研修を参照されたい。

❹ 意思実現支援のポイント

・本人の能力を最大限活用できているか？

・意思決定支援チームが協働できているか？

・活用可能な社会資源を適切に利用できているか？

　認知症の人ガイドラインおよび障害福祉サービスガイドラインでは、本人が決定した意思を、本人の能力を最大限活用したうえで、日常生活・社会生活に反映することへの支援、すなわち意思実現支援についても意思決定支援の内容に含まれると理解している。他方で、後見事務ガイドラインのように、意思「決定」支援の語義からすれば、意思形成支援と意思表明支援が基本であり、意思実現支援は直接には含まれないものと整理するガイドラインもある（ただし、成年後見人等による身上保護の一環として実践されることが期待されるしている）。

　いずれの立場をとっても、この場面において重要なことは「本人の参加」、すなわち本人が支援者とともに自ら意思実現にかかわるなかでさまざまな経験を得るという点であろう。新たな経験を得ることは将来の意思決定における意思形成（成功・失敗体験等）にも関連しているからである。

　以上の意思決定支援のプロセスについて、認知症の人ガイドラインでは、**図4-4**のようにまとめられている。

図4-4　認知症の人ガイドラインにおける意思決定支援のプロセス

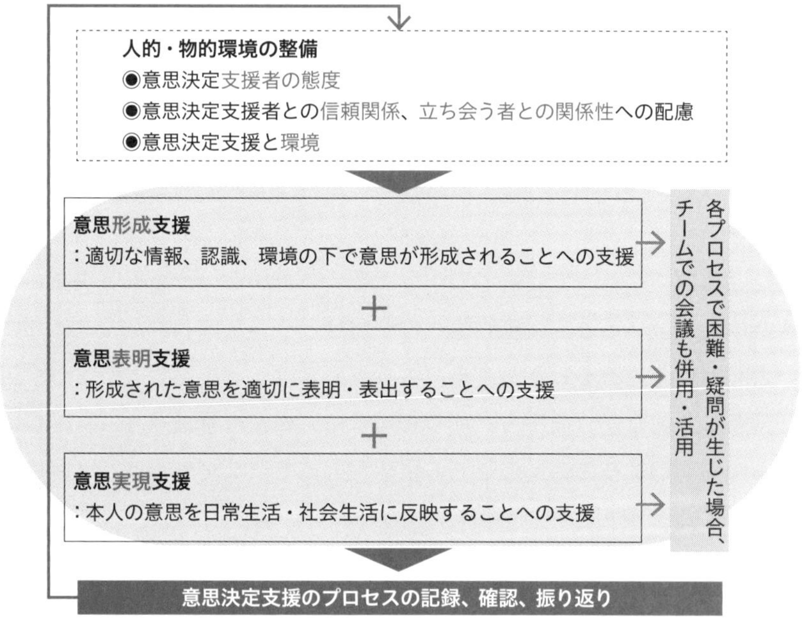

出典：厚生労働省編『認知症の人の日常生活・社会生活における意思決定支援ガイドライン』p.12, 2018.

❸第 3 原則　不合理にみえる意思決定の尊重

> 一見すると不合理にみえる意思決定でも、それだけで本人に意思決定能力がないと判断してはならない。

　本人には意思決定能力があることが推定されている（第 1 原則）。したがって、一見すると、賢明でない、不合理と思われるような意思決定にみえても、それだけの理由で意思決定能力が欠ける（だから代理代行決定が必要だ）と直ちに評価すべきではない。支援者側が客観的な最善の利益の観点から本人の私生活に安易な介入をすることを戒めるため、また、本人自らの選好、価値観に基づく意思決定が尊重された支援が展開されるようにするために、本原則が設けられている（障害福祉サービスガイドライン、後見事務ガイドライン）。

　自らの信条・価値観に従い、他者からみれば不合理な意思決定をする自由も基本的人権（憲法第 13 条等）として保障されており、支援者も本人の価値観等を踏まえた支援を展開することが求められる。ただし、基本的人権が他者の人権との衝突による内在的な制約を受けることを前提とすれば、どのような意思決定でも無制約にできるものではないし、意思決定支援における限界もある。ガイドラインでは、本人の示した意思（または推定意思）が「他者を害する場合や、本人にとって見過ごすことができない重大な影響が生じる場合」（認知症の人ガイドライン参照。なお、後見事務ガイドラインにも同趣旨の規定が存在する）には、支援者が関与できる意思決定（実現）支援にも限界があるとしている。

3 代理代行決定への移行場面と代理代行決定の領域における原則

❶第 4 原則　明確な根拠に基づく意思推定
（意思と選好に基づく最善の解釈）

> 意思決定支援が尽くされても、どうしても本人の意思決定や意思確認が困難な場合には、明確な根拠に基づき合理的に推定される本人の意思（推定意思）に基づき行動することを基本とする。

①　意思決定能力アセスメントの趣旨と検討内容

　障害福祉サービスガイドラインや後見事務ガイドラインでは、意思決

定支援が尽くされても、どうしても本人の意思決定や意思確認が困難な場合には、支援者が本人の意思推定や最善の利益に基づく代理代行決定を行う旨の記述がみられる。これ以上先延ばしできない特定の意思決定について、❶「意思決定支援が尽くされても」、❷「どうしても本人の意思決定や意思確認が困難な場合」かどうかを吟味する過程を、意思決定能力アセスメントと呼称している。

第1原則で述べられているとおり、意思決定能力は本人の個別能力だけではなく、意思決定支援者の支援力によって変化することから、アセスメントでは、①支援者の意思決定支援力と②本人の個別能力が総合的に評価されることとなる。具体的には、以下の四つの要素を中心に検討される。

理解　：与えられた情報を理解する力
　　　　支援者側が実践上可能な工夫・努力を尽くしたにもかかわらず、本人が意思決定に関連する情報を理解することができなかったか。

記憶保持：決定するためにその情報を十分に保持する力
　　　　支援者側が実践上可能な工夫・努力を尽くしたにもかかわらず、本人が情報を必要な時間、頭のなかに保持することができなかったか。

比較検討：決定するためにその情報を検討する力
　　　　支援者側が実践上可能な工夫・努力を尽くしたにもかかわらず、本人がその情報に基づく選択肢を比較検討することができなかったか。

表現　：決定について他者に伝える力
　　　　支援者側が実践上可能な工夫・努力を尽くしたにもかかわらず、本人が意思決定の内容を他者に伝えることができなかったか。

そもそも、意思決定能力アセスメントは、代理代行決定を積極的に行うためのステップではなく、意思決定支援を充実させることによりできる限り代理代行決定の領域へ進まないようにするための歯止めである。この点を意識し、本人の能力ばかりを問うのではなく、支援者側が本人による意思決定のためのベストチャンス（機会）を提供できていたのかどうかを十分に検証する必要がある。

② 明確な根拠に基づく意思推定（意思と選好に基づく最善の解釈）

　意思決定能力アセスメントを経たうえで、どうしても本人の意思決定や意思確認が困難な場合には、明確な根拠に基づき意思推定（本人の意思と選好に基づく最善の解釈）を試みる（障害福祉サービスガイドラインおよび後見事務ガイドライン）。

　このアプローチ方法を、支援付き意思決定の一場面として位置づける考え方もあれば、代理代行決定の場面として捉えるべきとする考え方もあり、国内のガイドラインにおいてもその捉え方はさまざまである。

　たとえ本人の意思推定を行わざるを得ない場面においても、本人を意思決定の中心に据えて検討することが重要とされる。すなわち、本人の日常生活の場面や事業者のサービス提供場面における表情や感情、行動に関する記録などの情報に加え、これまでの生活史、人間関係等さまざまな情報を把握し、根拠を明確にしながら本人の意思および選好を推定することを試みることが求められる。ただし、支援者や家族等によって収集された事実については、一見すると矛盾していたり、古すぎる情報、又聞き情報といったものも存在したりするため、信頼できる情報を適切に吟味する必要もある。このようなプロセスを単独の支援者が行うことは容易ではなく、複数の支援者による異なる角度からの評価が重要であり、チームメンバー同士の建設的な議論がなされることが望ましい。意思決定支援のためのチームが適切に機能するためには、ファシリテーション★などの手法を活かしたチームづくりも鍵となる。

❷第5、第6原則　本人にとっての最善の利益に基づく代理代行決定と必要最小限度の介入

> 第5原則　①本人の意思推定すら困難な場合、または②本人により表明された意思等が本人にとって見過ごすことのできない重大な影響を生ずる場合には、本人の信条・価値観・選好を最大限尊重した、本人にとっての最善の利益に基づく方針を採らなければならない。

> 第6原則　本人にとっての最善の利益に基づく代理代行決定は、法的保護の観点からこれ以上意思決定を先延ばしにできず、かつ、ほかに採ることのできる手段がない場合に限り、必要最小限度の範囲で行われなければならない。

★ファシリテーション
人々の活動が容易にできるよう支援し、うまくことが運ぶよう舵取りをすること。集団による問題解決、アイデア創造、教育、学習等、あらゆる知的創造活動を支援し促進していく働きをいう。

第4章　権利擁護活動と意思決定支援

① 見過ごすことのできない重大な影響に関するアセスメント

　いかに意思決定能力の推定された本人であっても、本人の示した意思（または第4原則によって推定された本人の意思）の実現が「本人にとって見過ごすことができない重大な影響が生じる場合」（認知症の人ガイドライン・後見事務ガイドライン参照）には、支援者が関与できる意思決定（実現）支援にもおのずから限界がある。ただし、「重大な影響」に該当するか否かについては、本人の自己決定権の不当な侵害となることを避けるため、以下のような厳格な要件が設けられている。

❶　本人がほかに取り得る選択肢と比較して、明らかに本人にとって不利益な選択肢といえるか？

❷　いったん発生してしまえば、回復困難なほど重大な影響を生ずるといえるか？

❸　その発生の可能性に蓋然性（確実性）があるか？

　通常は、そこまで高度なレベルの影響が生じることが確実とまではいえない場合が多いだろう。その場合には、第3原則に従い、たとえ周りからは不合理にみえても、本人なりの選好・価値観に基づく意思決定であると捉え、支援者は最大限その意思決定に寄り添う姿勢が求められる。

　他方で、本人にとって重大な影響が生じる確実性があると評価できる場合には、代理代行決定への移行を検討することとなる。

② 現に危機状態が生じている場合

　たとえば、他者からの虐待、深刻なセルフネグレクト、自殺未遂の反復ならびに刑法等に触れる犯罪行為およびそれに類する他者への重大な権利侵害等本人にとって見過ごすことのできない重大な影響が現に生じている場合はどうだろうか。この場合には、高齢者虐待の防止、高齢者の養護者に対する支援等に関する法律、障害者虐待の防止、障害者の養護者に対する支援等に関する法律、精神保健及び精神障害者福祉に関する法律、刑法・刑事訴訟法等の法律上の根拠に基づく行政機関・医療機関等による権限行使や後見人等がもつ裁量権の範囲で代理代行決定を行うことも許容される場合があるだろう。

　言うまでもなく、本来介入すべき場面にもかかわらず、支援者側にとって都合よく解釈した「本人の意思」や「周囲の思惑」を盾に介入しないことは本末転倒である。支援者のうち特に医療・福祉の専門職や行政担当者、後見人等は、各分野において法令上の注意義務を負い、また倫理規範に従うことが要求される場合がある。また、各法令において介

入しなければならない場面が規定されていることもある。したがって、本人が現に危機状態に陥っているのに、何ら介入の検討を行うこともなく、漫然と「本人の意思だから仕方ない」「本人が虐待を受け入れているから介入できない」などとして放置した結果、重大な事象が発生した場合には、**注意義務**違反等に基づく損害賠償責任やその他法令に基づく民事・行政・刑事責任を問われる可能性もあることは、自覚しておく必要がある。

③　本人にとっての最善の利益を検討する際に留意すべきこと

①本人の意思推定すら困難な場合または②本人により表明された意思等が本人にとって見過ごすことのできない重大な影響を生ずる場合には、本人にとっての最善の利益に基づく代理代行決定が許容される場合がある。しかしながら、代理代行決定は、ときには本人の意に反してもなされることがあるため、本人の自己決定権の侵害や**権限濫用**のリスクを常にはらむ。したがって、以下の点が踏まえられているかを十分に吟味する必要がある。

❶　最後の手段として位置づけられているか？

最善の利益に基づく代理代行決定を行う場面は、あらゆる支援が尽くされた後の最終手段であるとされる。特に気をつけたいのは、「最善の利益」の発想が意思決定支援の場面に無自覚なまま入り込むことによって、本人にとってよかれと支援者が考える方向性へ本人の意思を誘導し、本人による自己決定のはずが事実上の代理代行決定となってしまっているおそれがある点である。

後見事務ガイドラインにおいては、「本人が自ら意思決定できるよう、実行可能なあらゆる支援を尽くさなければ、代行決定に移ってはならない」とされており、たとえ法定代理権を有する後見人等であってもなお、代理代行決定の検討の前に、まずは本人への意思決定支援を尽くすことが明確に求められている。

❷　「本人にとっての」最善の利益が意識されているか？

第1節でも触れたように、「最善の利益」については、客観面を重視した考え方と本人の主観面を重視した考え方が存在する。

障害福祉サービスガイドラインや後見事務ガイドラインにおいては、本人にとっての主観的利益を重視した「最善の利益」の考え方を採用し、以下のような考慮要素を設けている。

①　本人の立場に立って考えられるメリット、デメリット（本人の主観的利益・損失を含む）を可能な限り挙げたうえで、比較検討する。

★最善の利益
同様の規定を設ける英国MCAの過去の裁判例をみると、本人の過去・現在の意向や価値観・信条・選好を重要な要素として考慮し、挙げられた選択肢を本人視点でみたときに、本人にとっての最善の利益と合理的にいい得る判断を「最善の利益」と解釈している。

② 相反する選択肢の両立可能性があるかどうかを検討する。

③ 本人にとっての最善の利益を実現するにあたり、本人の**自由の制約が可能な限り最小化**できるような選択肢はどれかを検討する。

ここで、第4原則の「意思推定」と第5、第6原則の「最善の利益」との差異についても意識しておきたい。意思推定は、（合理・不合理はともかく）本人ならばどのような選択をするかの推定を試みる活動であり、本人の推定される意思に反した他者介入は想定されていない。他方で、最善の利益は、本人の意思を考慮・尊重しつつも、取り返しのつかない危機的な事態を避けるために、本人の意思に反して決定がなされる場合があり得る。すなわち、他者判断が本人意思よりも優先される可能性があるか否かとの点において、決定的な違いがある（第1節第4項参照）。

❸ 法律上の権限付与が必要とされる代理代行決定か？

意思決定支援ガイドラインの検討手順を踏めば、すべての意思決定について第三者が本人に代わって決定できるということではない。たとえば預金の引き出しについては成年後見制度の活用が必要な場合もあり、法律上の権限や裁判所の許可がなければできないような代理代行決定もある。また、結婚、養子縁組、離婚、離縁、といった身分行為や身体的侵襲を伴う医療行為については、本来、その人個人しか行使することのできない権利としての性質が強いため、そもそも他者による権限行使は許容されていない。特に医療行為については、本人の意思決定が困難な場面においても、後見人等による医療同意は許容されておらず、本人の意思推定に基づいて行動することとなる（身寄りがない人の入院及び医療に係る意思決定が困難な人への支援に関するガイドライン参照）。

後見人など、法律上本人に代わって決定する権限を付与された代理権、取消権をもつ者の場合には、その権限の範囲内において代理代行決定が許容され得る。しかし、権限さえあれば、意思決定支援のプロセスを踏まずに直ちに権限行使が許容されるものではない。本人を置き去りにした代理代行決定は、たとえ客観的な利益に合致する意思決定であったとしても、権限濫用の問題となり得る場合がある。

❸第 7 原則　第 1 原則への回帰

> 一度、代理代行決定が行われた場合であっても、次の意思決定の場面では、第 1 原則に戻り、意思決定能力の推定から始めなければならない。

本原則は後見事務ガイドラインの規定を参照したものである。ほかのガイドラインでは明示されていないものの、意思決定能力を行為ごと、場面ごとに個別に考えるという点では共通しているため、本原則がほかのガイドラインに規定するプロセスの前提となっているものと解される。

特定の意思決定についてこれ以上先延ばしができない場面において、代理代行決定がされたとしても、将来にわたり本人が当該意思決定をすることができないと評価されることはないし、ましてやそれ以外の意思決定を行う能力がないと評価されることもない。なぜならば、代理代行決定は、意思決定をする・しないといった判断が迫られている限定的な場面のなかで行われる本人の意思決定プロセスに対するその場限りの介入であり、異なる時点・場面においては、同じ意思決定に関する課題に対しても、意思決定能力は変化し得るからである。

たとえば、ある住宅高齢者が不衛生・低栄養状態で衰弱し、生命・身体の具体的危機に直面しているようなセルフ・ネグレクトの場面では、本人の意思決定支援を十分に行う余裕がないなかで検討が進むことも多い。時間的に切迫した状況で本人の意思決定・意思確認がどうしても困難な場合や、「見過ごすことのできない重大な影響」がまさに発生している場合もあり、行政、支援者、後見人等主導で、本人を自宅から病院・施設に移すといった代理代行決定をせざるを得ないことも考えられる。

しかし、いったん本人が安全な環境におかれ、時間的余裕が確保でき、再び意思決定支援のプロセスを経ることが可能となった段階においては、支援の方法によっては、本人の今後の住まいや生活にかかわる意思決定を本人自身が行うことのできる可能性も十分考えられる。本人の自由の制約を可能な限り最小化する観点からも、代理代行決定がなされたからといって、本人が今後意思決定することのできる機会を取り上げるべきではない。あらためて意思決定支援チームを構築し、本人による意思決定のためのベストチャンス（機会）を提供できるよう可能な限り努力していくことが大切である。

以上の代理代行決定のプロセスについて、後見事務ガイドラインでは、**図 4-5** のようにまとめられている。

Active Learning

ある場面で「本人には意思決定が難しい。ほかの人が決めるしかない」と本人の家族や支援者、後見人等に言われたとき、各種意思決定支援ガイドラインをどのように活用するか考えてみましょう。

第**4**章　権利擁護活動と意思決定支援

図4-5　意思決定支援を踏まえた後見事務のガイドラインの基本的な考え方（意思決定支援ワーキング・グループ）における代行決定のプロセスに関するフロー図

代行決定のプロセス（支援チームによる）
◇本人が自ら意思決定できるよう、実行可能なあらゆる
支援を尽くさなければ、代行決定に移ってはならない

意思決定や意思確認が困難とみられる局面

○意思決定支援を尽くしたにもかかわらず、本人の意思や意向を把握することが困難であり、かつ、決定を先延ばしにすることができない場合

意思決定能力アセスメント（評価）
支援者が意思決定支援を尽くしているかも併せ、対象となる意思決定に関し、
(1)理解、(2)記憶保持、(3)比較検討および(4)表現の4要素を検討し、その時点で本人が意思決定をすることが困難かどうかを判断する
※支援を尽くしたと言えるかどうかについても、チーム内で適切に検討する
※すべての人は意思決定能力があることが推定される
※決定を先延ばしにすることができる場合には、あらためて意思決定支援を行うことになる

○アセスメントの結果、本人の意思決定がその時点ではどうしても困難と評価された場合

意思推定に基づく代行決定
根拠を明確にしながら、本人の意思および選好の推定を試みる

i 本人の意思が推定できる場合
➡　本人にとって見過ごすことのできない重大な影響が生じない限り、推定意思に基づいて支援を行う

ii 意思推定すら困難な場合
➡　最善の利益に基づく代行決定

本人にとって見過ごすことができない重大な影響が懸念される局面等

○意思決定支援の結果、本人が意思を示した場合や、本人の意思が推定できた場合であっても、その意思をそのまま実現させてしまうと、本人にとって見過ごすことができない重大な影響が生じるような場合等
➡　法的保護の観点から、最善の利益に基づいた代行決定を行うことが許容される

○重大な影響といえるかどうかについての判断要素

①本人が他に採り得る選択肢と比較して明らかに本人にとって不利益な選択肢といえるか
②いったん発生してしまえば、回復困難なほど重大な影響を生ずるといえるか
③その発生に確実性があるか

i 第三者からみれば必ずしも合理的でない意思決定であったとしても、本人にとって見過ごすことのできない重大な影響が発生する可能性が高いとまでは評価できない場合
本人の意思（推定意思）に基づいて支援を行うことが期待される

ii 重大な影響が発生する可能性が高いと評価される場合
法的保護の観点から、以下の判断を行うことがある
①本人の意思実現について同意しない（同意権・代理権の不行使）
②最善の利益に基づく代行決定（代理権、取消権の行使）

本人にとっての最善の利益に基づく代行決定

後見人等が、本人にとっての最善の利益に基づく代行決定を行う場合

①意思決定支援を尽くしても本人の意思が明確ではなく、かつ、意思を推定することさえできない場合
②本人が表明した意思や推定される本人の意思を実現すると、本人にとって見過ごすことができない重大な影響が生じてしまう場合

※本ガイドラインにおける最善の利益とは、本人の意向・感情・価値観を最大限尊重することを前提に他の要素も考慮するという考え方。客観的・社会的利益を重視した考え方は採用していない
※最善の利益に基づく代行決定は、最後の手段として慎重に検討されるべき
　（検討を誤ると本人の自己決定権の侵害となる可能性もある。支援のしやすさを優先していないかや、結論ありきの検討になっていないかにつき注意する必要がある。）
◇一度代行決定が行われた場合であっても、次の意思決定の場面では、意思決定能力があるという前提に立って、再び意思決定支援を行わなければならない

出典：意思決定支援ワーキング・グループ編『意思決定支援を踏まえた後見事務のガイドライン』2020.

◇参考文献
・名川勝・水島俊彦・菊本圭一編著『事例で学ぶ福祉専門職のための意思決定支援ガイドブック』
中央法規出版，2019.
・厚生労働省社会・援護局障害保健福祉部編『障害福祉サービス等の提供に係る意思決定支援ガイ
ドライン』2017.
・堀公俊『ファシリテーション入門』日本経済新聞出版，2004.

●おすすめ
・日本福祉大学権利擁護研究センター監，平野隆之・田中千枝子・佐藤彰一・上田晴男・小西加保
留編『権利擁護がわかる意思決定支援──法と福祉の協働』ミネルヴァ書房，2018.
・日本社会福祉士会編『意思決定支援実践ハンドブック──意思決定支援のためのツール活用と本
人情報シート作成』民事法研究会，2019.

インフォームド・コンセント
その法的概念と判例

学習のポイント

● インフォームド・コンセント概念の成立について学ぶ

● 我が国におけるインフォームド・コンセント概念、判例、法的効果について学ぶ

● インフォームド・コンセント概念の進化・変容について学ぶ

1 インフォームド・コンセント概念の成立

1 インフォームド・コンセントとは

インフォームド・コンセントは、日本語では「説明と同意」と訳す場合が多いが、必ずしも内容的には同じとは言えないとされる。この項では「医療行為についての適切かつ十分でわかりやすい医療者の説明と、それによる患者の理解・納得・選択を経たうえでの合意」とする。

インフォームド・コンセント概念の成立は、第二次世界大戦後の1947年「ニュールンベルク綱領」、その後の1964年「世界医師会のヘルシンキ宣言」にその萌芽がみえる。双方ともに人を対象とする研究に対する倫理がテーマであった。

2 インフォームド・コンセント概念の広がり

研究から医療一般に拡大する方向性に変化したのは、1950年からのアメリカの公民権運動の影響がある。人種差別から始まった同運動のなかで、1950年代末〜1960年代にかけて「医師任せの医療」や医師の「パターナリズム」に不安や不満を感じた市民達が、自身の疾病の診断、治療、回復の見込みについて詳しく知りたいと考えるようになり、「患者の人権運動」が始まった。それに反応した医学、法学、倫理学などによる学際的な研究が進んだことで、インフォームド・コンセント概念が徐々に形成されていった。

その後、インフォームド・コンセント概念は、1973年「患者の権利章典」（アメリカ病院協会）、1979年「患者の権利憲章」（イギリス政府）、1981年「患者の権利宣言」（世界医師会：リスボン宣言）などに取り入れられている。

★ニュールンベルク綱領
ニュールンベルク最終裁判（第二次世界大戦ナチス・ドイツのユダヤ人虐殺、人体実験などが反人道的・反社会的犯罪であると裁かれた）の結果として提示された規範である、研究目的の医療行為（臨床試験、および臨床研究）を行うにあたって遵守すべき10項目のガイドラインを示した。

★世界医師会のヘルシンキ宣言
ニュールンベルク綱領は、ナチスによる残虐な人体実験などを対象としていたために、現在の医療や診療を兼ねて行う研究などに関する倫理基準としては不十分であった。そこで、世界医師会のヘルシンキ宣言：人間を対象とする医学研究の倫理的原則が定められた。

3 患者の権利宣言（世界医師会：リスボン宣言）

特にリスボン宣言の原則では、権利に関する11項目[*]について述べている。

11項目のうち、❸の自己決定の権利の解説では、「患者は、自分自身にかかわる自由な決定を行うための自己決定の権利を有する。医師は、患者に対してその決定のもたらす結果を知らせるものとする」としている。さらに7の情報に関する権利では「患者は、いかなる医療上の記録であろうと、そこに記載されている自己の情報を受ける権利を有し、また症状についての医学的事実を含む健康状態に関して十分な説明を受ける権利を有する」として、インフォームド・コンセントを権利として認めている。

また❼には「患者の記録に含まれる第三者についての機密情報は、その者の同意なくしては患者に与えてはならない」と続いており、これはプライバシー権擁護の規定である。

注目すべきは、代行決定の原則や意思決定支援について言及されている点である。例示すれば、❹の「意識のない患者」の権利について、「患者が意識不明かその他の理由で意思を表明できない場合は、法律上の権限を有する代理人から、可能な限りインフォームド・コンセントを得なければならない」とする。

また❺の法的無能力者には「患者が未成年者あるいは法的無能力者の場合、法域によっては、法律上の権限を有する代理人の同意が必要とされる」として、代理人を含む成年後見人等による代行決定や権利保護を認めている。しかし、その後に「それでもなお、患者の能力が許す限り、患者は意思決定に関与しなければならない」として、法的無能力者であっても代行決定がすべてに優先させるのではなく、当事者の関与を求めている。

このようにリスボン宣言は、現在におけるインフォームド・コンセントをはじめとする、「患者の権利」など、医療・福祉等のサービス利用における利用者の権利擁護に関して、大きな影響を与えている。

★**権利に関する11項目**
リスボン宣言の原則
❶良質の医療を受ける権利、❷選択の自由の権利、❸自己決定の権利、❹意識のない患者、❺法的無能力者、❻患者の意志に反する処理、❼情報に関する権利、❽守秘義務に対する権利、❾健康教育を受ける権利、❿尊厳に関する権利、⓫宗教的支援

第4章 権利擁護活動と意思決定支援

2 我が国における インフォームド・コンセント概念の受容

1 我が国におけるインフォームド・コンセント概念の誕生

インフォームド・コンセント概念は、1970年代頃にはアメリカで成

立し、徐々にほかの西欧諸国に波及した。特に、アメリカでは医療訴訟の場で提起され、医師が説明責任を果たしたということが証明できない場合は敗訴になるといった事件が増えた。

　一方、日本では医療側のパターナリズムを是認する価値観もあり、やや遅れたが、欧米諸国に影響され、1990（平成２）年「生命倫理懇談会報告書『説明と同意』についての報告」（日本医師会）が出された。同報告書ではインフォームド・コンセントを「説明と同意」と訳し、「医師と患者の信頼関係の基礎を築くうえで必要な原則と考えられるようになってきた」と述べつつも、我が国の社会における伝統的な文化のあり方と欧米社会では違いがあるとして、「わが国に適した形のインフォームド・コンセントを定着させる努力が払われるべきである」とした。これはアメリカのような訴訟社会との違いを意識したものであろうが、一方で「医師は、この『説明と同意』を真剣に考え、それを受け入れるように一歩一歩努力しなくてはならない」と前向きな姿勢を示している。

■2 「インフォームド・コンセントの在り方に関する 検討会報告書」による本格的議論

　さらに、1995（平成７）年「インフォームド・コンセントの在り方に関する検討会報告書」（厚生省）が出された。同報告書は「医師が一方的に決める時代は終わった」「何のクスリをのまされているかわからないという時代は終わった」という強い口調の文章から始まる。インフォームド・コンセントについて消極的な姿勢があることを指摘して、「今求められているのは、『無理だ、できない』という消極的な姿勢から、『どうすればできるか』という積極的な取組みへの発想の転換である」としている。また、従来ではインフォームド・コンセントを医師と患者間に想定していたものを、コ・メディカルを含む「医療従事者」と拡大している。

　インフォームド・コンセントの重要性は介護・福祉サービスが「措置から契約へ」変化したこともあり、介護保険や社会福祉サービスにも援用されつつある。例を提示すると「社会福祉事業の経営者は、その提供する福祉サービスの利用を希望する者からの申込みがあった場合には、その者に対し、当該福祉サービスを利用するための契約の内容及びその履行に関する事項について説明するよう努めなければならない」（社会福祉法第76条）などがある。

3 「診療情報の提供等に関する指針の策定について」

さらに国は、「患者の自己決定権を重視するインフォームド・コンセントの理念に基づく医療を推進する」目的で、「「診療情報の提供等に関する指針の策定について」（平成15年9月12日医政発第0912001号）」を策定・通知した。ここではインフォームド・コンセント、自己決定権、患者の知る権利などに言及している。また2004（平成16）年「医師の職業倫理指針」（日本医師会）が出された。双方ともに「指針」ではあるが、医療従事者のインフォームド・コンセントの要件が明示された。また訴訟が起こった場合などに一定の基準が示されたともいえよう。

現在では各診療科や疾患に関する学会や医療機関など、独自にインフォームド・コンセントに関する指針等を示している。

3 インフォームド・コンセントの法的効果

1 「傷害罪の違法性阻却事由」としての医療行為

医療行為とはいえ患者の同意なく身体に介入することは違法であること、患者が意味ある同意を与えることができるためには医師からの説明が必要であること、これがインフォームド・コンセントの法理である。通説では、患者の身体への直接的な侵襲を伴う治療行為は、刑法で規定する傷害罪の構成要件該当性を認めたうえで違法性が阻却される[*]。つまり、手術とはいえ人の身体にメスを入れる行為は本来「傷害罪」だが、一定の条件で「違法性を阻却（否定）する」という構造になっている。

治療行為の正当化要件として、医学的適応性、医術的正当性、インフォームド・コンセントの三つがそろっている必要がある。医学的適応性とは、その治療行為が患者の生命・健康の維持・回復に必要であり、患者にとって優越的な身体利益になるということで、医術的正当性とは、その治療行為が医学上一般に承認された医療技術に則っていることをいう。インフォームド・コンセントは医師の説明を前提として正当化される。

また、一般的に10歳未満の児童、重い精神病や認知症をもつものなどはインフォームド・コンセントの対象外とされ、幼児であれば保護者（両親）、成人であれば親族や成年後見人等が代理する。意思能力の有無は、問題となる意思表示や法律行為ごとに個別に判断される。

第4章 権利擁護活動と意思決定支援

★違法性阻却事由
違法性阻却事由には正当行為（刑法第35条）、正当防衛（刑法第36条）と緊急避難（刑法第37条）があり、治療行為のほとんどは正当業務行為、被害者の承諾、社会的相当行為などの正当行為に該当すると考えられている。

★委任契約と準委任契約
委任契約は、業務を遂行することを目的とした契約である。準委任契約は、特定の業務の遂行が目的であり、仕事の結果や成果物に対して完成の業務を負わない。

★善管注意義務
善管注意義務とは、善良なる管理者の払うべき注意義務であり、より慎重に注意を払う義務を負う。職業や地位に応じて相応の思慮分別を要求される。

★報告義務
民法第 645 条における報告義務とは、「受任者は、委任者の請求があるときは、いつでも委任事務の処理の状況を報告し、委任が終了した後は、遅滞なくその経過及び結果を報告しなければならない」とされる。

2 民法上の診療契約としての医療行為

契約には❶委任契約、❷準委任契約、❸請負があり、診療契約は準委任契約（民法第 656 条）とされ、判例（大阪地裁 2008（平成 20）年 2 月 21 日判決）によれば、診療契約とは「患者等が医師ら又は医療機関等に対し、医師らの有する専門知識と技術により、疾病の診断と適切な治療をなすように求め、これを医師らが承諾することによって成立する準委任契約である」としている。

3 医師（医療従事者）の説明義務

そもそも医療行為は必ずしも完治を約束することができず、結果のみで債務不履行を判断することができないという準委任契約としての法的性質がある。一方、準委任契約には善管注意義務（民法第 644 条）と報告義務（民法第 645 条）があり、その観点から説明義務があるとする解釈がある。また診療契約に付随する義務とする見解もある。

最高裁判所の 2002（平成 14）年 9 月 24 日判決は、「医師は、診療契約上の義務として、患者に対し診断結果、治療方針等の説明義務を負担する」としている。これをインフォームド・コンセントの根拠とする見解が有力である。また努力義務ではあるが、医療法（第 1 条の 4 第 2 項）では「医療の担い手は、医療を提供するに当たり、適切な説明を行い、医療を受ける者の理解を得るよう努めなければならない」とされている。

インフォームド・コンセントが不備な場合は、不法行為責任（民法第 709 条）、債務不履行責任（民法第 415 条）、報告義務（民法第 645 条）などを追及される可能性がある。

4 インフォームド・コンセントをめぐる判例

1 治療の自己決定「エホバの証人輸血拒否事件」
（最高裁 2000（平成 12）年 2 月 29 日判決）

近年、インフォームド・コンセントを巡り、治療に対する自己決定権や、「患者の知る権利」などに人格権にかかわる裁判の増加がみられる。特に本件は自己決定権に関する有名な判例である。本判決は、人格権の一内容として患者の意思決定権を位置づけ、患者の意思決定のために医師の説明義務を認めているものと解されている。本事件のように輸血に

対する医学的適応性、医術的正当性があり、なおかつ手術が成功した場合であっても、適切なインフォームド・コンセントがなければ不法行為責任を問われるのである。

　事実関係は以下である。「エホバの証人」の信者である患者が、宗教上の信念から、いかなる場合にも輸血を受けることは拒否するという固い意思をもっていて、医療機関にもその意思を表明していた。しかし医療機関は、患者が「エホバの証人」の信者である場合、患者が輸血を受けるのを拒否することを尊重し、できる限り輸血をしないことにするが、輸血以外には救命手段がない事態になった場合は、患者およびその家族の諾否にかかわらず輸血する、という方針であった。

　そして、医療機関は、上記方針を説明せず、輸血する可能性があることを告げないまま手術を施行し、上記方針に従って輸血をした。患者（後その相続人）が、説明義務違反等を理由に、損害賠償請求を行った。

　最高裁は「患者が、輸血を受けることは自己の宗教上の信念に反するとして、輸血を伴う医療行為を拒否するとの明確な意思を有している場合、このような意思決定をする権利は、人格権の一内容として尊重されなければならない」本件においては、「医師らは、右説明を怠ったことにより、Ｔ（患者）が輸血を伴う可能性のあった本件手術を受けるか否かについて意思決定をする権利を奪ったものといわざるを得ず、この点において同人の人格権を侵害したものとして、同人がこれによって被った精神的苦痛を慰謝すべき責任を負うものというべきである」と判示し上告を棄却し、金55万円の支払いを命じた原判決を維持した。

2 「より高いレベル」の説明義務
──新生児黄疸事件（最高裁1995（平成7）年5月30日）

　医師の説明義務には、一般的なレベルのあいまいな説明では足りず、「より高いレベル」の「具体的説明」が求められる。

　この事件は当該医師が未熟児である新生児を、黄疸が認められる状態でありながら退院させた。その退院の時に当該医師は「何か変わったことがあったらすぐに、自分か、近所の小児科の診察を受けるように」と、その保護者に伝えたのみで、新生児には黄疸があり、黄疸の危険性についてなど詳しい説明をしなかった。その後、新生児核黄疸を発症し、脳性麻痺の後遺症が生じた。保護者は医師には治療上の注意義務違背があり、この注意義務違背と当該新生児の脳性麻痺との間には相当因果関係があると、損害賠償請求を行った。

地裁および高裁判決では当該医師に責任はないとしたが、最高裁は当該医師の責任を認め、高裁に差し戻した。なお差し戻し後は判決となり、確定している（大阪高裁 1996（平成 8）年 12 月 12 日判決）。

最高裁は、当該新生児を退院させた時点での判断は適切でなかったとはいえないが、産婦人科の専門医である当該医師としては、退院時に保護者に対して❶黄疸が増加することがあり得ること、❷黄疸が増強して哺乳力の減退などの症状が現れたときには、重篤な疾患に至る危険があること、❸黄疸症状を含む全身状態の観察に注意を払うこと、❹黄疸の増強や哺乳力の減退などの症状が現れたときには、速やかに診察を受けるよう指導すべきことといった注意義務を負っていた。

しかし黄疸については特段の注意をすることなく、「何か変わったことがあったら」医師の診察を受けるようにといった一般的な注意を与えただけのみで退院させるのは、不適切であったとした。

5 インフォームド・コンセントからインフォームド・チョイスへ、そしてシェアード・デシジョン・メイキングへ

1 インフォームド・コンセントの課題

インフォームド・コンセントの二大要素は「説明」と「合意」である。その本質は「合意」のための「説明」である。近年説明のほうはかなり普及したと思われるが、合意はあまり重視されなかったのでないかとの疑問がある。

「診療情報の提供等に関する指針」では説明すべき内容を列記しており、質の高い説明を求めている点は評価できる。一方、合意についての記述は見あたらない。

権利擁護が必要な人々のなかには、医師や医療従事者の専門的な説明が理解できない場合もあろうし、「頭では理解できても、心からの理解ができない」など強い葛藤が起こりやすい。「質の高い説明」と同時に「質の高い合意」が求められているのではないか。

2 インフォームド・チョイス

インフォームド・チョイス（informed choice）は、「説明を受けたうえでの選択」である。

これまで述べてきたように、インフォームド・コンセントでは、医師は最適と思う治療法を患者に説明し、納得が得られたうえで治療とな

る。一方、インフォームド・チョイスでは患者は医師から複数の治療法や、その治療のメリットとデメリットの説明を受け、患者自身がセカンドオピニオンを求めたり、インターネット等で調べたり、再度主治医に尋ねる。また最良の治療が必ずしも自分自身のQOL（quality of life：生活の質）の向上につながらないこともあり得る。その場合は患者自身の希望を優先することになる。このようにインフォームド・チョイスでは、患者自身の主体的な姿勢が要請されるのである。

前述の診療情報の提供等に関する指針にも「代替的治療法がある場合には、その内容及び利害得失」を説明することになっており、インフォームド・チョイスは現状、医療現場において理解が進んでいると思われる。

3 シェアード・デシジョン・メイキング

シェアード・デシジョン・メイキング(Shared decision-making)は、「協働意思決定」である。

SDMと略称されることが多い。現在インフォームド・コンセントのように、各種ガイドラインに明示されているわけではないが、近年では患者の意思決定の場面で重要と認識されつつある。

SDMは「患者と医師の両方が医学的な意思決定プロセスに貢献するプロセス」とされる。医療提供者は患者に治療法や代替法を説明し、患者が自分の好みや独自の文化的および個人的な信念に最も合った治療法の選択肢を選べるよう支援するものである。

インフォームド・コンセント（informed consent：IC）とSDMには重なる部分があり、明確な区別なく用いている場合も少なくないが、ICは「合意する・しない」が到達点であるが、「協働して解決策を探す」取り組みがSDMである。

SDMの必須4要素として、以下がある。

❶少なくとも医療者と患者が関与する、❷両者が情報を共有する、❸両者が希望の治療について、合意を形成するステップを踏む、❹実施する治療についての合意に達する。SDMは本章第4節における「意思決定支援」との関連が深い概念である。

◇参考文献
・福崎博孝・増﨑英明著『裁判例から学ぶインフォームド・コンセント』民事法研究会，2015.
・R. フェイドン・T. L. ビーチャム，酒井忠昭・湊洋一訳『インフォームド・コンセント──患者の選択』みすず書房，1994.
・中山健夫編著『これから始める！シェアード・デシジョンメイキング──新しい医療のコミュニケーション』日本医事新報社，2017.
・「診療情報の提供等に関する指針の策定について」（平成15年9月12日医政発第0912001号）

Active Learning

医療におけるインフォームド・コンセントについて、ソーシャルワーカーとしてどのように支援やかかわりをしていくか考えましょう。

秘密・プライバシー・個人情報

- 個人情報の秘密やプライバシーを守ることの重要性と、個人情報保護法について学ぶ
- 個人情報やプライバシーに関して、ソーシャルワーカーが理解しておくべき点について解説する

1　用語の整理

1　秘密

「一般に知られていない事実であって、かつ知られていないことにつき利益があると客観的に認められるものをいう[1]」

2　守秘義務

秘密を守るべき義務である。医療・保健・福祉等専門職には、守秘義務を課し、罰則をもって担保している立法例が多い[2]。たとえば、刑法では以下のように規定されている。

（秘密漏示）

第 134 条　医師、薬剤師、医薬品販売業者、助産師、弁護士、弁護人、公証人又はこれらの職にあった者が、正当な理由がないのに、その業務上取り扱ったことについて知り得た人の秘密を漏らしたときは、6 月以下の懲役又は 10 万円以下の罰金に処する。

2　略

なお社会福祉士は、社会福祉士及び介護福祉士法で以下のように規定されている。

（秘密保持義務）

第 46 条　社会福祉士又は介護福祉士は、正当な理由がなく、その業務に関して知り得た人の秘密を漏らしてはならない。社会福祉士又は介護福祉士でなくなった後においても、同様とする。

> 第47〜49条　略
> 第50条　第46条の規定に違反した者は、1年以下の懲役又は30万円以下の罰金に処する。

また精神保健福祉士も同様の規定がある。（精神保健福祉士法第40条、罰則は同法第44条）

さらに守秘義務に関しては、各職能団体の倫理綱領等にも定められている。

3 プライバシー

「家庭内の私事、その他の個人の私生活にかかわる事柄、またそれを他人や社会から知られず、干渉されない権利[3]」とする。根拠として憲法第13条の「幸福追求権」が挙げられる。

当初プライバシー権は、私的な生活を公表されない権利（私的生活秘匿権）や許可なく容貌等を写真に撮られない権利（肖像権、人格権）が中心であった。しかし、徐々にその範囲は拡大し、現在ではSNS（social networking service）上に渡るプライバシーの問題が出現するまでに至っている。

4 個人情報

個人情報の保護に関する法律（個人情報保護法）では、個人情報を生存する個人に関する情報であって、「当該情報に含まれる氏名、生年月日その他の記述等（中略）により特定の個人を識別することができるもの（他の情報と容易に照合することができ、それにより特定の個人を識別することができることとなるものを含む。）」（第2条第1項第1号）または「個人識別符号が含まれるもの」（第2条第1項第2号）と定義している。

さらに同法では「要配慮個人情報」を規定している。それは「本人の人種、信条、社会的身分、病歴、犯罪の経歴、犯罪により害を被った事実その他本人に対する不当な差別、偏見その他の不利益が生じないようにその取扱いに特に配慮を要するものとして政令で定める記述等が含まれる個人情報をいう」（第2条第3項）である。ソーシャルワーカーが最も注意すべきなのは、「要配慮個人情報」であろう。

2 ▶ 個人情報保護法

■1 個人情報保護法の概要

　個人情報保護法は、個人情報の適切な取り扱いと保護について定めた法律である。2003（平成15）年に成立、2005（平成17）年に民間も含め全面施行された。高度情報通信社会の進展に伴い個人情報の利用が著しく拡大したことを背景に、個人情報の有用性に配慮しながら、個人の権利利益を保護することを目的とする。

　氏名、住所、生年月日などの個人に関する情報を適正に扱い、個人の利益や権利の保護を、国や地方自治体、事業者などに義務づけている。なお、2015（平成27）年改正法附則第12条第3項において、政府は同法の施行後3年ごと見直しを図ることとなっている。

　「事業者」の範囲は法改正に従って拡大しており、2015（平成27）年改正では、取り扱う個人情報の数にかかわらず、紙やデータで名簿を管理されている事業者がすべて「個人情報取扱事業者」となった。「事業者」には、法人に限らず、マンションの管理組合、特定非営利活動法人、自治会や同窓会などの非営利組織も含まれる。つまり、ソーシャルワーカーの勤務地はすべて対象事業者となる。

■2 第三者提供

　個人情報保護法で、ソーシャルワーカーが関係する場面は、個人情報の第三者提供であろう。同法における第三者とは、個人情報を取得・管理する事業者以外の者をいう。

　個人情報は本人が了解していれば第三者への提供が可能（第23条第1項）である。むろん同意を得ていない場合は不可である。

　本人が事前許諾した個人情報だけを第三者提供することを、「オプトイン」（opt-in）方式と呼び、一方「オプトアウト」（opt-out）方式では、あらかじめ本人に対して個人データを第三者提供することについて通知または認識し得る状態にしておき、本人がこれに反対をしない限り同意したものとみなし、第三者への提供を認めることをいう。

　前述した「要配慮個人情報」の取得や第三者提供には、厚生労働省「医療・介護関係事業者における個人情報の適切な取扱いのためのガイダンス[4]」によれば、原則として本人同意が必要であり、個人情報保護法第23条第2項の規定による第三者提供（オプトアウトによる第三者提供）

は認められていないので、注意が必要である。ただし、これには例外が定められている。詳細は本章第 5 節を参照されたい。

3 匿名化情報と学会・研究会等への発表

匿名化情報とは、特定の個人を識別することができないように個人情報を加工し、当該個人情報を復元できないようにした情報のことである。特に情報の第三者提供を行う場合などに必要となろう。個人情報保護法では「個人情報取扱事業者は、匿名加工情報（匿名加工情報データベース等を構成するものに限る。以下同じ。）を作成するときは、特定の個人を識別すること及びその作成に用いる個人情報を復元することができないようにするために必要なものとして個人情報保護委員会規則で定める基準に従い、当該個人情報を加工しなければならない」（第 36 条）としている。

また、厚生労働省は「医療・介護関係事業者における個人情報の適切な取扱いのためのガイダンス」において、「特定の患者・利用者の症例や事例を学会で発表したり、学会誌で報告したりする場合等は、氏名、生年月日、住所、個人識別符号等を消去することで匿名化されると考えられるが、症例や事例により十分な匿名化が困難な場合は、本人の同意を得なければならない」としている。これは学会や学会誌における症例や事例発表では、情報そのものが「要配慮個人情報」であるため、念入りな配慮を必要としている。

上記の影響もあり、現在、医療・保健・福祉等の諸学会や教育研究機関では多くの場合、個人を対象とした研究や発表等に「本人同意、患者のプライバシー保護への配慮等」を明示したガイドラインを作成したり、倫理委員会を設置し審査している。

4 本人の同意

先の「医療・介護関係事業者における個人情報の適切な取扱いのためのガイダンス」によれば、本人の同意に関して以下の記述がある。

「本人の同意を得（る）」とは、本人の承諾する旨の意思表示を当該個人情報取扱事業者が認識することをいい、事業の性質及び個人情報の取扱状況に応じ、本人が同意に係る判断を行うために必要と考えられる合理的かつ適切な方法によらなければならない。

上記は、本人の理解の能力、理解の幅、理解の特徴に合わせた適切な説明を要請していると考えられる。同意の効果を理解できない場合についても提示している。

Active Learning

個人情報保護の対象となる事項を調べ、保護する内容や範囲について具体的に調べてみましょう。

> 個人情報の取扱いに関して同意したことによって生ずる結果について、未成年者、成年被後見人、被保佐人及び被補助人が判断できる能力を有していないなどの場合は、親権者や法定代理人等から同意を得る必要がある。

　上記は意思能力が失われている、もしくは極度に減退している等の人に対する代行決定の規定と考えられる。以上2点には、本章第1節の意思決定支援プロセスが重要である。

◇引用文献
1）内閣法制局法令用語研究会編『法律用語辞典』有斐閣，p.1127, 1993.
2）同上，p.1127
3）同上，p.1175
4）厚生労働省編「医療・介護関係事業者における個人情報の適切な取扱いのためのガイダンス」2017. https://www.mhlw.go.jp/file/06-Seisakujouhou-12600000-Seisakutoukatsukan/0000194232.pdf

◇参考文献
・園部逸夫・藤原静雄編，個人情報保護法制研究会『個人情報保護法の解説 第二次改定版』ぎょうせい，2018.

第5節 権利擁護活動と社会の安全

1 守秘義務と警告義務

1 タラソフ判決とは

　1969年10月27日、アメリカにおいて、カリフォルニア大学バークレイ校の学生であるP・ボダーが、知人であるT・タラソフを殺害するという事件が起きた。ボダーは、カリフォルニア大学コーウェル記念病院のセラピストであるムーア博士の心理療法治療を、週1回受けていた（事件前に受診は既に中断されていた）。

　事件の2か月前、ボダーは「ある女性がアメリカに帰国したら銃で撃つ」とムーア博士に述べていた。ボダーは名前を明示しなかったが、ムーア博士は対象者がタラソフであることが推測できた。ムーア博士は、警察（キャンパスポリス）にボダーの身柄を拘束するように要請し、警察は短期間ボダーを拘束した。しかし警察はボダーには理性的な判断能力があるとして、接近禁止を約束させ釈放した。大学側も守秘義務（患者情報不開示の原則）を理由に、特別な措置は行わなかった。その後ボダーは帰国したタラソフの家に行き彼女を殺害した。

2 タラソフ判決がもたらしたもの

　タラソフの両親は、治療者、カリフォルニア大学理事会などに対して損害賠償請求訴訟を起こした。原告である両親の主張は以下である。

❶　ボダーの危険性に対する警告を怠った。

❷　州強制入院法の手続きをせず、彼の拘束を怠った。

　一審、二審では両親の訴えは棄却されたが、カリフォルニア最高裁判所での意見は、守秘義務と警告義務の間で意見が分かれたものの、1976年、以下のような趣旨の判決を下し、原告側の主張を認めた。

> 医師や治療者は、患者の状態が他害を及ぼすことが予測されるときは、守秘義務が免除され、警告義務がある

　タラソフ判決は受診が中断した患者に対しても、医療機関等は危険防止の責務があることを認めたという点で、アメリカ社会に大きな驚きを与えた。その後、同様の裁判がいくつか提起されたが、タラソフ判決ほど医師や治療者に対する重い責務を認めてはいないものの、警告による何らかの第三者保護を承認している。

　タラソフ判決は我が国にも影響し、専門職倫理において、守秘義務と警告義務のバランスをとることの重要性が認知された。

2 ▶ 権利擁護と社会の安全、その関係性

1 秘密保持義務

　医療・保健・福祉専門職には、当事者の人格権保護のために職業上知り得た情報を「正当な理由なく」漏らしてはならないとの「**秘密保持義務**」の規定があるのが一般的である。

　例示すれば、医師は刑法第134条によって守秘義務を課せられており、職務上正当な理由がなければ守秘義務を優先すべきである。

　社会福祉士や精神保健福祉士の資格法にもむろん存在し（社会福祉士及び介護福祉士法第46条、精神保健福祉士法第40条）、漏らした場合は各法令で処罰の対象となる。

　本項で問題にしたいのは「正当な理由なく」という一言である。「正当な理由があれば」漏らしてよいということになる。例示すれば児童虐待の防止等に関する法律（児童虐待防止法）、高齢者虐待の防止、高齢者の養護者に対する支援等に関する法律（高齢者虐待防止法）、障害者虐待の防止、障害者の養護者に対する支援等に関する法律（障害者虐待防止法）における通報・通告である。虐待事例は、多くの場合、被虐待者は自身の被害を他者に伝えることが困難である。特に児童虐待の場合は顕著で、厚生労働省によると2018（平成30）年度における児童相談所に寄せられた虐待相談の相談経路は、児童本人からの相談はわずか１％であり、近年の変化はない。多い順に警察、近所知人、家族、学校等である。[1]

このように、対象者の人権保護や社会の安全を守るためには、他者に個人情報を伝えなくてはならない。これが種々の法律に規定される「通報・通告」である。

2 各虐待防止法における通報・通告義務と「秘密保持義務」の解除

この項では、通報および通告義務について述べる。通報とは「一定の事実を他人に知らせること。通常、法律上の効果の発生が期待されておらず、また、意思の知らせが含まれない」ものであり、通告とは「ある事項を相手方に伝えること。法令上は、その効果として相手方に何らかの行動を予定しているような場合に用いられていることが多い」ものとされている[2]。一般的に双方同じような意味で使用されているが、通告のほうが「重い」効果を期待される。児童虐待防止法には「通告」を使用しているが、これは児童保護に関して、ほかに優先して行うべきとの意義がある。

通報でソーシャルワーカーがかかわることが多い法律を挙げると、児童虐待防止法、高齢者虐待防止法、障害者虐待防止法や麻薬及び向精神薬取締法などがある。児童虐待防止法、高齢者虐待防止法、障害者虐待防止法には、専門職を含むすべての者に通報・通告義務を定めている。

個人の情報を漏らすことについてであるが、児童虐待防止法では「刑法(中略)の秘密漏示罪の規定その他の守秘義務に関する法律の規定は、第1項の規定による通告をすることを妨げるものと解釈してはならない」(第6条第3項)としている。

高齢者虐待防止法では、第7条第1項・第2項において、養護者による虐待を発見したものへの通報義務および努力義務、第7条第3項に守秘義務の解除が規定されている。また障害者虐待防止法でも第7条第1項に通報義務、第7条第2項に守秘義務の解除が規定されている。

3 専門職の早期発見義務

各虐待防止法において、専門職には早期発見義務が明示されている。例示すれば児童虐待防止法では「学校、児童福祉施設、病院、都道府県警察、婦人相談所、教育委員会、配偶者暴力相談支援センターその他児童の福祉に業務上関係のある団体及び学校の教職員、児童福祉施設の職員、医師、歯科医師、保健師、助産師、看護師、弁護士、警察官、婦人

相談員その他児童の福祉に職務上関係のある者は、児童虐待を発見しやすい立場にあることを自覚し、児童虐待の早期発見に努めなければならない」（第5条第1項）としている。同様に高齢者虐待防止法が第5条、障害者虐待防止法が第6条第2項で規定している。

　早期発見ということになると、虐待であることが必ずしも確定されていない段階でも関係者間の情報共有等が行われることになる。虐待が認定できるのであれば、通報・通告となるが、早期発見を行おうとする場合、さらに状況を把握し情報を取得しなくてはならない。情報を取得する過程で、プライバシーに一歩深く踏み込むことになる。取得した情報は関係機関と共有する必要があるかもしれない。クライエントによってはネガティブな感情をもち、支援者との関係性の悪化も懸念される。ここで支援者にとって、プライバシーへの介入や守秘義務、当事者の権利擁護、なにを選択すべきなのかという「ジレンマ」が出現する。

　この「ジレンマ」を専門職倫理の観点から述べると、ソーシャルワーカーの倫理的ジレンマとして、七つの倫理的原則（Loewenberg & Dolgoff）が有名である。詳細は他項にゆずるが、最も重視されるべきなのは「生命の保護」であり、より優先すべきとして通報義務が守秘義務に優先する。さらに個人情報保護法と公益通報者保護法の規定がある。二つの法律に関しては次項で説明する。

3 個人情報保護法における守秘義務の例外規定

■ 個人情報保護法における例外規定

　前節で個人情報保護法について述べた。本項で述べるのは同法における個人情報の第三者提供の例外規定であり、本人の同意なく個人情報の第三者提供が可能としている。

　本項に関係する条文と「医療・介護関係事業者における個人情報の適切な取扱いのためのガイダンス」（2017年4月14日）における例示をまとめたのが表4-2である。

　表4-2のように、ソーシャルワークの現場で起こる可能性が高いものとして、第23条第1項第1号では虐待の通報・通告等が考えられる。第23条第1項第2号では「本人の同意を得ることが困難であるとき」とあるので、認知症、精神疾患などで緊急的な介入を行う必要性が高い場合は、最終的に本人の同意を得ずに、第三者提供が可能である。さら

表4-2　個人情報保護法における例外規定

○「法令に基づく場合」（第23条第 1 項第 1 号）
・医療法に基づく立入検査、介護保険法に基づく不正受給者に係る市町村への通知、児童虐待の防止等に関する法律に基づく児童虐待に係る通告等
○「人の生命、身体又は財産の保護のために必要がある場合であって、本人の同意を得ることが困難であるとき」（第23条第 1 項第 2 号）
・意識不明で身元不明の患者について、関係機関へ照会する場合
・意識不明の患者の病状や重度の痴呆性の高齢者の状況を家族等に説明する場合
　※「本人の同意を得ることが困難であるとき」には、本人に同意を求めても同意しない場合、本人に同意を求める手続を経るまでもなく、本人の同意を得ることができない場合等が含まれるものである。
○「公衆衛生の向上又は児童の健全な育成の推進のために特に必要がある場合であって、本人の同意を得ることが困難であるとき」（第23条第 1 項第 3 号）
・健康増進法に基づく地域がん登録事業による国または地方公共団体への情報提供
・がん検診の精度管理のための地方公共団体または地方公共団体から委託を受けた検診機関に対する精密検査結果の情報提供
・児童虐待事例についての関係機関との情報交換
・医療安全の向上のため、院内で発生した医療事故等に関する国、地方公共団体または第三者機関等への情報提供のうち、氏名等の情報が含まれる場合

に第 23 条第 1 項第 3 号では、児童虐待事例のため関係機関によるケースカンファレンス等では、本人同意なしに情報交換が可能であるとしている。

4　ソーシャルワークの現場でおこる通報等の義務とジレンマ

　本項では、ソーシャルワークの現場で起こりやすいテーマについて述べる。各虐待防止法の対象事例は、被害・加害の関係性が比較的明確で、通報等を行うことに躊躇は少ない。

　しかし、以下の 3 点については、加害・被害の関係性が明確ではなかったり、「おそれ」の状況で相談される場合が多い。このような場面でソーシャルワーカーは、どのように対応するかについて述べる。

1 精神保健福祉法における通報義務

　精神保健福祉法における通報は各種あるが、ソーシャルワーカーにかかわる可能性があるのは、精神保健福祉法第 22 条、いわゆる「一般人通報」である。第 1 項には「精神障害者又はその疑いがある者を知った者は、誰でも、その者について指定医の診察及び必要な保護を都道府県知事に申請することができる」とある。これは、「通常人としての立場において、被申請者が自傷他害のおそれのある状態であることの認

識」で通報可能としている。この通報は基準があいまいで、乱用がある
と被申請者の人権を大きく毀損する可能性が高いため、特に専門職の場
合、慎重な配慮が必要である。

　さらに文書による通報（第22条第2項）であるため、対応を急ぐ場
合であれば、第22条にこだわらず警察に通報し、あらためて「警察官
通報」としたほうが現実的である。

　警察官通報は第23条に「警察官は、職務を執行するに当たり、異常
な挙動その他周囲の事情から判断して、精神障害のため自身を傷つけ又
は他人に害を及ぼすおそれがあると認められる者を発見したときは、直
ちに、その旨を、最寄りの保健所長を経て都道府県知事に通報しなけれ
ばならない」とある。この判断は警察官職務執行法の規定に基づくもの
であり、書類での提出は要さない。

2 麻薬及び向精神薬取締法の通報等義務

　麻薬及び向精神薬取締法第58条の2には「医師は、診察の結果受診
者が麻薬中毒者であると診断したときは、すみやかに、その者の氏名、
住所、年齢、性別その他厚生労働省令で定める事項をその者の居住地（中
略）の都道府県知事に届け出なければならない」としている。

　覚醒剤取締法には、覚醒剤保持者や依存症者を届け出る義務はない
が、明らかな不法行為のため、刑事訴訟法第239条により、官吏・公
吏（公務員）は通報する義務があるとの規定がある。

第239条　何人でも、犯罪があると思料するときは、告発をすること
　ができる。
○2　官吏又は公吏は、その職務を行うことにより犯罪があると思料す
　るときは、告発をしなければならない。

　第239条第2項を根拠にすれば、公立病院等に勤務する医師や職員
は覚醒剤保持者・依存症者の治療・支援を行ったときには、通報義務が
ある。民間病院や社会福祉機関の医師や職員は同法第239条第1項で
あり、「告発可能」である。

3 道路交通法の届出

　道路交通法に、医師は、統合失調症、てんかん、再発性失神症状、無
自覚性低血糖、躁うつ病、重度の睡眠障害、認知症またはアルコール、

麻薬、大麻、あへんもしくは覚醒剤の中毒者（第103条）を診察し、その症状が運転免許等の欠格事由に該当するものであり、かつ患者が運転免許または国際運転免許証や外国運転免許証を受けていると知った場合に、公安委員会に届出ることができる（第101条の6）としている。

　ソーシャルワークの現場で少なからず出現するのが、精神疾患や認知症をもつ者の免許返納の問題である。現在75歳以上の者には免許更新時に、認知機能検査が定められているが、これは認知症高齢者の交通事故が多発したため、2009（平成21）年から開始された。

　地方によっては公共交通機関が整備されていない地域も多いため、運転免許の返納は生活にとって重大問題といえる。ソーシャルワーカーにとって、クライエントの運転をやめさせるよう介入するか否かは、日々起こり得る悩みである。

5 ジレンマへの対応と課題

1 意思決定支援

　これまで述べてきたように、ソーシャルワーカーには、当事者の守秘義務だけでなく、権利擁護義務もある。また警告義務もある。単に守秘義務を墨守すべきでなく、そのバランスを考えることや、自他の生命や財産を大きく毀損することが明らかな場合は、家族や支援者に警告したり、関係機関に適切に通報等をしたりしなくてはならない。

　また危機が去ったとしても、今後のリスクに備えるため、支援者チームで「クライシスプラン」（緊急時の対応方法を記載した処遇プラン）を検討し、クライエントや家族等に提示しなくてはならない。そこで重要になるのが、本章第1節にある意思決定支援である。

2 残る課題

　我が国の刑法では、基本的に不法行為を「罰する」ことを主眼としている。一方で、精神疾患ゆえに不法行為を行う場合もある。その場合、むしろ犯罪者でなく、多くは治療や支援が必要な人々であると捉える必要がある。

　一例を挙げると、前述した麻薬及び向精神薬取締法である。薬物依存で治療中の者が、通院中に薬物を再使用してしまう場合が少なくない。そのような場合、同じ依存症でもアルコール依存症の場合は「スリップ」

として、支援者のかかわりによって再治療の動機づけともなる。しかし、マリファナの場合、医師は職務上、都道府県への届出義務（麻薬及び向精神薬取締法第58条の2）がある。依存症者は、それを知っているため、治療の必要性を自覚しつつも、逮捕を恐れ、専門治療を受けず再犯するという悪循環が生じてしまう。これは大きな課題であり、主眼の変更もしくは柔軟化すべきとの意見がある。

　近年、「ハームリダクション」との考え方が先進国では提起されている。ハームリダクションとは、「その使用を中止することが不可能・不本意である薬物使用のダメージを減らすことを目的とし、合法・違法にかかわらず精神作用性物質について、必ずしもその使用量が減少または中止することがなくとも、その使用により生じる健康・社会・経済上の悪影響を減少させることを主たる目的とする政策・プログラムとその実践である[3]」とする。むしろ罰するより、効果性が高いとの研究もある。

　マリファナはヨーロッパの複数の国や、アメリカの一部の州では合法であり、世界的にみると違法・合法は相対的である。他害も大きいわけではないとされる。

　刑事司法の現場も徐々に変わりつつあり、治療・教育・支援を重視するプログラムが行われている。単に「罰する」という応報刑ではなく、「治療・教育・支援」する教育刑的なあり方はソーシャルワークとの親和性も高く、今後一層ソーシャルワーカーの活躍が期待できる。

Active Learning
個人情報保護法の例外規定について、本文中の例のほか、どのようなケースがそれに当たるか具体的に調べてみましょう。

◇引用文献
　1）厚生労働省「平成30年度の児童相談所での児童虐待相談対応件数（速報値）」 https://www.mhlw.go.jp/content/11901000/000533886.pdf
　2）法令用語研究会編『法律用語辞典 第4版』有斐閣，2012.
　3）松本俊彦・古藤吾郎・上岡陽江編著『ハームリダクションとは何か』中外医学社，2017.

◇参考文献
・飯塚和之「アメリカにおける精神科医療過誤訴訟」『私法ジャーナル』第48号，1986.
・丸山泰弘『刑事司法における薬物依存症治療プログラムの意義──「回復」をめぐる権利と義務』日本評論社，2015.

第5章

権利擁護にかかわる組織、団体、専門職

　判断能力の低下している人やその家族等の関係者のすべてが、権利擁護に関する法律や制度そして各機関等の機能や役割に精通しているわけではない。したがって、成年後見制度利用をはじめ、権利擁護に関する相談を受理し、受容・傾聴しながら、制度を結びつけ、さまざまな社会資源を活用していくことが、ソーシャルワークに求められている。

　成年後見制度を支える専門職には、社会福祉士、精神保健福祉士をはじめ、家庭裁判所の調査官、弁護士、司法書士、医師等が挙げられる。また、特定非営利活動法人、市民後見人等、国民全体で成年後見制度をはじめとした権利擁護の制度を支えていかなければならない。

　そこで本章では、権利擁護にかかわる組織、団体、専門職とその役割についての理解を深めていく。

権利擁護にかかわる組織、団体

学習のポイント

● 権利擁護にかかわる組織、団体の概要について学ぶ
● 権利擁護の実践場面における各組織、団体の役割について理解する

1 家庭裁判所

1 家庭裁判所とは

　家庭裁判所は、家庭の平和と少年の健全育成を図ることを目的に、家庭内の紛争（**家事事件**）や、非行のあった少年の事件（**少年事件**）を包括的・専門的に扱う裁判所として、1949（昭和 24）年に創設された。

　法律的な判断に重点をおいている伝統的な裁判所とは異なり、法律的な枠組みを前提としながらも、心理学・教育学・医学等の科学的・専門的な見地から紛争や非行の背後にある原因を探り、事案に応じた適切・妥当な措置を講じていくことで、再び紛争や非行が起こらないようにすることを目的としている点に、家庭裁判所の特徴がある。

★家庭裁判所
家庭裁判所の創設当時に掲げられた「家庭に光を、少年に愛を」や、その後につくられた「家庭に平和を、少年に希望を」というスローガンは、家庭裁判所の理念を象徴的に示すものといえる。

2 家庭裁判所の組織

　家庭裁判所は、各都道府県庁所在地および北海道函館市、北海道旭川市、北海道釧路市の合計 50 か所に本庁が置かれている。そのほか、主要な都市 203 か所には支部が、交通不便な地など 77 か所には出張所が設けられている。

　職員としては、ほかの裁判所と同様に、裁判官のほか、事件の進行管理を行う裁判所書記官、裁判所の庶務・人事・会計等を担当する裁判所事務官などが所属している。そのほか、家庭裁判所に特有の職員として、後述する家庭裁判所調査官や、事件の当事者の心身の状況に関する調査等を行う医務室技官（医師・看護師）などが配置されている。また、民間から選任される非常勤職員として、裁判官とともに家事調停を運営する家事調停委員、審判に立ち会って意見を述べる等して裁判官の判断を補佐する参与員などがいる。

　家庭裁判所の重要な特色として、**家庭裁判所調査官**の存在が挙げられ

る。調査官は、心理学・社会学・教育学その他の専門知識や技法を修得しており、裁判官の命を受けて、家事事件・少年事件について必要な調査を行い裁判官に報告をする等の重要な役割を担っている。たとえば、離婚事件で夫婦が未成年の子の親権を争っているようなケースでは、子に対して心理テストなどを実施して、父母のどちらが子の親権者としての適性があるかについての調査を行い、その結果を裁判官に報告する。

■3 家庭裁判所の取り扱う事件

❶家事事件

家事事件とは、家事事件手続法その他の法律で定める家庭に関する事件を指し、家事審判事件と家事調停事件の2種類に分類される。

このうち、家事審判事件は、家事手続法別表第一に掲げる事項についての事件（以下、別表第一事件）と、同法別表第二に掲げる事項についての事件（以下、別表第二事件）に分かれる。取り扱う主な審判事件は以下のとおり。

・別表第一事件

　成年後見・保佐・補助の開始、後見人・後見監督人の選解任、相続放棄、親権の喪失・停止、養子縁組の許可など

・別表第二事件

　親権者の指定・親権者の変更、子の監護に関する処分（養育費請求・面会交流など）、婚姻費用の分担、遺産分割など

別表第一事件は、公益的性格が強く、一般的に当事者が対立して争う性質のものではない。したがって、もっぱら審判のみによって扱われ、家庭裁判所は後見的な立場から関与する。

これに対し、別表第二事件は、当事者が対立して争う性質の事件であり、まずは当事者間の話しあいによる自主的な解決が期待されるため、審判によるほか、調停によっても取り扱われている。

家事調停事件は、家庭に関する事件で、別表第二事件のほか、夫婦間の離婚が代表的な例である。離婚などの訴訟の対象となるものについては、原則として、訴訟を提起する前に家事調停を経ることとされている（調停前置主義）。

❷人事訴訟事件

人事訴訟事件とは、人事訴訟法で定める事件を指し、夫婦の離婚、養親子の離縁、子どもの認知、親子関係の存否の確認など、夫婦・親子等の関係をめぐる訴訟がこれに当たる。

★審判
審判手続で取り扱う一定の事項について、裁判官が、当事者から提出された書類や調査の結果等のさまざまな資料に基づいて判断を決定する手続き。

★調停
勝ち負けを決めるのではなく、話しあいによりお互いが合意することで紛争の解決を図る手続き。裁判官1名と調停委員2名以上で構成される調停委員会が、当事者双方の事情や意見を聴取し、双方が納得のうえで問題を解決できるよう、助言・あっせんを行う。合意が成立すると、合意事項を書面にして調停は終了する。

★調停前置主義
訴訟を提起する以前に、まずは当事者の話しあいにより、円満かつ自主的に紛争を解決する手続きである調停を経なければならないという原則。

第5章 権利擁護にかかわる組織、団体、専門職

153

家事調停が、調停委員会のあっせんにより、当事者の自主的な合意によって争いを解決する手続きであるのに対し、人事訴訟は、当事者双方が各々の言い分を主張し、それを裏づける証拠を出しあったうえで裁判官の判決等による解決を図る手続きである。また、家事調停が非公開で行われるのに対し、人事訴訟は、特別な事情がある場合を除いて公開の法廷で行われる。

人事訴訟事件については、調停前置主義がとられている。これは、人事訴訟事件については、家庭に関する紛争という事案の性質に照らして、訴訟になる以前の調停を充実させ、できる限り話しあいでの解決を図ることが適切であると考えられたことによる。

❸少年事件

少年事件とは、20歳未満の罪を犯した少年や罪を犯すおそれのある少年などの事件をいう。この場合の「少年」とは、男子・女子の双方を指す。

家庭裁判所が少年事件として取り扱うのは、❶罪を犯した14歳以上20歳未満の少年（犯罪少年）、❷刑罰法令に触れる行為をしたが、その行為のとき14歳未満であったため、法律上、罪を犯したことにならない少年（触法少年）、❸20歳未満で、保護者の正当な監督に従わない等の不良行為があり、その性格や環境に照らし、将来、罪を犯し、または刑罰法令に触れる行為をするおそれのある少年（虞犯少年）などの事件である。

少年事件においては、事件の対象となったすべての少年が、**警察や検察から家庭裁判所に送致される**のが原則とされている（全件送致主義）。家庭裁判所は、家庭裁判所調査官に調査を命じ、その結果等をもとに非公開の少年審判手続を行う。

Active Learning

家庭裁判所が取り扱う紛争や事件（家事事件、人事訴訟事件、少年事件など）を取り上げ、主な内容や対象について理解を深めましょう。

★**全件送致主義**
捜査機関限りで事件を終了させず、少年保護の専門機関である家庭裁判所に、少年に対する適切な処遇に関する判断を委ねようとするもので、処罰よりも教育によって少年の改善更生を目指そうとする考え方の表れ。

2 法務局

1 法務局とは

法務局は、法務省の地方組織の一つである。❶国民の財産や身分関係を保護する、登記、戸籍、国籍、供託の**民事行政事務**、❷国の利害に関係のある訴訟活動を行う**訟務事務**、国民の基本的人権を守る**人権擁護事務**を行っている。

2 法務局の組織

　法務局の組織は、全国を8ブロックの地域に分け、各ブロックを受け持つ機関として「法務局」があり、この法務局の下に、都道府県を単位とする地域を受け持つ「地方法務局」が設置されている。全国8か所（東京、大阪、名古屋、広島、福岡、仙台、札幌、高松）にある法務局、42か所（上記8か所以外の府県庁所在地および函館、旭川、釧路）にある地方法務局には、その出先機関として「支局」（約260か所）と「出張所」（約120か所）がある。法務局、地方法務局および支局では、登記、戸籍、国籍、供託、訟務、人権擁護の事務を行っており、出張所では、主に登記の事務を行っている。

3 法務局が取り扱う主な事務

　法務局の取り扱う事務のうち、社会福祉にかかわる活動や権利擁護の実践に特に関係が深いものとして、登記事務および人権擁護事務がある。

❶登記事務

① 不動産登記

　不動産登記とは、土地や建物の所在・面積、所有者の住所・氏名などについて、登記官（法務局職員）が登記簿に記録し、一般公開する制度である。不動産登記は、重要な財産である不動産について、その物理的な現況や権利関係等の情報を誰にでもわかるようにすることで、取り引きの安全と円滑を図るという役割を果たしている。登記事項証明書は、手数料を納めれば、誰でも請求することができる。

② 相続登記

　相続登記とは、不動産の所有者（登記名義人）が死亡した場合に、その不動産の登記名義を所有者の相続人に変更する手続きをいう。法定相続分による場合、遺言に基づく場合、遺産分割協議に基づく場合などがある。

③ 商業・法人登記

　会社・法人等に関する一定の事項（商号や代表者名など）を登記簿に記載し、一般公開する制度である。これにより、会社・法人等の信用を維持し、取引の安全と円滑を図ることを目的としている。登記事項証明書は、手数料を納めれば、誰でも請求することができる。

④ 成年後見登記

　法務局は、成年後見登記制度に基づく成年後見登記に関する事務を取り扱っている。成年後見登記制度とは、成年後見人などの権限や任意後

見契約の内容などをコンピュータ・システムによって登記し、登記官が登記事項を証明した登記事項証明書（登記事項の証明書・登記されていないことの証明書）を発行することによって登記情報の開示を行う制度である。これらの証明書の交付は、誰でも請求することができるわけではなく、本人のプライバシー保護のため、本人・成年後見人・保佐人・補助人・四親等内の親族等の一定の者に限られている。

　登記事項証明書は、たとえば、成年後見人が、本人に代わって財産管理や財産の売買、介護サービス利用契約の締結等を行う場合に、取り引きの相手方に対し、登記事項の証明書を提示することにより、その権限を証明することなどに利用される。「登記されていないことの証明書」は、自己が法定後見等の審判を受けていないことの証明が必要な場合に利用される。

　東京法務局後見登録課は、全国の成年後見登記事務を取り扱っている。そのため、全国の成年後見登記は、すべて東京法務局に登記申請することになる。ただし、登記事務のうち、窓口での登記事項証明書（登記事項の証明書・登記されていないことの証明書）の交付請求は、東京法務局だけでなく、それ以外の各法務局・地方法務局の戸籍課でも取り扱っている。

★交付請求
郵送での交付請求やオンラインによる交付請求は、東京法務局のみが取り扱っている。

❷人権擁護事務

　法務局は、法務大臣から委嘱された民間のボランティアである人権擁護委員（全国約 1 万 4000 人）と協力して、人権侵害による被害者の救済を図るための調査救済活動や、国民に人権尊重の理念を広めるための人権啓発活動などを行っている。

Active Learning

法務局が取り扱う事務を取り上げ、どのような場面で必要になってくるかを話しあってみましょう。

▎4 近時新設された制度

❶法定相続情報証明制度

　相続人が、戸籍関係書類等と併せて、被相続人や相続人の氏名等の法定相続情報を記載した一覧図を法務局に提出すると、その記載内容を登記官が確認して、対外的に証明する制度である。

　これまで、相続に関する手続きでは、被相続人の戸籍関係書類等の束を、相続手続きを取り扱う各種の窓口に何度も提出し直す必要があったが、この制度を利用することで、そのような提出を省略することが可能となった。

❷自筆証書遺言の保管制度

　自筆証書遺言として作成された遺言書を法務局で保管し、遺言者の死

亡後に、相続人や受遺者が、遺言書の保管の有無の調査や（遺言保管事実証明書の交付請求）、遺言書の写しの請求（遺言書情報証明書の交付請求）、遺言書の閲覧をすることができるとする制度が創設された。なお、保管されている遺言書については、家庭裁判所の検認は不要である。

　自筆証書遺言については、これまで、作成が手軽で自由度が高いという利点がある一方で、遺言書の紛失や隠匿の発生等のリスクの存在が指摘されてきた。保管制度は、遺言書の存在の把握を容易にすることで、上記の自筆証書遺言に伴うリスクを軽減し、遺言者の最終意思の実現と相続手続きの円滑を図ることを目的とするものである。

3 自治体

1 権利擁護における自治体としての機能と役割

　我が国では、社会福祉基礎構造改革以降、地域福祉の進展と小さな政府のスローガンの下に、社会福祉においても民間参入が促進されサービスの量と選択肢は増えたものの、その半面、質の担保や持続可能な安定型福祉サービス供給への懸念も浮上してきた。このような社会福祉の近年の動向において、自治体は権利擁護の中核的支援体制を拡充させる役割をもつ。

　その一つが地域支援事業および地域生活支援事業として位置づけられる成年後見制度利用支援事業である。本事業においては、市町村事業として、成年後見制度利用促進のための広報・普及活動の実施と成年後見制度の利用にかかわる経費の助成が示されている。市町村においては、これらの機能とその役割を認識し、成年後見人等を含む小地域の支援ネットワークの構築をはじめ、住民が住み慣れた生活圏域でその個人の権利が十分に守られるというナショナルミニマムを具現化する機能を自覚することが重要である。

　また、成年後見制度は判断能力が不十分な人の生活と財産等を守り、生活の維持継続のため有効に利用できる福祉サービスである。成年後見制度の実施に際しては、法廷後見または任意後見のいずれであっても家庭裁判所への申立て手続きが必要となる。申立人は原則、本人、配偶者、四親等内の親族等と血縁関係が定められている、しかし、身寄りがいなかったり、申立人の適正が認められない場合は、地方自治体の長（市区町村長）が申立てできると示されている。このことは、2000（平成

★受遺者
遺贈（遺言によって財産を他人に無償で与える行為）を受ける者として遺言で定められた者のこと。

★検認
遺言書の形状・加除訂正の状態・日付・署名などについて、遺言書の現状を確認し、遺言書の偽造や変造等を防止する一種の証拠保全手続き。

★成年後見制度利用支援事業
具体的な事業内容としては、成年後見に関する要項の作成と配布や説明会の実施、および成年後見事務を担う地域団体への紹介等を行い、関係組織・機関や地域住民に制度のありようを広報するものである。加えて、申立経費や報酬を助成する事業をも含まれる。

12）年に開始した新しい成年後見制度の特徴であり、申立人が不在の場合は、先のナショナルミニマムの観点から自治体はセーフティネットの役割を担うことができる。

■2 権利擁護における具体的事業と役割

　具体的事業としては、❶成年後見制度における市区町村長申立て、❷苦情対応、❸老人福祉法における措置の実施、❹障害者虐待の防止、障害者の養護者に対する支援等に関する法律上の通報と届出窓口（市町村障害者虐待防止センター）等が示される。

　まず、成年後見に関する市町村申立ての件数は、ここ数年間増加している。その内訳では、都市部が多く地方が少ない傾向から地域差が顕著である。その原因としては、申立て体制整備が不十分であることや、自治体の認識の低さが目立っている。このことからも市町村事業として、成年後見制度利用促進のための広報・普及活動の実施となる要項の作成と配布や説明会の実施、および成年後見事務を担う地域団体への紹介ならびに市民後見人の養成などを行う関係機関との組織づくりや、地域住民に制度のありようを広報する権利擁護への啓蒙活動が求められる。

　また、介護保険法第 23 条、「指定居宅サービス等の事業の人員、設備及び運営に関する基準（平成 11 年厚生省令第 37 号）」第 36 条によって、自治体には利用者からの苦情に関して事業者に対する調査・指導・助言を行う権限が法律によって示されており、申し出の環境整備を進めることも自治体の重要な働きである。

　さらに、自治体はやむを得ない事由により介護保険サービスを利用することが困難になった場合には、老人福祉法によって措置を実行できる（第 10 条の 4）。この場合は、敷地を同じくする指定介護老人福祉施設内における特別養護老人ホームに緊急避難的に入所させ、高齢者虐待および独居等による心身機能の衰弱等の事由から措置入所手続きとなった利用者の生活と命を守る使命をもっている。特に地域においては、自治会、民生委員、地区委員等のインフォーマルセクターと地域包括支援センター、福祉施設、病院、社会福祉士、精神保健福祉士等のフォーマルセクターが連携を密にし、地域住民による連携と安否確認および専門福祉医療機関によるアウトリーチ等の介入を通して、普段からの福祉ネットワークによる地域支えあいシステムの構築が、権利擁護の観点から自治体にはより一層求められるところである。

3 地域福祉計画における権利擁護

　地域福祉計画は、地域福祉推進の主体である地域住民等の参加を得て、地域生活課題を明らかにするとともに、その解決のために必要となる施策の内容や量、体制等について、庁内関係部局はもとより、多様な関係機関や専門職も含めて協議のうえ、目標を設定し、計画的に整備していくことを内容とするものである。特に地域福祉計画の策定については、共生社会の実現に向けて 2018（平成 30）年 4 月の社会福祉法の一部改正により、任意とされていたものが努力義務とされた。さらに、「地域における高齢者の福祉、障害者の福祉、児童の福祉その他の福祉の各分野における共通的な事項」を記載する、いわゆる「上位計画」として位置づけられた。

　また、2000（平成 12）年に成立した社会福祉法で規定された、行政計画としての「地域福祉計画」は、社会福祉法第 107 条の「市町村地域福祉計画」および第 108 条の「都道府県地域福祉支援計画」から構成され、社会福祉の個別分野の総合化と策定・推進過程への住民参加を特徴としている。

Active Learning

権利擁護において自治体が担う役割や事業を調べ、親族が利用している福祉サービスがないか調べてみましょう。

4 社会福祉協議会

1 社会福祉協議会の設置目的と諸活動

　社会福祉協議会は、地域住民の福祉の増進に寄与する働きがあり、社会福祉法第 109 条～第 111 条に示されるとおり、地域福祉の増進を図ることを目的とする民間の団体である。社会福祉法人が運営しており、都道府県および市町村の策定する地域福祉計画と両輪となり、地域福祉の実践を通して地域福祉の向上に資することを目的としている。そのため行政からの補助、委託事業の増加に伴い、多くの社会福祉協議会において介護保険事業による高齢者デイサービスセンター等の事業および障害者福祉サービスを展開している。このことから、一方では、地域福祉支援を中心とする社会福祉協議会の独自性とは何かを問われることが少なくない。

　さて、地域住民の身近にある市区町村社会福祉協議会においては、次の事業を展開している。

❶　介護保険サービス、障害者福祉サービス、学童保育（放課後児童健全育成事業）や児童館運営、食事サービス、移送サービス等、さまざ

まな福祉サービスの企画・実施
❷　小地域活動、ボランティア活動、当事者活動など地域の福祉活動を支援するためのボランティア・市民活動センター、福祉のまちづくりセンター等の運営
❸　福祉のまちづくりを総合的に進めるための地域福祉活動計画の策定等
❹　福祉サービス利用者や要援護者の支援のための日常生活自立支援事業や福祉に関する総合相談活動

　これら社会福祉協議会は地域における福祉権利擁護をも含めた多様な地域福祉の中核をなす活動について、地域住民主体の立場から福祉活動を展開し福祉ニーズに対応している。

■2　社会福祉協議会と日常生活自立支援事業

　日常生活自立支援事業は、「福祉サービス利用援助事業」として創設された。2000（平成12）年の介護保険制度の導入、社会福祉の増進のための社会福祉事業法等の一部を改正する等の法律の施行により、福祉サービスが措置から契約へと移行する過程において、利用者の利益の保護を図る仕組みの一環として、第二種社会福祉事業に規定された。

　本事業は、社会福祉法第2条第3項第12号に示され、一連の援助のプロセスは**図5-1**のとおり、その実施主体は都道府県社会福祉協議会または指定都市社会福祉協議会である。ただし、事業の一部を、市区町村社会福祉協議会（基幹的社会福祉協議会）に委託できる（第6章第8節参照）。

　なお、「福祉サービス利用援助事業」は、1999（平成11）年10月から「地域福祉権利擁護事業」、また、2007（平成19）年からは、「日常生活自立支援事業」の名称で、都道府県社会福祉協議会を実施主体とした国庫補助事業が開始された。

　また、援助内容と利用料等は次のとおりである。
❶　福祉サービスの利用援助
❷　苦情解決制度の利用援助
❸　住宅改造、住居家屋の賃借、日常生活上の消費契約および住民票の届出等の行政手続きに関する援助等
❹　❶～❸に伴う援助として「預金の払い戻し、預金の解約、預金の預け入れの手続き等利用者の日常生活費の管理（日常金銭管理）」「定期的な訪問による生活の変化の察知」

図5-1　日常生活自立支援事業の流れ

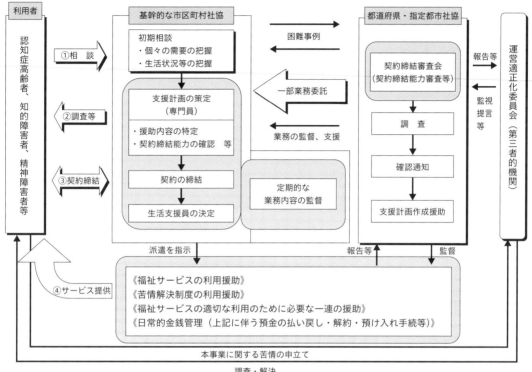

出典：厚生労働省社会・援護局地域福祉課「福祉サービス利用援助事業について」

　上記❶〜❹の援助内容においては、利用者との契約にも基づいて、福祉サービス申請者の助言や同行、サービスの利用料の支払い、公共料金の支払い等の日常的金銭管理等を実施している。なお、1か月の平均利用回数は約2回であり、利用料金の平均は1回につき1200円である。このように本事業は、日常生活に直結する権利擁護が援助内容の中心となっている。

3 地域福祉活動計画における権利擁護

　地域福祉活動計画の目的は、子どもから高齢者まで、該当地域に居住するすべての人々がともに支えあい、安全と安心な自立生活が実現できることを目指すものである。本計画は市区町村の社会福祉協議会が中心となり、地域の福祉課題の把握や解決に向けた活動の検討を行い、地域住民主体の福祉のまちづくりを具現化するために策定する計画である。その計画策定にあたっては、地域住民や福祉サービス利用者、各種ボランティア団体や特定非営利活動法人（NPO）、保健医療福祉関係者等が参加している。

第5章 権利擁護にかかわる組織、団体、専門職

Active Learning

近隣の社会福祉協議会のホームページを調べ、主な事業内容やかかわる専門職を列挙してみましょう。

たとえば、全国の政令指定都市のなかでも最も高い高齢化率を示す北九州市（高齢化率 30.5％（2019（令和元）年 9 月 3 日時点））では、地域福祉活動計画第五次計画（2016（平成 28）年〜 2020（令和 2）年）において、「障害者差別の解消、児童・高齢者・障害者に対する虐待の防止、権利擁護の推進」を示している。特に障害者の日常生活及び社会生活を総合的に支援するための法律（障害者総合支援法）の見直し、障害を理由とする差別の解消の推進に関する法律（障害者差別解消法）等の施行に向けて、障害者差別の解消に対する社会的な理解を促進することにより、障害者の社会参加や権利擁護、就労、地域での生活支援の拡充につなげることが求められるとしている。また、虐待の防止に向けては、虐待予防および早期発見のための普及・啓発などの取り組みが必要と示し、いずれも地域の関係機関・団体や、社会福祉法人・福祉施設、民生委員・児童委員などが認識をともにしながら、これまで以上に、企業、NPO、ボランティア・市民団体と連携・協働を図っていくことの重要性を示している。

少子高齢化社会の進展による地域のネットワークのあり方が問われる地域の実情にあって、本地域福祉活動計画は明日の地域福祉を担う重要な指標として、その実行性と評価による検証が問われてくる。

5 児童相談所

1 児童相談所の機能と概要

児童相談所は、児童福祉法第 12 条の規定に基づいて都道府県・指定都市に設置される（中核市も設置可能）児童福祉のための専門機関である。すべての都道府県および政令指定都市に最低 1 か所以上が設置され、18 歳未満のすべての児童を対象として、該当児童の福祉や健全育成に関する諸般の問題について家庭、本人、その他の相談に応じている。主には、児童に関する必要な調査、診断、判定等を行い、児童、家庭にとって適切な援助を行うことを業務とする児童福祉行政機関である。児童相談所の機能としては、子どもと保護者への相談援助活動に加えて、調査や判定を行ったうえで必要が認められた場合の一時保護や、児童福祉施設への入所措置、児童虐待防止における中心的な役割を担い、権利擁護の観点からもさらなる児童虐待の予防と啓発、発見等、緊急性が伴う迅速な対応が求められている。なお、各都道府県には中央児童相談所

★児童相談所
医師、児童福祉司、児童心理司等の児童に関する専門職員が配置されており、虐待、育児、健康、保健、障害、非行等、子どもに関するあらゆる相談に応じる機関である。

が設置され、県内の児童相談所を管轄している。

▎2 児童福祉法の一部改正における児童相談所の役割とネットワークの必要性

すべての児童が健全に育成されるよう、児童虐待について発生予防から自立支援まで一連の対策のさらなる強化を図るため、児童福祉法の理念を明確化するとともに、母子健康包括支援センターの全国展開、市町村および児童相談所の体制の強化、里親委託の推進等の所要の措置を講ずるものとして、2016（平成 28）年に児童福祉法等の一部を改正する法律が成立し、同年 6 月 3 日に公布された。

特に権利擁護となる児童虐待防止等に関連する事項としては、❶児童福祉法の理念の明確化等、❷児童虐待の発生予防、❸児童虐待発生時の迅速・的確な対応、❹被虐待児童への自立支援が挙げられる。

子どもの権利擁護となる児童虐待防止への観点から、児童相談所における業務は、都道府県、政令指定都市中核市・特別区、市町村、母子健康包括支援センター、医療機関、学校、要保護児童対策地域協議会、福祉施設、弁護士、里親等に加えて、自治会、民生委員、（主任）児童委員等を含めた多様な地域社会資源との連携が欠かせない。今後の児童を取り巻く権利擁護においては、地域でのさらなるネットワークの構築が求められる。

▎3 児童相談所における児童福祉司の量的・質的向上

児童相談所における福祉専門職の要となる児童福祉司は、児童福祉法第 13 条に定められており、児童の福祉に関する事項について、相談に応じ専門的技術に基づいて必要な指導を行う者とされている。人口 4 万人につき 1 人の配置を基本として、児童虐待相談対応件数に応じて上乗せすることとされている。近年の児童虐待の急増等に伴い、その社会的役割の重要性が指摘されており、専門性の向上を図ることが喫緊の課題となっている。

児童虐待における児童相談所の機能強化とともに、児童福祉司の量的・質的確保の観点から、厚生労働省においては、次の具体的対策を図っている。

❶ 2016（平成 28）年の児童福祉法等の一部を改正する法律により、社会福祉主事を児童福祉司として任用する場合の任用前研修、児童福祉司の任用後研修、児童福祉司スーパーバイザーの任用後研修、要保

護児童対策地域協議会調整機関に配置される専門職の任用後研修が義務化された。また、2019（令和元）年の児童福祉法改正により、指導教育担当児童福祉司（スーパーバイザー）の任用について、研修の修了が要件とされた。

❷ 「児童虐待防止対策体制総合強化プラン」（新プラン）（2018（平成30）年12月18日児童虐待防止対策に関する関係府省庁連絡会議決定）に基づき、児童相談所職員の増員および研修の拡充などによる専門性の向上を図っている。

❸ 都道府県が福祉系大学や専門学校、高校等との連携調整や、学生向けセミナー企画やインターンシップ企画などを行い、児童福祉司等の専門職の確保をするための非常勤職員配置または委託に必要な費用の補助を行う児童福祉司等専門職採用活動支援事業が創設された。

Active Learning
児童相談所の業務を取り上げ、児童相談所の役割やネットワーク、かかわる専門職を具体的に調べてみましょう。

相次ぐ児童虐待等の社会問題とその対応から、国は「児童虐待防止対策体制総合強化プラン」（新プラン）を掲げ、2022（令和4）年度までに児童相談所に配属される職員数について、❶児童福祉司5260人（2018（平成30）年からの増員数2020人）、❷児童心理司（同増員数790人）、❸保健師（同増員数110人）を予定しており、新規の2930人中、児童福祉司は最も多い2020人が新たに配置される予定である。その意味からも、児童相談所における児童福祉司は子どもの権利擁護の切り札として社会的要請がよりいっそう強まっており、今後、児童福祉関係専門職の量的・質的担保とその検証が必要となる。

6 ▷ 権利擁護支援の地域連携ネットワークの中核機関

1 成年後見制度利用促進基本計画

認知症、知的障害その他の精神上の障害があることにより財産の管理や日常生活等に支障がある人たちを社会全体で支えあうことは、高齢社会における喫緊の課題であり、かつ、共生社会の実現に資することである。しかし我が国には、認知症高齢者は推定462万人（内閣府『平成29年版高齢者白書』）、知的障害者（18歳以上）は、84万2000人、精神障害者（20歳以上）は、391万6000人が存在している（令和元年版障害者白書）。このなかには、判断能力が十分ではない成年後見制度を必要としている人が多くいるが、最高裁判所事務総局家庭局によると2019（令和元）年12月末時点における成年後見制度（成年後見・

保佐・補助・任意後見）の利用者数は合計で、22万4442人であり、対前年比約2.9%増加にすぎない。このように、成年後見制度はこれらの人たちを支える重要な手段であるにもかかわらず、十分に利用されていないことが以前から指摘されてきた。

これに鑑み、2016（平成28）年に、**成年後見制度の利用の促進に関する法律**が施行された。同法では、その基本理念、国の責務等を明らかにし、基本方針その他の基本となる事項を定めている。また、成年後見制度利用促進会議および成年後見制度利用促進委員会を設置すること等により、成年後見制度の利用の促進に関する施策を総合的かつ計画的に推進するとされ、2017（平成29）年には、成年後見制度利用促進基本計画が閣議決定された。さらに2018（平成30）年には、厚生労働省において、成年後見制度利用促進室を設置し、成年後見制度利用促進基本計画に基づき、これらの施策を総合的かつ計画的に推進していく体制が構築された。国の成年後見制度利用促進基本計画は、全国どの地域に住んでいても成年後見制度の利用が必要な人が利用できる体制整備を進める計画であり、判断能力が十分でない人の権利擁護・意思決定支援を地域で推進することを重視している。具体的には、地域における保健・福祉・医療等のネットワークと司法のネットワークとの協働、判断能力が十分でない人とその支援者が孤立しないチーム対応等、権利擁護支援の地域連携ネットワークの構築が必要となる。そこで専門職の協力体制を確保する「協議会」と家庭裁判所を含めた関係者の連携を確保する「中核機関」の設置が求められている。

2 地域連携ネットワークと中核機関の役割

成年後見制度利用促進基本計画において中核機関の運営主体は、「地域の実情に応じた適切な運営が可能となるよう、市町村による直営又は市町村からの委託などにより行う」とされており、「市町村の判断により、地域における取組実績等を踏まえ、一つの機関ではなく、複数の機関に役割を分担して委託等を行うことも考えられる」と示されている（図5-2）。中核機関とは、「地域連携ネットワークの中核となる機関」であり、地域連携ネットワークが、地域の権利擁護（以下の四つの機能）を果たすように主導することと、専門職による専門的助言等の支援を確保するとされている。

四つの機能は、❶広報、❷相談、❸制度利用促進（受任者調整（マッチング）、担い手の育成・活動の促進）、❹後見人支援であり、加えて不

図5-2　地域連携ネットワークとその中核となる機関の整備について

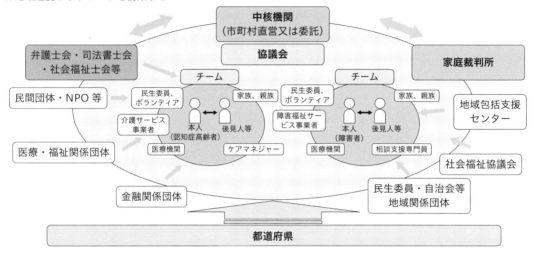

※協議会…法律・福祉の専門職団体や、司法、福祉、医療、地域、金融等の関係機関が連携体制を強化するための合議体
※チーム…本人に身近な親族、福祉・医療・地域等の関係者と後見人が一緒になって日常的に本人の見守りや意思や状況等を継続的に把握
出典：厚生労働省社会・援護局成年後見制度利用促進室編『中核機関等の整備の促進について』2019.

正防止効果として、親族後見人等の後見活動の見守りや家庭裁判所の監督機能の補完的役割が期待されている。

3　今後の課題と展望

　地域連携ネットワークおよび中核機関等の整備、市町村による成年後見制度利用促進基本計画の策定の進捗状況は、「中核機関等については、2019（令和元）年10月1日時点で1741市区町村中、中核機関160自治体（9.2％）、権利擁護センター等429自治体（24.6％）、市町村計画の策定については134自治体（7.7％）となっている。地域連携ネットワークおよび中核機関等の整備や市町村計画の策定については、上記のとおり一定の進捗が見られるものの、中核機関の整備予定時期が未定である自治体が全体の6割、中核機関を未整備の自治体のうち整備に向けた具体的な検討をしていない自治体が約半数に上るなど、取組が十分に進んでいない市区町村も多い。また、都道府県ごとの取組の進捗状況に大きな開きがある[1]」と厚生労働省の報告がある。

　特に我が国においては、市町村の7割が人口5万人以下であり、財源や人材確保において、困難な状況がみられている。また権利擁護支援の地域連携ネットワークや中核機関をマネジメントしていく手法、経験

に乏しい市町村が少なくない。その意味では都道府県によるさまざまな後方支援が求められる。

　もう一方で、1990年代から権利擁護への「強い想い」をもち、地域で権利擁護にかかわる先駆的な支援活動を始めた団体が全国各地に生まれてきている。そこでは権利擁護の専門的な相談支援、**福祉オンブズマン活動**、研修会等による地域啓発の取り組み、2000（平成12）年以降には、成年後見制度の利用支援、「**法人後見**」の活用、「**市民後見人**」等の養成等、多様で特色のある活動が展開されてきている。しかし、それぞれの懸命な努力にもかかわらず、活動している団体の多くの事業基盤や組織体系が脆弱なために、財源や人材の確保等に苦しむ状況にある。また、基本的な権利擁護支援の考え方や方法等においても、それぞれの団体の独自性に委ねられている。そこで、全国各地で権利擁護支援の実践を積み重ねてきた団体・個人が、権利擁護支援のネットワークを形成し、相互に学び、交流し協働することによって、活動を充実・発展させていくという目的をもち、権利擁護実践の手法の普遍化を目指した「全国権利擁護支援ネットワーク」★が2009（平成21）年に設立された。

　現在、全国各地で地域に根差した権利擁護活動を展開している141の団体が正会員となり、情報共有、権利擁護養成研修、啓発活動などの取り組みを行っている。地域の実情によって、運営されているこれらの団体は、成年後見制度利用促進支援計画における「地域連携ネットワークと中核機関の具体的役割」を体現している。これらの団体の活動を参考にしつつ、地域における総合的な権利擁護支援の質の向上を図っていく必要がある。

◇引用文献
　1）厚生労働省成年後見制度利用促進専門家会議『成年後見制度利用促進基本計画に係る中間検証報告書』p.11，2020.

◇参考文献
・高木粧知子「権利擁護に関わる組織・団体──市町村の役割」社会福祉士養成講座編集委員会編『新・社会福祉士養成講座⑲ 権利擁護と成年後見制度 第4版』中央法規出版，2014.
・菅野昌史「権利擁護に係る組織──市町村」福田幸夫・森長秀編『社会福祉士シリーズ19 権利擁護と成年後見制度 第3版──権利擁護と成年後見・民法総論』弘文堂，2015.
・厚生労働省「地域福祉計画優良事例取組状況」 https://www.mhlw.go.jp/topics/bukyoku/syakai/c-fukushi/keikaku/jirei1c.html
・厚生労働省社会・援護局地域福祉課『福祉サービス利用援助事業について』
・北九州市ホームページ「北九州市の少子高齢化の現状」 https://www.city.kitakyushu.lg.jp/ho-huku/file_0487.html
・北九州市社会福祉協議会『北九州市地域福祉計画第五次計画 住民ふくしの元気プラン2016～2020』2016.
・内閣府・法務省・厚生労働省・警察庁・文部科学省・環境省『「子供・若者の成長を支える担い手の養成」に係る関係府省提出資料』

Active Learning
成年後見制度利用促進計画を踏まえて、権利擁護の地域ネットワーク支援のあり方と中核機関の具体的な役割を考えてみましょう。また、自らの地域でどのような権利擁護の社会資源があるのかを調べてみましょう。

第**5**章　権利擁護にかかわる組織、団体、専門職

★任意団体全国権利擁護支援ネットワーク
高齢者・障害者等の増大する権利擁護支援の必要性から設立された。支援方法の標準化・普遍化のほか、支援活動現場からの問題提起を共有しつつ、地域性を踏まえた支援活動の推進や権利擁護システムのための法整備などを目的としている。設立以降、毎年全国7ブロックで地域フォーラムを開催、「権利擁護支援センター等設立・活動マニュアル」（2016（平成28）年度日本財団助成事業）の作成など地域における権利擁護支援推進のための活動を行っている。

第2節 権利擁護にかかわる専門職

学習のポイント

● 権利擁護にかかわるさまざまな専門職の概要について学ぶ
● 権利擁護の実践場面における各専門職の役割について理解する

1 社会福祉士による権利擁護

1 社会福祉士が捉える権利擁護

❶倫理綱領に基づく生活と権利の擁護

　社会福祉士には、支援を必要とする人々の生活と権利を擁護することが求められている。社会福祉士という専門機能の価値と原則を具体化するものとして権利擁護を捉え、成年後見制度等の法制度を理解し、積極的に活用していく力と担い手としての機能が求められている。社会福祉士の倫理綱領は、社会福祉士のソーシャルワーク実践の原理の一つに「人間の尊厳」を挙げ、すべての人間をかけがえのない存在として尊重するとしている。

❷自己決定権を尊重する手法としての意思決定支援

　「クライエントの自己決定の尊重」は、上記倫理綱領・行動規範にも規定されている。そこには、「クライエントが選択の幅を広げるための十分な情報提供」、「クライエントの自己決定が重大な危険を伴う場合の行動を制限することの事前説明およびその理由を説明すること」とされている。しかし、その判断基準や根拠は不明確で、それぞれの状況における社会福祉士個人の判断とされてしまっていた。社会福祉士が成年後見制度にかかわるようになり、この行動制限が後見人等に与えられた法的権限行使により、安易に実行されていないかという課題が表出した。意思決定支援については昨今国の種々のガイドラインや、さまざまな関係機関によるツールの開発が行われている。

　社会福祉士はこれらの動向や新たに開発されたツールなどを取り入れながら自らの実践を常に振り返り、クライエントを支えるチームメンバーの一人である社会福祉士として、課題に向きあう姿勢が求められている。

2 社会福祉士のミッションとしての権利擁護とぱあとなあの設置

公益社団法人日本社会福祉士会は、社会福祉士が権利擁護実践を具体化するために、社会福祉士の成年後見活動の体制を整備することとして1999（平成11）年10月に「成年後見センターぱあとなあ」を設置した。そして、成年後見人養成研修をスタートし、2005（平成17）年には全国47都道府県社会福祉士会にぱあとなあが設置されることとなった。

2002（平成14）年から日本弁護士連合会と日本社会福祉士会との間で、虐待対応も含めた両会の連携のあり方に関する協議が開始され、日本社会福祉士会は、権利擁護をめぐる内外の情勢の発展を踏まえて、「成年後見センターぱあとなあ」から「権利擁護センターぱあとなあ」へ改称するとともに、ぱあとなあの事業目的として成年後見制度は権利擁護支援のための重要な制度の一つであり、すべてではないという位置づけを明確に示すこととなった。

3 社会福祉士による成年後見活動の実際

都道府県社会福祉士会会員が成年後見人等として行う活動は、判断能力が不十分な成年被後見人等の法的な代理人として身上保護や財産管理の重要な事務を遂行するものである。日本社会福祉士会は、専門職としての後見活動の質と安全性を確保することが専門職団体の社会的責任であるとの認識から、以下の四つのシステムを整備している。

❶　成年後見人養成研修

❷　ぱあとなあ名簿登録

❸　ぱあとなあ活動報告書

❹　社会福祉士賠償責任保険

社会福祉士による後見活動の特徴を概括すれば次のとおりである。

第一に、社会福祉士がこれまでに法定後見を受任し現在活動中である件数のうち、市町村長申立てによるものが約4割と高い割合を占めていること。第二に、判断能力が不十分な原因として、障害者（知的障害、精神障害）の比率が全体の約5割弱となっていること。第三に、保佐類型の割合が3割程度と高いこと。

---

i　社会福祉士による最新の成年後見受任状況は日本社会福祉士会ホームページ「ぱあとなあ受任状況」 https://www.jacsw.or.jp/12_seinenkoken/juninjokyo/index.html を参照いただきたい。

■4 日本社会福祉士会の虐待対応への取り組み状況

2006（平成18）年4月、高齢者虐待の防止、高齢者の養護者に対する支援等に関する法律、2012（平成24）年10月、障害者虐待の防止、障害者の養護者に対する支援等に関する法律がそれぞれ施行された。虐待防止とその対応は、高齢者・障害者の尊厳の保持と権利擁護が目的であり、そのためには市町村を中心とする実施体制の整備が必要である。

法施行後、日本社会福祉士会は社会福祉士の専門職能団体として、地域における高齢者・障害者虐待にかかわる行政や関係機関のソーシャルワーカーなどに、虐待対応に関する専門知識、技術の向上を図り、実践力を強化するための取り組みを行ってきた。「虐待対応力強化研修」、「虐待対応専門職チーム派遣」、「虐待再発防止に向けた調査研究*」などである。虐待対応、要支援者への支援には種々の専門職との協働が欠かせない。虐待対応はいわば救命救急にもたとえられよう。その虐待対応を迅速に行うために、こうしたソーシャルワーク機能をフル活用したさまざまな実践は、今後さらに必要度を増すだろう。

★虐待再発防止に向けた調査研究
調査研究では、医師、弁護士、研究者など多職種専門領域のメンバーで行ってきた経緯も見逃せない。

■5 未成年後見への取り組み状況

日本社会福祉士会では、2009（平成21）年11月に、「親権のあり方について」とする提言をとりまとめ、そのなかで「第三者による未成年後見人制度を確立すべきである」とし、「実際の後見人としては公的後見の仕組みも整えつつ、社会福祉士や弁護士などの専門職が適切」であるという見解を示している。提言のなかでは、現実的に未成年後見人の担い手を見つけることは容易ではないため、制度につながらない実態にも触れ、その対応策として、「専門職が受任しやすい新たな制度設計」を行うことにより、「本会等の職能団体等が後見人養成を担うことの研究や取組みが可能となると考える」とし、2011（平成23）年2月には、「未成年後見」の実態把握と今後の日本社会福祉士会が取り組むべき課題について整理をするためのアンケート調査を会員に対して行った。

その結果、都道府県社会福祉士会では、家庭裁判所や児童相談所から未成年後見人の受任についての相談等が増えてきており、実際に未成年後見人を受任する社会福祉士がいること、一方で、未成年後見に関する支援事例や論文等がほとんどないことや、国の未成年後見人支援事業の適用要件を満たさない場合は、無保険状態での活動を余儀なくされるなど、受任者への大きなリスクがあることが判明した。

日本社会福祉士会では、2016（平成28）年度から未成年後見人検討

プロジェクトチームを設置し、都道府県社会福祉士会の会員である社会福祉士が、未成年後見人を受任したときの支援の一環として賠償責任保険を開発した。併せて、2017（平成29）年度からは未成年後見人養成研修を実施し、未成年後見人を担う社会福祉士の質の担保にも努めている。

6 成年後見制度利用促進法と社会福祉士および社会福祉士会の活動

　2016（平成28）年5月に成年後見制度の利用の促進に関する法律が施行され、2017（平成29）年3月に「成年後見制度利用促進基本計画」が閣議決定されたことから、日本社会福祉士会もこれまでの社会福祉士および社会福祉士会の活動の実態を大きく見直すこととなった。

　成年後見制度利用促進基本計画では、❶利用者がメリットを実感できる制度・運用へ改善を進めること、❷全国どの地域においても必要な人が成年後見制度を利用できるよう、各地域において、権利擁護支援の地域連携ネットワークの構築を図ること、❸成年後見人等による横領等の不正防止を徹底するとともに、利用しやすさとの調和を図り、安心して成年後見制度を利用できる環境を整備すること、が示された。

　❶においては、最高裁判所が後見制度の申立て時に必要となる診断書の見直しを行うとともに、新たな仕組みである「本人情報シート」の開発に取り組み、日本社会福祉士会も協議の場に参加した。また、日本社会福祉士会は2014（平成26）年から意思決定支援に関するプロジェクトを立ち上げて、後見人等に限定されない、社会福祉士が知識として理解し、実践に向きあうための「意思決定支援のためのツール」を開発、2019（令和元）年には改訂版を公表した。「本人情報シート」が検討される場においても、プロジェクトで検討されていた内容が反映されたところである。

　❷においては、成年後見制度利用促進基本計画の工程表として示された5年（2022（令和4）年度まで）の間に、全自治体に中核機関が整備されることが目標設定され、そこには多くの社会福祉士の活躍が期待されている。社会福祉士は、後見人等として受任してきた経験を活かし、個別（ミクロ）の支援から、地域（メゾ、マクロ）の支援へと、大きくパラダイム変換が求められている。後見制度（成年、未成年）や虐待対応は、個別の人への集中的な支援が必要になる場合が多く、専門性の高さが求められる。一方で、いつまでも専門性の高い専門職がクライエン

トの人生にかかわり続けるわけではない。それは自己決定の尊重からも乖離した支援となってしまう危険性がある。本来目指すべきクライエントの自己決定や尊厳を守るためには、クライエント自らが意思決定支援できる平時の支援へつなげていくことが必要である。そのためには、一人の専門職がクライエントを抱え込むようにして守っていくのではなく、地域全体がそのような思考を醸成し、誰もが我が事として権利擁護支援のあり方を考えられる地域をつくっていく仕掛けづくりが大事である。

社会福祉士としては、個別支援から地域へ向けて、プレイヤーからコーディネーター、ファシリテーターへとパラダイムを変換し、さまざまな立場でかかわる人の力を引き出し、地域力を高めていくことが地域共生社会の実現にもつながり、求められている機能である。そして、職能団体である社会福祉士会は、そのような実践を地域で行う一人ひとりの会員を支える機能がより求められている。

Active Learning

社会福祉士が援助を行う場面や対象を取り上げ、共通する支援、異なる支援が必要な点について考えてみましょう。

2 精神保健福祉士による権利擁護

1 精神保健福祉士が捉える権利擁護

❶権利擁護とアドボカシー

権利擁護に明確な定義はないが、判断能力が低下した人の権利を守るため、クライエントの意向を尊重し、代弁・代理することを指す、としておおむね許容されるであろう。

他方、権利擁護と同義語で紹介されることの多いアドボカシーは、権利擁護より広い概念で捉えられている[1]。対象はより広く、判断能力の低下だけでなく意思表明が難しい人も加わる。さらに、権利を守ることにとどまらず、対象者自らが権利を守る力を高めていく、**エンパワメント**を重視しており、ソーシャルワークにおいても重要な価値の一つとなっている。

本項では、権利擁護をアドボカシーの概念も含めた広い意味で使用したい。

❷権利侵害と権利擁護

① 無自覚な権利侵害と権利擁護

生活ではみえにくい権利侵害は常に起こっている。クライエントも家族も支援者も権利侵害に無自覚な場合は、権利擁護の出発点に立てな

い。障害や病気をもつがゆえに保護の対象と決めつけ、心ある人たちがよかれと思ってクライエントの話を聞かないまま勝手にレールを敷く行為も権利侵害といえるであろう。無自覚であるがゆえ、配慮、安全確保、危険回避、社会の常識、世間体、周囲の都合等の理由が優先される。クライエントは我慢を強いられ、我慢が常態化するとクライエント自身も疑問を感じにくい構造となる。

家族にあっては、権利擁護を必要とする者と家族とが、絡みあうように立場が入れ替わり、また、双方とも権利擁護を必要とする場合もある。

少なくとも精神保健福祉士を含めた対人援助職は、常に権利擁護の意識をもち、誰かが我慢を強いられていないか発見に努めるとともに、まずは自分自身が権利侵害を侵していないかに敏感であることが求められる。

② 隠蔽される権利侵害と権利擁護

違和感や罪悪感をもちながら、立ち止まれずに行われる権利侵害がある。犯罪ではないが倫理的問題として権利擁護が必要な場面である。医療や介護、福祉サービスを受けている場合だけでなく、日々の生活における嗜好の選択なども入る。医療機関や相談機関、入所・通所施設等において、クライエント不在の合理的対応がとられてしまうことがある。クライエントのエンパワメントを図るとともに代弁や代行の視点が欠けていないか、サービス提供機関に所属するスタッフは、このような倫理的課題を常に意識している必要がある。

③ 意図的な権利侵害と権利擁護

明らかに騙す意図がある搾取や詐欺など、犯罪行為に対する権利擁護は、迅速に対応しなければならない。事後的には**警察介入**を要請し、防止策として成年後見制度の利用となる場合もある。施設や支援事業者においても、虐待を認識したうえでの虐待行為は犯罪であり、各種虐待防止法をはじめとした法律的対応が必要となる。

▌2 日本精神保健福祉士協会における権利擁護

●日本精神保健福祉士協会の権利擁護

公益社団法人日本精神保健福祉士協会は、「精神障害者の社会的復権」を目的とし、精神科病院における**社会的入院**の解消や、地域生活や就労等精神障害者の生活全般における支援に取り組んできた。近年は活動領域も広がり、精神医療や地域生活支援、社会保障問題、就労支援にとどまらず、司法、災害支援、依存症、子ども、認知症、発達障害、高齢精

第**5**章 権利擁護にかかわる組織、団体、専門職

★虐待行為
厚生労働省によると、高齢者虐待は、養護者や養介護施設従事者等による、①身体的虐待、②介護・世話の放棄・放任(ネグレクト)、③心理的虐待、④性的虐待、⑤経済的虐待の五つを虐待行為としている。

★虐待防止法
障害者虐待の防止、障害者の養護者に対する支援等に関する法律、高齢者虐待の防止、高齢者の養護者に対する支援等に関する法律、児童虐待の防止等に関する法律が規定されている。

神障害、産業保健福祉、そして成年後見制度などにも力を入れており、それぞれの取り組みにアドボカシーの価値を内包している。

岩崎は、ソーシャルワーク実践におけるアドボケート機能を、❶発見機能、❷情報提供機能、❸代弁・代行機能、❹調整機能、❺教育・啓発機能、❻ネットワーキング機能、❼ソーシャル・アクション機能の7機能に整理した。個別ニーズの発見や環境アセスメントから始まり、社会変革へつながるソーシャル・アクションまで、代弁・代行機能も含むアドボケーターとしての役割を精神保健福祉士に見出しており、その範囲は広く、日々のソーシャルワーク実践全域に連動している。

▌3 認定成年後見人ネットワーク「クローバー」の取り組み

❶精神障害に合わせた意思決定支援と代理決定

意思や選好*は生活場面における些細な意思決定もあれば、相続や住居の確保、福祉サービスの利用などの重要事項もある。知的障害者の意思決定支援で最前線に立つ柴田は、「どんなに重い知的障害者でも意思があり、わずかに表現された意思を支援者が読み取り応えることによって、ますますはっきりと表現するようになる」と指摘し[2]、些細なことの意思決定機会の保障が、重要な事柄の意思決定を可能にするとしている。自ら決める機会を奪われた経験をもつ精神障害者についても同様である。

精神疾患の増悪により、意思決定支援をもってしても、判断できる状態に回復するまで待てない状況では、クライエントの意向を推定し、家族や治療者・支援者の意見を確認しながら後見人等が代行決定せざるを得ないこともある。

代理決定は意思決定支援の延長線上にあることを後見人等は常に意識している必要がある。ただし、代理決定者はクライエントになり得ない現実も受けとめ、最終的には代理決定者の権限と責任で判断することを忘れてはならない。

精神障害は病気と障害*、双方への配慮が求められる。精神疾患としての病状が増悪し、幻覚妄想等により自分自身でコントロールしきれない状態になると、意思決定が一時的に難しくなることもあるが、病状の安定とともに意思決定が可能になることが多い。後見人等は、代理決定ありきではなく、状態の回復に合わせ、常に意思の尊重と意思決定支援の姿勢へ立ち戻れる構えを保つ必要がある。代理権をもちながら、代理権行使には慎重になることが求められるのである。

❷クローバーの現状

① 登録者と受任相談件数・受任者件数

認定成年後見人ネットワーク「クローバー」登録者は、2020（令和2）年8月31日現在、全国で200名を超えた規模であり（**表5-1**）、登録者がいない県もある。受任相談件数は全国の家庭裁判所等からの358件で、そのうち、正式受任となったのは201件である（**表5-2**）。

② クローバーの課題

❶ 要請に応えきれない規模と質の担保

すでにみたように、クローバーの登録者数は全国で200名の規模であり、都道府県からの多くの要請に十分応えきれていない。所属機関をもちながらの受任が多いのもクローバーの特徴である。質の面では、精

表5-1　認定成年後見人ネットワーク クローバー登録者

2020（令和2）年8月31日時点　登録者225名

北海道ブロック	7	北海道7
東北ブロック	14	青森1、岩手2、宮城5、秋田1、山形2、福島3
関東・甲信越ブロック	93	栃木3、群馬1、埼玉16、千葉8、東京41、神奈川17、山梨4、長野3
東海・北陸ブロック	25	岐阜3、静岡8、愛知13、三重1
近畿ブロック	20	京都2、大阪7、兵庫8、和歌山3
中国ブロック	12	鳥取1、島根1、岡山4、広島4、山口2
四国ブロック	10	徳島2、愛媛6、高知2
九州・沖縄ブロック	44	福岡18、長崎3、熊本8、大分3、宮崎1、鹿児島2、沖縄9

出典：日本精神保健福祉士協会『認定成年後見人ネットワーククローバー News』第41号，2020.

表5-2　家庭裁判所等からの受任相談件数358件（2020（令和2）年8月31日現在）

内、正式受任201件	
受任中144件	受任終了57件
北海道3、岩手1、宮城6、山形1、埼玉7、千葉1、東京47、神奈川9、山梨1、長野1、岐阜1、静岡3、愛知3、大阪4、鳥取1、山口1、愛媛1、福岡22、熊本21、宮崎2、鹿児島3、沖縄5	北海道2、宮城1、東京21、神奈川5、静岡2、愛知1、大阪1、鳥取1、愛媛1、福岡17、熊本5
内、受任前調整中12件	
福島1、東京2、神奈川1、家裁外8	
内、受任不可・依頼取り下げ145件	

注1：クローバー開始時（2009年度）からの総数。
注2：受任案件の取扱家庭裁判所の都道府県で算出。
出典：日本精神保健福祉士協会『認定成年後見人ネットワーククローバー News』第41号，2020.

神障害者支援に長けた後見人等の養成を行うべく、養成研修の前提条件として日本精神保健福祉士協会の基幹研修Ⅲまでの修了を受講条件としている。しかし、基幹研修の修了をもってしても、質の担保が図れているのかは不安もあり、より研鑽を積むことが求められている。

Active Learning

精神保健福祉士が援助を行う場面や対象を取り上げ、共通する支援、異なる支援が必要な点について考えてみましょう。

❷ クローバー登録者の地域偏在

東京都、福岡県、埼玉県、神奈川県などは、少ないながらも徐々に登録者が増える傾向にあるが、登録者がいない県も多く、クローバーの活動に地域偏在がある。成年後見制度を管轄する全国の家庭裁判所では、精神保健福祉士やクローバーの認知が進んでいない地域もある。クローバーや精神保健福祉士の普及啓発を進めても、当該地域に受任可能なクローバー登録者がいないという悩ましい状況がある。

❸ 地域連携システムとの協同

成年後見制度利用促進法を受けて、2017（平成 29）年度から 2021（令和 3 ）年度の 5 年間かけて進んでいる**成年後見制度利用促進基本計画**において、成年後見制度のあり方や、地域連携システムと後見人等の連携が見直されている。クローバーが全国組織であるがゆえに、都道府県単位の連携やその先にある基礎自治体単位の連携がしにくい状況にある。

4 成年後見制度における精神保健福祉士の権利擁護活動

クローバーでは養成人数は少なくても、精神障害の理解を深め、意思決定支援を前提にクライエントとかかわり、地域関係機関とも程よい距離を保ちながら連携し、代理決定の判断と責任ある行動がとれる人材を養成したいと考えている。

また、各種研修を通じ、クローバー登録者として受任はしなくても、エンパワメントやアドボカシーの価値を重視しながら、ソーシャルワーク実践として、成年後見制度の利用や後見人等との連携など、側面的に成年後見制度にかかわる精神保健福祉士も増やしていきたい。成年後見制度利用検討や利用申請時に任意で求められる「本人情報シート[★]」の記載も重要であり、クライエントが自らの力を発揮できる工夫と後見人等のかかわりの手がかりにも貢献したいと考えている。

★本人情報シート
診断書作成時の補助資料。日常・社会生活の客観的な資料として、支援する福祉関係者が作成する。申立て前の成年後見制度利用の適否、後見人等の選任検討、後見事務方針の策定等の資料としても活用が期待されている。

弁護士の役割

1 弁護士による権利擁護

弁護士が考える権利擁護とは、憲法第 13 条、第 25 条、そして法令や契約上の利用者の権利を護ることを指している。虐待、介護事故などのような生命、身体への加害行為や、オレオレ詐欺のような高齢者にとって生命の次に大切な財産への加害行為の救済と予防、そして高齢者がその人らしく最後まで安心して生きていくための諸々の支援（財産管理、任意後見、法定後見、ホームロイヤー、信託、行政や社協とのパイプ役など）を含むものである。虐待などでのケースでは、ときには虐待をしている人から高齢者、障害のある人を措置で切り離すとともに、虐待している人を説得して、高齢者、障害のある人が今後とも在宅で安心して過ごせる生活環境を整備することも行っている。後者のその人らしく生きる支援は、高齢者、障害のある人のこれまでの生活環境、親族との関係、身上監護、資産状況などを十分に聴取して、最善の利益を見つけて尽力をしている。そのために弁護士は、福祉現場の人、特にケアマネジャーや自治体などと密接に協力して行うことが求められている。

前記のような権利擁護を弁護士が行うには、世界人権宣言、国際人権規約、障害者の権利に関する条約、介護保険法と 300 の法令、民法の成年後見制度、高齢者や障害者の虐待防止の法律、公益通報などの法令と、これの運用に精通する必要がある。その意味で、弁護士は福祉の現場の人々に学ぶ謙虚さと、憲法第 13 条の「生命、自由及び幸福追求の尊重」や老人福祉法第 2 条の「基本的理念」や障害者基本法第 3 条の「個人の尊厳」、そして社会福祉法第 5 条の「福祉サービスの提供の原則」の意味を習得することが求められる。

2 弁護士の使命

弁護士の使命は基本的人権の擁護と紛争解決にある。国民の多くは揉め事を嫌うこともあって、弁護士とは縁がほとんどなかった。また、福祉現場の人々には弁護士は敷居が高いと思われていた。しかし、介護保険制度が措置から契約へ転換することによって、福祉への弁護士のかかわりは飛躍的に増えた。

たとえば、

❶ 介護保険は利用者の権利擁護を立法趣旨としていたので、人権の専

門家である弁護士の出番が増えた。

❷　介護保険は介護サービス契約を事業者と利用者の間で結ぶため、契約の専門家である弁護士が事業者と利用者のために、契約書の作成と契約の履行その他に関与する割合が増えた。

❸　介護保険制度と同時スタートした成年後見制度について、認知症の人の相続や虐待の困難事案に紛争解決の専門家である弁護士の関与が多くなった。

前記の福祉の現場の変化を踏まえて、2001（平成13）年頃から日本弁護士連合会は従来の弁護士の福祉に対する消極的なスタンスを大きく変えて「打ってでる方策」をとるに至ったので、いくつか例示する。

①　2003（平成15）年1月から日本弁護士連合会は行政、社会福祉協議会、医師、社会福祉士などの異業種の人々と今日まで毎年「権利擁護の集い」というシンポジウムを開催し、その準備過程でできあがった前記の人々との「顔の見える関係」をもとにして、利用者の権利擁護に尽力している。

②　前記①の成果をもとに、弁護士は自治体や地域包括支援センターとの協力のもとに、虐待などの困難案件についてプロジェクトチームに参加し、さまざまなアドバイスをしている。

③　高齢者や障害のある人は、訪問販売やオレオレ詐欺によって大切な財産を失うことがあるため、弁護士が高齢者、障害者の消費問題の救済に当たることが多くなった。

④　さらに、弁護士が老人ホームなどの社会福祉法人の役員になったり、自治体のオンブズマンを引き受けたり、介護保険審査会の委員になったり、高齢者、障害者の無料法律相談を全国各地で行っている。

⑤　現行の代理などを中心とする成年後見制度に対する批判的な意見を踏まえ、意思決定支援を第一義的なものとする法制度の検討と成年後見制度の抜本的な見直しのための活動を進めるために、日本弁護士連合会などではシンポジウムを多数回にわたり開催してきている。

⑥　弁護士が成年後見人になって活動するにあたっても、前記⑤の視点を踏まえて、利用者の意思決定支援に基づく権利擁護をしたり、成年後見制度利用支援事業や社会福祉協議会の法人後見に尽力して、後見制度の拡充に努めている。

★後見制度の拡充
日本弁護士連合会は150人の委員のセンターをつくり、各単位会でも委員会をつくって対応している。

4 司法書士の役割

1 成年後見事務に関して司法書士の果たしている役割

司法書士の主な業務は、不動産、会社等の登記手続の代理と裁判所提出書類の作成である。成年後見事務に関して、司法書士は主に次の二つの役割を果たしている。

❶裁判書類作成関係業務

一つは、家庭裁判所に提出する書類の作成およびそのための相談に応ずる業務として、後見等の開始、保佐人または補助人に対する代理権の付与、保佐人の同意権の拡張、補助人に対する同意権の付与、成年被後見人等の居住用不動産の処分の許可、成年後見人等の辞任許可および選任、任意後見監督人の選任その他の家事審判の申立て書類の作成、親族後見人等が家庭裁判所に提出すべき財産目録、後見等事務報告書等の作成やその支援等を通して、当事者の家事事件手続（家庭裁判所における家事審判等の手続）への主体的なかかわりを支援する役割を担っている（司法書士法第 22 条第 2 項、第 3 条第 1 項第 4 号・第 5 号）。

❷成年後見人等としての業務

もう一つは、成年後見人等に就任し、判断能力の不十分な高齢者、障害者等（本人）の代理人として、財産管理権、代理権、取消権といった権限を行使して本人の後見事務（生活、療養看護および財産の管理に関する事務）を行う活動である（司法書士法第 29 条第 1 項第 1 号、司法書士法施行規則第 31 条第 2 号）。

2 公益社団法人成年後見センター・リーガルサポート

❶リーガルサポートの設立

日本司法書士会連合会は、成年後見制度の施行に先立ち、1999（平成 11）年 12 月 22 日、成年後見センター・リーガルサポートを設立した。リーガルサポートは、設立時には当時の民法の規定に基づく社団法人（現在の一般社団法人）としてスタートしたが、その後、2011（平成 23）年に内閣総理大臣から公益社団法人としての認定を受けている。

リーガルサポートには、全国の都道府県に設置されている 50 の司法書士会（北海道以外の都府県に各一つ、北海道には四つの司法書士会がある）の所在地ごとに、50 の支部があり、2019（令和元）年度末の時点で全国で約 8000 人を超える会員が成年後見業務を行っている。

❷リーガルサポートの組織・支援体制の概要

リーガルサポートでは、会員である司法書士のうち、所定の研修の課程を修了した者を後見人候補者名簿・後見監督人候補者名簿に登載し、これらの名簿に登載された会員のみを、家庭裁判所等に対して成年後見人等の候補者として推薦している。2019（令和元）年度末現在、全国で7000人を超える司法書士が後見人等候補者名簿に登載され、後見人等候補者名簿に登載された司法書士が、約4万5000件の成年後見等事件において成年後見人等に選任され、法律専門家としての特徴を活かしつつ、本人の意思を尊重し、かつ本人の心身の状態や生活の状況に配慮しながら、全国各地で本人に代わって財産を管理したり必要な契約を結ぶなど、本人を保護・支援する活動をしている。

リーガルサポートでは、成年後見人等となった会員が適切な後見事務を行うよう、業務報告を義務づけているほか、会員に対する研修事業、指導監督事業等を行い、高齢者等の権利の擁護のための活動をする成年後見人等としての会員の能力の向上に努めている。

❸法人後見・法人後見監督事業

リーガルサポートは、成年後見制度の広報（普及啓発）や研修、そして会員の後見事務や後見監督事務の支援や指導監督の事業を行っているほか、法人として、自ら後見事務・後見監督事務を行う事業も実施している。

リーガルサポートの会員は、専門職としての個人の立場で成年後見人等に選任され、判断能力が不十分な高齢者等の意思を尊重し、かつ、その心身の状態および生活の状況に配慮しながら高齢者等の生活、療養看護および財産の管理に関する事務を行っているほか、複数の場所に重要な管理財産が散在している事案、会員が個人として成年後見人等に就任することをためらうような困難な問題を内包する事案★等では、リーガルサポートが法人として成年後見人等として選任され、全国各地の（場合によっては複数の）会員がその事務担当者となって、チームで困難事案の当事者や関係者を継続的・広範囲に支援することもある。

同様に、リーガルサポートの会員である司法書士は、個人として成年後見監督人等に選任され、親族後見人やほかの専門職後見人を支援、指導監督しながら、判断能力が不十分な高齢者等の身上の保護や財産の管理を間接的に支援しているほか、リーガルサポートが法人として成年後見監督人等として選任され、全国各地の会員がその事務担当者となって、チームで後見監督事務を行う形で、高齢者等の生活、療養看護およ

Active Learning

司法書士と連携が必要になってくる支援場面を取り上げ、お互いの役割分担や連携の実際について考えてみましょう。

★困難な問題を内包する事案
たとえば、当事者または関係者中に殺人、傷害、放火等の重大な他害行為を行うおそれのある者がいるケース、その他の虐待関連事案または民事介入暴力事案を指す。

び財産の管理に関する事務を側面から支援することもある。

5 公証人の役割

1 公証人とは

❶任命・資格

公証人は、当事者その他関係人の嘱託に応じ、❶法律行為その他私権に関する公正証書を作成すること、❷私署証書の認証を与えること、❸会社法、一般社団法人及び一般財団法人に関する法律に基づき定款に認証を与えること、❹電磁的記録に認証を与えることを職務とする公務員である。

公証人は、法務大臣により任命される。法務大臣は、任命の際に各公証人が所属する法務局・地方法務局を指定することとされており、公証人は、法務大臣の指定した地（行政上の区域）において、執務を行う役場を設ける。この公証人が執務を行う役場を公証役場という。公証人は全国で約500名おり、公証役場は全国約300か所に設けられている。

裁判官・検察官・弁護士となる資格を有する者は、無試験で公証人となる資格を有している（簡易裁判所判事・副検事を除く）。また、これらの資格を有する者以外にも、これらに準ずる学識経験を有する者のなかから、選考を経た者を任命することができるとされている。もっとも、実際上は、30年以上の実務経験を有する裁判官や検察官のなかから、法務大臣により任命される場合がほとんどである。

公証人は、法務局・地方法務局に所属しているが、国から報酬を受けることはなく、嘱託人から支払われる手数料・送達料金・登記手数料・日当等が収入となる。この手数料等については、どこの公証役場でも同じになるように、公証人手数料令（平成5年政令第224号）という政令で適正金額が定められている。

❷職務執行の区域・場所

公証人が、有効に職務を行うことができるのは、その公証人が所属する法務局（または地方法務局）の管轄区域の範囲である。したがって、公証人は、所属する法務局の管轄区域外で職務を行うことはできない。たとえば、東京法務局所属の公証人は、東京都内の病院等に出張をして遺言公正証書を作成することはできるが、千葉県内や神奈川県内の病院等に出張をして遺言公正証書を作成することはできない。

★定款
会社等の法人の目的・組織・活動に関する根本となる基本的な規則のこと。

★認証
私署証書（作成者の署名または記名押印のある私文書）について、文書が作成名義人の意思に基づいて作成されたことを公証人が証明すること。会社等の定款については、公証人の認証を受けることが法律上の要件となっている。

★法務局の管轄区域
公証人が、自身の所属する法務局の管轄区域内において職務執行をするのであれば、管轄区域外で生じた事件であっても、管轄区域外に居住する人の嘱託する事件であっても、有効に職務を行うことができる。

第5章 権利擁護にかかわる組織、団体、専門職

また、会社や一般社団法人、一般財団法人等の定款認証の事務については、会社の本店または法人の主たる事務所の所在地を管轄する法務局に所属する公証人が扱うこととされている。たとえば、東京法務局所属の公証人は、埼玉県内に本店が所在する会社の定款の認証をすることはできない。

公証人は、原則として公証役場内で職務を行うものとされている。もっとも、例外として、嘱託人が病気等の事情によって公証役場に行くことができない場合には、公証人が嘱託人の自宅や入院中の病院、介護施設等に出張して遺言公正証書を作成することができる。その他、事案の性質上、公証役場内での職務執行が不可能な場合（たとえば、貸金庫の開扉、土地・建物の形状などについての事実実験公正証書を作成する場合など）等も公証役場以外で執務を行うことができる。

Active Learning

公証人や公証役場について具体的に調べ、どのような支援場面で連携が必要になってくるかを話しあいましょう。

2 公証人の提供する法的サービス（公証事務）

公証事務を大別すると、❶公正証書の作成、❷私署証書や会社等の定款に対する認証の付与、❸確定日付の付与の3種類に分かれる。このうち、権利擁護の実践に特に関係が深いのは、❶の公正証書の作成である。

公正証書は、私人（個人または会社その他の法人）からの嘱託により、国の機関である公証人が、その権限において作成する公文書である。公正な第三者である公証人が厳格な手続きを踏んで作成した文書であることから、当事者の意思に基づいて作成されたものであるという強い推定が働き、これを争う相手方において、それが虚偽であるとの反証をしない限りこの推定は破れないものとされる。すなわち、公正証書は、高い証明力を有しているのである。

さらに、金銭債務についての公正証書は、強制執行認諾文言が付されている場合、執行力を有し、裁判における判決と同じ効力をもつこととなる。

任意後見契約のように、法律によって公正証書等の作成が要件とされている契約もある。任意後見契約の締結は、必ず公正証書によらなければならない（任意後見契約に関する法律第3条）。任意後見契約の公正証書が作成されると、公証人は、管轄の法務局に任意後見契約の登記を嘱託する。なお、任意後見監督人が選任される前に任意後見契約を解除する場合には、公証人の認証を受けた書面によることが必要とされる。

★確定日付の付与
私署証書（作成者の署名または記名押印のある私文書）に公証人が確定日付印を押捺し、その日にその文書が存在したことを証明すること。

★強制執行認諾文言
「債務者が約束どおりの期限に支払わないときには、ただちに強制執行を受けてもよい」という内容の文言。

★執行力
債務者が債務を履行しなかった場合、債権者において強制執行をすることができるとする効力。

6 ▶ 医師の役割

1 権利擁護における医師の役割

　権利擁護における医師の役割は、二つに分けられる。一つは、成年後見制度の手続きのなかで、医学の専門家として鑑定や診断を行う医師としての役割である。もう一つは地域において高齢者、知的障害者、精神障害者などの判断能力の低下した人を支えるネットワークの一員として、医療の専門家の立場から、これらの人の自己決定を支援する役割である。以下では、これらの二つの役割に分けて、権利擁護における医師の役割について述べることとする。

2 鑑定・診断を行う医師としての役割

❶成年後見制度における医師による鑑定・診断の実際

　法定後見制度においても任意後見制度においても、その手続きの過程では、医師による鑑定・診断が必要とされている。成年後見制度における鑑定・診断は、最高裁判所が作成した「成年後見制度における鑑定書作成の手引」と「成年後見制度における診断書作成の手引」を参考にして行われる。

　成年後見制度における鑑定・診断にあたって、医師に要請されていることは、「精神上の障害」により本人の「事理弁識能力」が、❶どの程度障害されているのか、❷その障害は将来どのように変化していくと予測されるのか（回復可能性）について、医学の立場から判定することである。後見の要件に「常況」という用語が使用されているように、予測の期間は、通常年単位という長期にわたる。

　鑑定・診断において、医師は事理弁識能力の障害を引き起こす精神障害（精神上の障害）の診断を正確に行う必要がある。精神上の障害は、身体上の障害を除くすべての精神的障害を含む広義の概念とされており、認知症、意識障害、知的障害、統合失調症など、重篤な判断能力の低下を伴う精神障害を指す。回復可能性の判定にあたっては、診断された精神障害がどのような種類のものであるのかが重要である。たとえば、認知症と診断された人は、個人差はあるにしても、今後長期的にみれば、認知機能が徐々に低下していく可能性が高い。これに対して、統合失調症と診断された人の判断能力は精神科治療の有無によって大きく変動する。

事理弁識能力とは、自らの行う（財産に関する）法律行為の内容を理解し、その結果を予測する能力であり、「契約等の意味・内容を自ら理解し、判断する能力」である。事理弁識能力は、過去・現在を通じた日常生活における種々の場面における本人の行動によって評価される。鑑定・診断にあたって医師は、本人の日常生活や社会生活の具体的な内容に関する情報を収集して、評価する必要がある。買い物、日常の金銭管理、預金通帳等の管理、商品購入や住宅リフォームなどの勧誘への対応、近所付き合い、友人・知人との交流などについて、本人だけでなく家族、介護者など幅広い関係者から情報収集する必要がある。

　こうした本人の日常生活や社会状況に関する情報を医師や裁判所に提供するためのツールとして、本人を身近で支援する社会福祉士等の専門職によって作成される本人情報シートが導入された。鑑定・診断を行う医師は、本人情報シートも積極的に活用し、本人の自己決定支援に資する鑑定・診断を行う必要がある。

❷鑑定・診断を行うにふさわしい医師とは

　通常の精神鑑定では、鑑定人は、中立的かつ客観的な立場から本人の判断能力を判定する。しかし、成年後見制度における鑑定・診断においては、むしろ本人を治療する主治医的な立場から、本人にとって最適な治療・ケアの環境を考えるという対象者に積極的に関与する鑑定人のほうが望ましい。

　成年後見制度には、行為能力を制限して本人を保護するという目的（保護）と、本人の自己決定を尊重しその能力を活用するという目的（自律）という相対立する目的があり、鑑定・診断においても保護と自律のバランスに配慮した判断が必要である。特に、補助・保佐では、本人の客観的な指標に基づく判断能力評価と同程度に、本人のおかれた環境に対しても配慮する必要がある。

■3 支援ネットワークの一員としての役割

　医師には、判断能力の低下した人を地域で支えるネットワークの一員として、医療の専門家の立場から、これらの人の自己決定を支援するという役割がある。介護保険制度における要介護認定の資料とされる主治医意見書や障害者の日常生活及び社会生活を総合的に支援するための法律の障害支援区分認定の資料とされる医師意見書の作成は、医師の役割である。医師は、本人の健康の維持・増進や疾病に対する治療・ケアを担う。特に統合失調症や認知症など判断能力低下の原因となった疾患に

対して、継続的かつ適切な治療やケアを提供することは、本人の病状の安定や判断能力の維持につながる医師の重要な役割である。医師は、虐待を発見しやすい立場にあり、虐待が疑われる事例に接した場合には、行政や地域包括支援センター・障害者権利擁護センターなどと連携して、本人の権利擁護のための対応を行う必要がある。

Active Learning

病院以外に勤務するソーシャルワーカーは、どのように医師と連絡をとり、連携を図っているのか調べてみましょう。

◇引用文献
1）小西加保留「「医療ソーシャルワーク」における歩みと研究を振り返って」『Human Welfare』第10巻第 1 号，pp.9-16，2018.
2）柴田洋弥「知的障害者等の意思決定支援について」『発達障害研究』第34巻第 3 号，2012.

◇参考文献
・高野範城・新村繁文『今なぜ権利擁護か』公人の友社，2010.
・最高裁判所事務総局家庭局『成年後見制度における鑑定書作成の手引』2000.
・最高裁判所事務総局家庭局『成年後見制度における診断書作成の手引・本人情報シート作成の手引』2019.
・五十嵐禎人『成年後見人のための精神医学ハンドブック』日本加除出版，2017.
・岩崎香『人権を擁護するソーシャルワーカーの役割と機能』中央法規出版，2010.

第**5**章
権利擁護にかかわる組織、団体、専門職

第6章

成年後見制度

　従来、成年後見制度は、自身で財産管理ができない人だけを対象とした、狭くて利用しにくい制度と理解される傾向もあった。また、成年後見人は広範な代理権をもつため、成年被後見人等の意思や権利を侵害する面が、いたずらに強調されることもあった。

　現在では、財産管理はもちろんさまざまな生活上の支援（身上保護）を行っている。また成年被後見人等に対して、まず意思決定支援を行うこと。ほかに方法がない場合に限り、種々の条件を付したうえで限定的に代行決定を行うことが推奨されている。

　このように成年後見制度は、意思決定支援の考え方を基盤に、対象者の権利擁護を行う制度の一つとして定着しつつあり、成年後見制度に関する知識は、ソーシャルワーカーにとって必要不可欠である。

成年後見制度の概要

学習のポイント

● 法定後見制度の概要について理解する

● 成年後見申立ての概況について理解する

● 成年後見人等と本人の関係を理解する

1 成年後見制度とは

　認知症、知的障害、精神障害などの理由で判断能力の不十分な人々は、不動産や預貯金などの財産を管理したり、身の回りの世話のために介護などのサービスや施設への入所に関する契約を結んだり、遺産分割協議をしたりする必要があっても、自分でこれらのことをするのが難しい場合がある。また、自分に不利益な契約であってもよく判断ができずに契約を結んでしまい、悪質商法の被害に遭うおそれもある。このような判断能力の不十分な人々を保護し、支援するのが成年後見制度である。

　例示すれば、家庭裁判所から選任された成年後見人等が、本来それらの人々が行うべき法律行為を、「代理」して行うのである。

★代理
「代理」には委任代理と法定代理があり、前者は本人の意思に基づいて代理権を行使する。後者は法律の規定によって代理権を行使する。成年後見制度は後者であり、未成年者の親権者もこれに当たる。

2 法定後見制度の概要

　成年後見制度は、**法定後見制度**と**任意後見制度**の二つに大別される。法定後見制度は、「**後見**」「**保佐**」「**補助**」の三つの類型に分かれており、判断能力の程度など本人の事情に応じて変わる。

　法定後見制度においては、家庭裁判所によって選任された成年後見人・保佐人・補助人（以下、成年後見人等）が、本人の利益を考えながら、本人を代理して契約などの法律行為を行使したり、本人が自分で法律行為を行使するときに同意を与えたり、本人が同意を得ないで行使した不利益な法律行為を後から取り消したりすることによって、本人を保護・支援する。

図6-1　成年後見制度の種別

成年後見制度

任意後見（契約による後見制度）
本人に判断能力があるうちに、将来判断能力が不十分な状態になることに備えて、公正証書を作成して任意後見契約を結び、任意後見人を選んでおく。

法定後見（法律による後見制度）

後見…本人の判断能力が常に不十分な場合に、家庭裁判所が後見人を選任

保佐…本人の判断能力が著しく不十分な場合に、家庭裁判所が保佐人を選任

補助…本人の判断能力が不十分な場合に、家庭裁判所が補助人を選任

3　法定後見申立て手続き

1　申立て窓口

　法定後見の申立ては、原則として本人の住所地（住民票がある場所）を管轄する家庭裁判所が窓口になる。

2　法定後見の対象者

　法定後見制度を利用できるのは、認知症高齢者や知的障害者、精神障害者のうち、判断能力の不十分な人である。

　申立て時の判断能力の程度に関しては、成年後見等の申立ての際に提出する「医師の診断書」が一つの目安とされる。診断書の様式は家庭裁判所によって定められており、記載できる医師は精神科医に限らず作成が可能とされている。原則として後見や保佐の申立ての場合は、申立て後に家庭裁判所によって精神鑑定が行われる。

　法定後見制度の利用件数全体に占める後見類型の割合の高さが指摘される一方で、本人の意思が尊重される保佐・補助類型の利用率の低さが課題とされてきた。そこで申立ての際に、医師による「診断書」とともに、実際に本人の支援や介護をしている福祉関係者等が記載する「本人情報シート」が導入された。

★申立て窓口
本人の実際の居所が、住民票上の住所地と異なる場合は、管轄が変わる場合もあるので家庭裁判所へ確認が必要である。

★本人情報シート
実際の日常生活や社会生活における身体機能・生活機能・認知機能を、家庭裁判所の判断に反映させる狙いがあり、日常的な意思決定における支援の必要性の有無や、申立てに関しての本人の意向を確認する様式になっている。

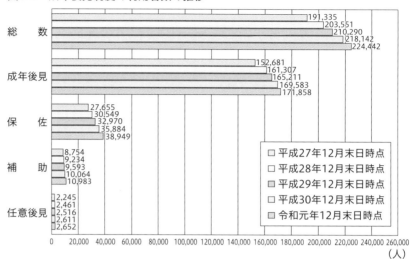

図6-2 成年後見制度の利用者数の推移

資料：最高裁判所事務総局家庭局『成年後見関係事件の概況——平成31年1月～令和元年12月』

3 申立ての事由と開始原因について

「預貯金の管理」「保険金の受領」や「不動産の処分」など重要な財産管理のみならず、「介護保険契約」や「身上保護」を申立ての動機とする成年後見の申立てが増加している。また、後見等の開始の原因（本人の疾病や障害）は多い順で、「認知症」「知的障害」「統合失調症」となっている。

図6-3 主な申立ての動機別件数・割合

動機	件数（割合）
預貯金等の管理・解約	30,405（40.6%）
身上保護	16,357（21.8%）
介護保険契約	7,906（10.5%）
不動産の処分	6,920（9.2%）
相続手続	5,958（7.9%）
保険金受取	2,986（4.0%）
訴訟手続等	1,883（2.5%）
その他	2,561（3.4%）

資料：最高裁判所事務総局家庭局『成年後見関係事件の概況——平成31年1月～令和元年12月』

図6-4　後見等開始の原因別割合

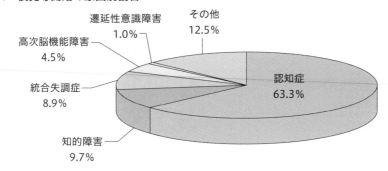

開始原因「その他」には、発達障害、うつ病、双極性障害、アルコール依存症・てんかんによる障害等が含まれる。

資料：最高裁判所事務総局家庭局『成年後見関係事件の概況――平成31年1月～令和元年12月』

4 申立人

　法定後見の申立てができる人は、本人、配偶者、四親等内の親族、成年後見人、保佐人、補助人、任意後見人、成年後見監督人等、市区町村長、検察官等である。

　親族とは、六親等内の血族と三親等内の姻族のことであり、法定後見の申立て権が認められている四親等内の親族とは、四親等内の血族と三親等内の姻族となる。

★市区町村長申立て
身寄りがないなどの理由で、申立てをする人がいない認知症高齢者、知的障害者、精神障害者の人の保護を図るため、市区町村長に法定後見の開始の審判の申立て権が与えられている。

図6-5　申立人と本人との関係別件数・割合

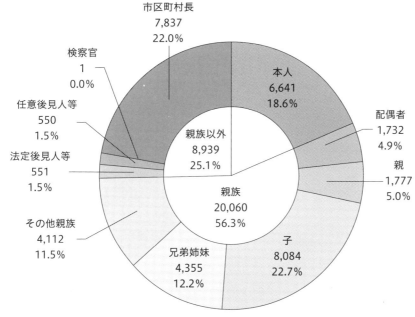

資料：最高裁判所事務総局家庭局『成年後見関係事件の概況――平成31年1月～令和元年12月』

表6-1　申立てにおける本人同意

	成年後見申立て	保佐申立て	補助申立て
開始の申立て	本人同意は不要	本人同意は不要	本人同意が必要
代理権付与申立て	対象外	本人同意が必要	
同意権付与申立て	対象外	民法第13条第1項に掲げられている行為は本人の同意は不要。それ以外の行為まで同意権を拡張する場合は本人同意が必要	

５ 申立てにおける本人の同意

　制度上、親族や市区町村長によって申立てが行われたら、家庭裁判所による後見・保佐開始の審判は本人の同意が必要とされていない。本人が申立てに同意していないまま制度利用につながることも多く、後見人等による管理に反発する被後見人等も少なくない。意思決定支援の観点から、後見や保佐申立て時に本人の意思を尊重する仕組みづくりが求められている。

６ 法定後見審判の流れ

　申立人が、戸籍、登記されていないことの証明書、診断書等の申立て必要書類を集め、それらを、申立て書とともに家庭裁判所に提出して、審理をしてもらうことになる。申立て書類を受理した家庭裁判所は、申立人や本人等と面談を行い、裁判官により後見等開始の審判が行われる。

　家庭裁判所の後見等開始の審判に疑義があるときは、2週間以内に高等裁判所に対して不服の申立てをし、再審理が可能である。不服の申立てが行われず2週間が過ぎた場合や、高等裁判所で不服申立てが認められなかった場合には、後見等開始の審判が確定し、東京法務局に登記される。

★成年後見登記制度
成年後見人等の権限や任意後見契約の内容などをコンピュータ・システムによって登記し、登記官が登記事項を証明した登記事項証明書を発行することによって、登記情報を開示する制度である。

図6-6　法定後見の開始までの手続きの流れの概略

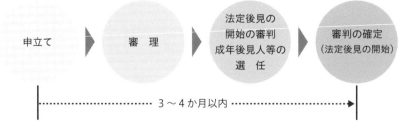

申立て ▶ 審理 ▶ 法定後見の開始の審判 成年後見人等の選任 ▶ 審判の確定（法定後見の開始）

◀‥‥‥‥‥‥‥‥‥‥‥‥‥ 3〜4か月以内 ‥‥‥‥‥‥‥‥‥‥‥‥‥▶

出典：法務省「成年後見制度——成年後見登記制度」 http://www.moj.go.jp/MINJI/minji17.html

7 成年後見人等と本人との関係

　成年後見人等には、本人のためにどのような保護・支援が必要か等の事情に応じて、家庭裁判所が選任することになる。本人の親族以外にも、法律・福祉等の専門職後見人、その他の第三者や、福祉関係の公益法人やその他の法人が選ばれる場合もある。また、成年後見人等を複数選ぶことも可能である。

　成年後見人等と本人との関係をみると、配偶者、親、子、兄弟姉妹およびその他親族が成年後見人に選任されたものが全体の約 5 分の 1 で、親族以外が成年後見人等に選任されたものは、全体の約 5 分の 4 であり、親族が成年後見人に選任されたものを、大きく上回っていることがわかる。禁治産者制度からの流れをくむ親族頼みの後見から、社会全体で支える後見の社会化が進んでいる。選任された第三者後見人の数は、多い順で司法書士、弁護士、社会福祉士となっている。

Active Learning

「主な後見等開始の原因」と「申立人と本人との関係別件数・割合」から読み取れる、近年の動向を話しあいましょう。

第6章　成年後見制度

図6-7　親族、親族以外の別

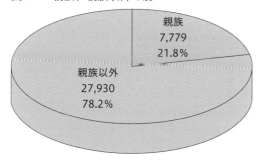

資料：最高裁判所事務総局家庭局『成年後見関係事件の概況
　　　——平成31年1月～令和元年12月』

図6-8　親族以外の内訳

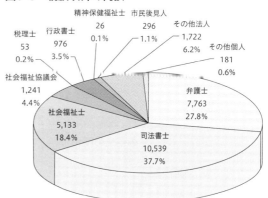

資料：最高裁判所事務総局家庭局『成年後見関係事件の概況——平
　　　成31年1月～令和元年12月』

◇参考文献
・日本精神保健福祉士協会監，岩崎香・田村綾子編『よくわかる成年後見制度活用ブック』中央法規出版，2018．
・法務省「成年後見制度——成年後見登記制度」 http://www.moj.go.jp/MINJI/minji17.html
・日本精神保健福祉士協会「認定成年後見人ネットワーク「クローバー」ハンドブック」 http://www.japsw.or.jp/ugoki/clover/5-shiryo/handbook.pdf
・最高裁判所事務総局家庭局『成年後見関係事件の概況——平成31年1月～令和元年12月』

第2節 後見の概要

1 後見の概要

　後見の対象者は、「精神上の障害により事理を弁識する能力に欠く常況にある者」（民法第7条）とされている。後見が開始されると、成年後見人が選任され、成年後見人にはすべての法律行為を本人に代わって行う代理権と、被後見人が本人にとって不利益な法律行為を行った場合に取り消すことができる取消権が与えられる。ただし、自己決定の尊重およびノーマライゼーションの理念から、日用品の購入等の日常生活に関する行為については、取り消すことはできないとされている（民法第9条）。

　後見人は、代理権を行使して本人を保護するだけでなく、自己選択・決定を尊重しながら事務を進める必要がある。

図6-9　「自己決定の尊重」と「本人保護」の理念の調和

図6-10　法定代理人とは

成年後見人＝法定代理人		
	成年者	未成年者
法定代理人	成年後見人	親権者

2 成年後見人の権限

1 財産管理権・財産に関する法律行為の代理権

　成年後見人の主な職務は、本人の財産を適正に管理することであり、

そのために**財産管理**に関する包括的な代理権が与えられている（**図6-11**）。**代理権**とは特定の法律行為を本人に代わって行うことができる権限のことで、代理権に基づいて行われた法律行為は本人に帰属する。成年後見人が代理権を行使するに当たっては、本人の身上に配慮しなくてはならず、その事務においては厳格性が求められる。

図6-11 財産管理

民法第859条
「後見人は、被後見人の財産を管理し、かつ、
その財産に関する法律行為について被後見人を
代表する」

2 取消権

成年後見人に広範な代理権とともに取消権を与えることで本人の財産の保全を図っている。**取消権**とは、本人が単独で行った法律行為を取り消すことができる権限で、「成年被後見人の法律行為は、取り消すことができる」（民法第9条）が根拠となる。ただし、**自己決定の尊重**の観点から、たとえば食料品や衣類などの買い物などの「日用品の購入その他日常に関する行為」については取り消すことは認められていない。

3 後見人の義務

1 被後見人の意思の尊重義務および身上配慮義務

後見人には、本人の身の回りにも配慮しなければならない義務が課せられており、このことを**身上配慮義務**という。本人の財産管理だけでなく、生活・医療・介護・福祉にも目を配りながら事務を遂行すべきという後見人の立場を表したものである。

しかし、後見人の職務は契約等の法律行為と、それに付随する事実行為に限られており、食事の世話や実際の介護などは、原則として後見人の仕事ではない。後見人は、診療契約全体（適切に診療してもらうことと、診療報酬の負担金等を支払う旨の約束）についての代理権を有するのみで、手術などの外科的処置や手術に準じた検査はもちろんのこと、予防接種のための注射なども含め、個々の医療行為に対する同意権まで

図6-12　身上保護

民法第858条
「成年後見人は、成年被後見人の生活、療養看護及び財産の管理に関する事務を行うに当たっては、成年被後見人の意思を尊重し、かつ、その心身の状態及び生活の状況に配慮しなければならない」

はないものとされている。

2 財産調査・目録作成義務

　「後見人は、遅滞なく被後見人の財産の調査に着手し、一箇月以内に、その調査を終わり、かつ、その目録を作成しなければならない。ただし、この期間は、家庭裁判所において伸長することができる」（民法第853条）

3 被後見人に対する債権債務の申出義務

　「後見人が、被後見人に対し債権を有することを知ってこれを申し出ないときは、その債権を失う」（民法第855条）

4 支出金額の予定義務

　「後見人は、その就職の初めにおいて、被後見人の生活、教育又は療養看護及び財産の管理のために毎年支出すべき金額を予定しなければならない」（民法第861条）

5 善管注意義務

　受任者（後見人）は、「委任の本旨に従い、善良な管理者の注意をもって、委任事務を処理する義務を負う」（民法第644条）

6 後見終了時の管理計算義務

　「後見人の任務が終了したときは、後見人又はその相続人は、二箇月以内にその管理の計算をしなければならない。ただし、この期間は、家庭裁判所において伸長することができる」（民法第870条）

7 後見人選任請求義務

「後見人がその任務を辞したことによって新たに後見人を選任する必要が生じたときは、その後見人は、遅滞なく新たな後見人の選任を家庭裁判所に請求しなければならない」（民法第845条）

4 法的な制限

後見人の権限には法的な制限があり、特に重要なのは利益相反行為の禁止である。**利益相反行為**とは「ある行為により、一方の利益になると同時に、他方への不利益になる行為」とされていて、民法では成年後見人が成年被後見人との間で行う売買契約等の行為を禁止している（民法第860条）。

さらに、職務権限外として以下の行為が禁止されている。
・日用品の購入や日常生活に関する行為への介入
・医的侵襲行為の同意
・無益な延命策の同意・拒否、尊厳死への同意・拒否
・施設等への入所の身元保証や同意
・居所の指定

5 居住用不動産処分

成年後見人が、成年被後見人の居住用不動産を処分（売却、抵当権・根抵当権の設定、賃貸借契約締結および解除など）するには、事前に家庭裁判所に居住用不動産処分の許可の申立てをし、その許可を得る必要がある。

6 成年後見監督人について

家庭裁判所は、必要があると認めるときは、被後見人、その親族若しくは後見人の請求によりまたは職権で、**後見監督人**を選任することができるとされている（民法第849条）。家庭裁判所という公的な機関による監督だけでは目の届きにくい部分を、専門職が後見人を日常的に監督

することにより、本人に対するサポート体制を円滑なものにする、といった補充的な意味合いがある。

後見監督人の主な職務は後見人の監督で（民法第851条第1号）、後見人による財産調査、財産目録の作成のときの立会いが必要である。後見人は選任されるとおおむね1か月以内に、本人の財産を調査し財産目録を作成しなければならないが、後見監督人がいる場合はその立会いがなければならず、立会いがなかったときは無効となってしまう（民法第853条第2項）。後見人に義務づけられている就任時報告や定期報告を行う場合には、家庭裁判所へ直接報告するのではなく、後見監督人に報告内容のチェックを受けて、監督人が行った監督業務とともに家庭裁判所へ報告を行うことになる。

また、後見人が被後見人に対して債権や債務をもっているときは、財産の調査を始める前に後見監督人に申し出なければならない。故意に、債権を申し出なかった場合は、その債権を失うこととされている（民法第855条）。後見人が、被後見人に対して債権や債務をもっているということは、その債権、債務については利害が対立することになるので、後見監督人に確認してもらう必要がある。

後見監督人は、いつでも、後見人に対し後見事務の報告を請求できるし、また財産目録の提出を請求できる。そして、後見監督人は、いつでも、後見事務を調査することができ、また本人の財産の状況を調査することができる（民法第863条第1項）。

こうした権限を行使することで、後見人の仕事の状況や本人の財産の状況を把握し、後見人を監督する。一般的には、後見監督人は、2～3か月に1回程度後見人と面談し、日頃の業務に関して後見人より報告を受け、内容の確認を行う。後見人が管理している通帳や出納帳、金銭を支出した際の領収書等を持参してもらい、適正に業務が行われているか確認を行うことになる。

7 利益相反と特別代理人

後見人と被後見人が、兄弟姉妹で亡父の遺産分割協議を進めなくてはいけない場合や、後見人自身が被後見人の不動産などを購入する場合や、後見人が所有する不動産を被後見人に貸す場合などは、被後見人と後見人の利益が相反してしまうので、遺産分割協議、不動産売買契約、

不動産賃貸借契約について、後見人は被後見人の代理人となることができない。後見人は、被後見人の財産管理に関する包括的な代理権を有しているが、後見人と本人との利益が相反する場合には、公正な代理権の行使を期待することは難しく、第三者に対しても不当な印象を与えてしまう可能性がある。そのような場合には、家庭裁判所が選任した特別代理人が、代理権を行使しなければならないと定められている。

　被後見人と後見人の利益が相反する法律行為を「利益相反行為」という。利益相反に当たる法律行為が必要な場合は、後見人が家庭裁判所に「特別代理人選任」の申立てを行うことになる。家庭裁判所は、利益が相反する行為の具体的内容などを考慮して、被後見人と利害が相反せずに、被後見人のために公正に代理権を行使できる者を特別代理人として選任する。特別代理人は、遺産分割など特定の手続のためだけに選任され、所定の手続が終了すれば任務は終了し、以後被後見人を代理することはない。

Active Learning

成年後見人の権限、義務について学び、成年後見人の具体的な支援場面を挙げてみましょう。

第6章　成年後見制度

◇参考文献
・日本精神保健福祉士協会監，岩崎香・田村綾子編『よくわかる成年後見制度活用ブック』中央法規出版，2018.
・日本精神保健福祉士協会「認定成年後見人ネットワーク「クローバー」ハンドブック」 http://www.japsw.or.jp/ugoki/clover/5-shiryo/handbook.pdf
・北九州成年後見センター　https://www.miruto.info/

1 保佐の概要

　保佐の対象者は、「精神上の障害により事理を弁識する能力が著しく不十分である者」（民法第11条）である。保佐が開始されると、保佐人が選任され、本人が行う重要な財産行為については保佐人の同意を要することとされ、本人または保佐人は、本人が保佐人の同意を得ないで行った重要な財産行為を取り消すことができる。本人に代わって法律行為を行う権限は付与されていないため、保佐人が本人を代理するには、代理する事項を特定し、家庭裁判所に**「代理権付与の申立て」**（民法第876条の4）をする必要がある。ただし、自己決定の尊重の観点から、日用品（食料品や衣料品等）の購入など「日常生活に関する行為」については、保佐人の同意は必要なく、取消しの対象にもならない。

表6-2　代理行為目録（保佐・補助開始申立用）

代理行為目録
作成者　＿＿＿＿＿＿＿＿＿ 必要な代理行為をチェックまたは記入してください（包括的な代理権の付与は認められません）。 どのような代理権を付与するかは、本人の意向（同意）を踏まえ、裁判所が判断します。 1　財産管理関係 　(1)　不動産関係 　　□ [1]　本人の不動産に関する（□売却、□担保権設定、□賃貸、□警備）契約の締結、更新、変更および解除 　　□ [2]　他人の不動産に関する（□購入、□借地、□借家）契約の締結、更新、変更および解除 　　□ [3]　住居等の（□新築、□増改築、□修繕（樹木の伐採を含む）、□解体、□＿＿＿＿＿）に関する請負契約の締結、変更および解除 　　□ [4]　本人の不動産内に存する動産の処分 　　□ [5]　本人または他人の不動産に関する賃貸借契約から生じる債権の回収および債務の弁済 　(2)　預貯金等金融関係 　　□ [1]　（□すべての、□別紙の口座に関する、□別紙の口座を除くすべての）預貯金および出資金に関する金融機関等との一切の取引（解約（脱退）および新規口座の開設を含む） 　　□ [2]　預貯金および出資金以外の本人と金融機関との（□貸金庫取引、□証券取引（保護預かり取引を含む）、□為替取引、□信託取引、□＿＿＿＿＿） 　(3)　保険に関する事項 　　□ [1]　保険契約の締結、変更および解除

　　□[2]　保険金および賠償金の請求および受領
⑷　その他
　　□[1]　（□年金、障害手当金その他の社会保障給付、□臨時給付金その他の公的給付、□配当金、
　　　　　□＿＿＿＿＿＿）の受領およびこれに関する諸手続
　　□[2]　（□公共料金、□保険料、□ローンの返済金、□管理費等、□＿＿＿＿＿＿）の支払およびこれに関す
　　　　　る諸手続
　　□[3]　情報通信（携帯電話、インターネット等）に関する契約の締結、変更、解除および費用の支払
　　□[4]　本人の負担している債務に関する弁済合意および債務の弁済（そのための交渉を含む）
　　□[5]　本人が現に有する債権の回収（そのための交渉を含む）
2　相続関係
　　□[1]　相続の承認または放棄
　　□[2]　贈与または遺贈の受諾
　　□[3]　遺産分割（協議、調停および審判）または単独相続に関する諸手続
　　□[4]　遺留分減殺請求または遺留分侵害額請求に関する協議および調停の諸手続
3　身上監護関係
　　□[1]　介護契約その他の福祉サービス契約の締結、変更、解除および費用の支払ならびに還付金等の受領
　　□[2]　介護保険、要介護認定、健康保険等の各申請（各種給付金および還付金の申請を含む）およびこれら
　　　　　の認定に関する不服申立て
　　□[3]　福祉関係施設への入所に関する契約（有料老人ホームの入居契約等を含む）の締結、変更、解除およ
　　　　　び費用の支払ならびに還付金等の受領
　　□[4]　医療契約および病院への入院に関する契約の締結、変更、解除および費用の支払ならびに還付金等の
　　　　　受領
4　その他
　　□[1]　税金の申告、納付、更正、還付およびこれらに関する諸手続
　　□[2]　登記、登録の申請
　　□[3]　マイナンバー関連書類の受領
　　□[4]　調停手続（2[3]および[4]を除く）および訴訟手続（民事訴訟法第55条第2項の特別授権事項を含む）
　　　※保佐人または補助人が申立代理人または訴訟代理人となる資格を有する者であるときのみ付与することがで
　　　　きる。
　　□[5]　調停手続（2[3]および[4]を除く）および訴訟手続（民事訴訟法第55条第2項の特別授権事項を
　　　　　含む）について、申立代理人または訴訟代理人となる資格を有する者に対し授権をすること
　　□[6]＿＿＿
5　関連手続
　　□[1]　以上の各事務の処理に必要な費用等の支払
　　□[2]　以上の各事務に関連する一切の事項（公的な届出、手続等を含む）　　　以上

出典：裁判所「申立てをお考えの方へ（成年後見・保佐・補助）東京家庭裁判所後見センター」 https://www.courts.go.jp/tokyo-f/
saiban/kokensite/moushitate_seinenkouken/index.html

2　保佐人の権限

❶　「民法第 13 条第 1 項所定の行為」についての同意権（民法第 13
条第 1 項）取消権（民法第 13 条第 4 項）

❷　❶以外の行為で家庭裁判所が特に指定した行為の同意権・取消権

❸　本人の同意の元家庭裁判所が付与した特定の法律行為についての代
理権（民法第 876 条の 4）

民法第 13 条第 1 項所定の行為とは、**表 6-3** に挙げる 9 項目である。

表6-3　保佐人の同意権（民法第13条第 1 項）

・第 1 号　元本の領収または利用

元本の領収とは、利息・家賃・地代等の法定果実（民法第88条）を生む財産を受領することで、預貯金の払戻しや債務弁済の受領などを指す。元本の利用とは、利息付消費貸借による金銭の貸付け、不動産の賃貸等のように、法定果実の取得を目的とする行為をすることである。なお、賃貸借については、後述の民法第602条所定の期間を超える賃貸借だけを同意権の対象とする旨の限定が付されている。

・第 2 号　借財または保証

借財とは、消費貸借契約により金銭を借り受けることをいう。保証とは、保証契約により主たる債務者の債務について保証人としての保証債務を負担することをいう。

・第 3 号　不動産その他重要な財産に関する権利の得喪を目的とする行為

重要な財産には知的財産や多額の債権等も含まれる。権利の得喪を目的とする行為とは、売買、用益物権（地上権・地役権等）または担保物権（抵当権・質権・譲渡担保権等）の設定、賃貸借契約または使用賃貸借契約の締結および解除その他の財産上の処分行為がこれに該当する。賃貸借契約の締結は、賃借権の取得を目的とする行為であり、第 1 号の「元本の領収または利用」とともに該当するが、後述の第602条所定の期間を超える賃貸借だけを同意権の対象とする旨は第 1 号と同様である。相当の対価を伴う有償の契約である限り、雇用契約、委任契約、寄託契約等のほか、介護契約や施設入所契約等のような身上監護を目的とする役務提供契約、保険契約のような有償契約も、本号に該当するものとされている。

・第 4 号　訴訟行為

原則的に訴訟行為は保佐人の同意が必要となる。保佐人の同意を得ない訴訟行為は取消しではなく、無効になるとされている。

・第 5 号　贈与、和解または仲裁合意

贈与には贈与を受けることは含まれない。和解は、裁判上の和解と裁判外の和解の双方が含まれる。いずれにおいても保佐人の同意を得ない和解の合意は無効であるとされているため、和解無効確認の訴え等によりその効力を争うことができる。仲裁合意とは、現在または将来の紛争を解決するための判断を第三者に一任する契約で、自らが紛争の仲介をすることはできない。

・第 6 号　相続の承認または放棄または遺産分割

相続放棄に限らず、相続の承認も債務の相続による不利益を受ける可能性があるため保佐人の同意を必要とする。そのなかには単純承認と限定承認が含まれる。遺産分割は、保佐人の同意を得ずに行った協議分割の意思表示は、本人または保佐人において取り消すことができる。審判分割や調停分割は行為の性質上無効となる。

・第 7 号　贈与もしくは遺贈の拒絶、または負担付の贈与もしくは遺贈の受諾

贈与の拒絶とは、贈与の申込みを拒絶することをいい、遺贈の拒絶とは、遺贈の放棄を意味するものとされている。一定の義務を伴う贈与や遺贈の受諾は、全体として本人の不利益になるおそれがあるため、保佐人の同意を必要としている。

・第 8 号　新築、改築、増築または大修繕

居住用不動産等の新築、増改築または大修繕を目的とする請負契約を締結することをいう。

・第 9 号　第602条（短期賃貸借）に定める期間を超える賃貸借

民法第602条に定める期間を超えない短期賃貸借であれば、管理行為の範囲にとどまるので、保佐人の同意を必要としないとされている。第 1 号の「元本の領収または利用」または、第 3 号の「不動産その他重要な財産に関する権利の得喪を目的とする行為」としての賃貸借の範囲を限定する特則となっている。

民法第602条とは、「短期賃貸借」に関する条項である。処分について行為能力の制限を受けた者または処分の権限を有しない者が賃貸借をする場合には、以下に掲げる賃貸借は、それぞれに定める期間を超えることができないとされている。

①　木の栽植または伐採を目的とする山林の賃貸借は10年

②　①に掲げる賃貸借以外の土地の賃貸借は 5 年

③　建物の賃貸借は 3 年

④　動産の賃貸借は 6 か月

出典：日本精神保健福祉士協会編『認定成年後見人ネットワーク「クローバー」ハンドブック』を一部改変

表6-4 成年後見類型・権限一覧

類型		後見	保佐	補助
対象となる人		精神上の障害により事理弁識能力を欠くのが通常の状態にある人	精神上の障害により事理弁識能力が著しく不十分な人	精神上の障害により事理弁識能力が不十分な人
同意権・取消権	付与の対象	日常生活に関する行為以外の行為	民法第13条第1項各号所定の行為	申立ての範囲内で裁判所が定める「特定の法律行為」
	付与の手続き	後見開始の審判	保佐開始の審判	補助開始の審判＋同意権付与の審判
	本人の同意	不要	不要	必要
	取消権者	本人・成年後見人	本人・保佐人	本人・補助人
代理権	付与の対象	財産に関するすべての法律行為	申立ての範囲内で裁判所が定める「特定の法律行為」	申立ての範囲内で裁判所が定める「特定の法律行為」
	付与の手続き	後見開始の審判	保佐開始の審判＋代理権付与の審判	補助開始の審判＋代理権付与の審判
	本人の同意	不要	必要	必要
監督人		後見監督人	保佐監督人	補助監督人
利益相反		特別代理人	臨時保佐人	臨時補助人

3 保佐人の義務

Active Learning
保佐の権限、義務について学び、後見との違いを表にまとめてみましょう。

❶ 保佐人の義務は権限の範囲において成年後見人の義務に準ずる。

❷ 代理権（第876条の4）が付与されている場合は、居住用不動産の処分については家庭裁判所の許可が必要である。

❸ 保佐人が被保佐人の利益を害するおそれがないのに同意しないとき、被保佐人は保佐人の同意に代えて家庭裁判所の許可を申請できる。

◇参考文献
・日本精神保健福祉士協会「認定成年後見人ネットワーク「クローバー」ハンドブック」 http://www.japsw.or.jp/ugoki/clover/5-shiryo/handbook.pdf
・裁判所「後見サイト 東京家庭裁判所後見センター」 https://www.courts.go.jp/tokyo-f/saiban/kokensite/index.html

1 補助の概要

　補助の対象者は、「精神上の障害により事理を弁識する能力が不十分である者」（民法第15条第1項）である。補助が開始されると、補助人が選任され、補助人に本人を代理する権限や、本人が取引き等をするについて同意をする権限が与えられる。代理権や同意権の範囲や内容

表6-5　同意行為目録（補助開始申立用）

※保佐の場合には、自動的に下記の範囲について同意権・取消権が付与されます。

同意行為目録

作成者　＿＿＿＿＿＿＿＿

必要な行為（日用品の購入その他日常生活に関する行為を除く）にチェックしてください。
内容については、本人の同意を踏まえたうえで、最終的に、裁判所が決めます。

1　元本の領収または利用
　□(1)　預貯金の払戻し
　□(2)　金銭の利息付貸付け
2　借財または保証
　□(1)　金銭消費貸借契約の締結（貸付けについては1または3にも当たる）
　□(2)　債務保証契約の締結
3　不動産その他重要な財産に関する権利の得喪を目的とする行為
　□(1)　本人所有の土地または建物の売却
　□(2)　本人所有の土地または建物についての抵当権の設定
　□(3)　贈与または寄附行為
　□(4)　商品取引または証券取引
　□(5)　通信販売（インターネット取引を含む）または訪問販売による契約の締結
　□(6)　クレジット契約の締結
　□(7)　金銭の無利息貸付け
　□(8)　その他
4　□訴訟行為
（相手方の提起した訴えまたは上訴に対して応訴するには同意を要しない）
5　□和解または仲裁合意
6　□相続の承認若しくは放棄または遺産分割
7　□贈与の申込みの拒絶、遺贈の放棄、負担付贈与の申込みの承諾または負担付遺贈の承認
8　□新築、改築、増築または大修繕
9　□民法第602条に定める期間を超える賃貸借

出典：裁判所「申立てをお考えの方へ（成年後見・保佐・補助）東京家庭裁判所後見センター」　https://www.courts.go.jp/tokyo-f/saiban/kokensite/moushitate_seinenkouken/index.html

は、家庭裁判所が個々の事案において必要性を判断して定める。また、本人の自己決定を尊重する観点から、本人が補助開始を申立てること、または本人が補助開始に同意していることが必要である。ただし、自己決定の尊重の観点から、日用品（食料品や衣料品等）の購入など「日常生活に関する行為」については、補助人の同意は必要なく、取消しの対象にもならない。

2 補助人の権限

❶ 「民法第 13 条第 1 項所定の行為」の一部についての同意権・取消権

❷ 特定の法律行為についての代理権

3 補助人の義務

❶ 補助人の義務は権限の範囲において成年後見人の義務に準ずる。

❷ 代理権（民法第 876 条の 10）が付与されている場合は、居住用不動産の処分については家庭裁判所の許可が必要である。

❸ 補助人が被補助人の利益を害するおそれがないのに同意しないとき、被補助人は補助人の同意に代えて家庭裁判所の許可を申請できる。

Active Learning

補助の権限、義務について学び、保佐との違いを表にまとめてみましょう。

第6章 成年後見制度

◇参考文献
・日本精神保健福祉士協会「認定成年後見人ネットワーク「クローバー」ハンドブック」 http://www.japsw.or.jp/ugoki/clover/5-shiryo/handbook.pdf
・裁判所「後見サイト 東京家庭裁判所後見センター」 https://www.courts.go.jp/tokyo-f/saiban/kokensite/index.html

第5節 任意後見の概要

1 任意後見制度の概要

任意後見制度は、2000（平成12）年に禁治産者制度から成年後見制度へ民法が改正された際に、「自らの後見のあり方を自らの意思で決定する」という「自己決定の尊重の理念」に則して、任意後見契約に関する法律により創設された。

本人が十分な判断能力があるうちに、将来、判断能力が不十分な状態になった場合に備えて、あらかじめ自らが選んだ代理人（**任意後見人**）に、自分の生活、療養看護や財産管理に関する事務について代理権を与える契約（任意後見契約）を、公証人の作成する公正証書にて契約しておくというものである。そうすることで、本人の判断能力が低下した後に、任意後見人が任意後見契約で決めた事務について、家庭裁判所が選任する「**任意後見監督人**」の監督のもとに、本人を代理して契約などをすることによって、本人の意思に従った適切な保護・支援をすることが可能になる。

図6-13　任意後見制度の概要

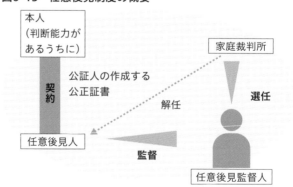

出典：法務省「成年後見制度――成年後見登記制度」 http://www.moj.go.jp/MINJI/minji17.html

2 任意後見制度の流れ

　法定後見制度との関係でも、自己決定の尊重の理念にかなった制度であるとして、任意後見制度優先の原則のもとに制度設計がなされた。実際に、任意後見契約が締結されている場合に法定後見の開始申立てをしても、原則として法定後見を開始することはできない。

　なお、任意後見契約は、家庭裁判所が任意後見監督人を選任したときから、その法的効力が生じることになる。家庭裁判所は、任意後見契約が登記されている場合において、精神上の障害（認知症、知的障害、精神障害など）によって、本人の判断能力が不十分な状況にあるときは、任意後見監督人を選任することができる。任意後見監督人の選任により、任意後見契約の効力が生じ、契約で定められた任意後見人が、任意後見監督人の監督のもとに、契約で定められた特定の法律行為を本人に代わって行うことができる。本人以外の請求により任意後見監督人選任の審判をするには、本人が意思表示できない場合を除き、本人の同意を得る必要がある。審判の申立人になれるのは、❶本人（任意後見契約の本人）、❷配偶者、❸四親等内の親族、❹任意後見受任者となっている。任意後見監督人は、本人の親族等ではなく、第三者（弁護士、司法書士、社会福祉士、精神保健福祉士等の専門職や法律、福祉にかかわる法人など）が選ばれることが通例である。任意後見受任者本人や、その近い親族（任意後見受任者の配偶者、直系血族および兄弟姉妹）は任意後見監督人にはなれない。また、本人に対して訴訟をし、またはした者、破産者で復権していない者等も同様である。

3 任意後見の 3 類型

　任意後見の契約類型は、次の 3 類型である。

▌1 将来型
　契約時に本人の判断能力に関して問題はない。将来、本人の判断能力が低下したときに、任意後見監督人選任申立てをして任意後見人となる。任意後見契約の本来の形といえる。

図6-14　手続の流れ（任意後見監督人選任）

判断能力低下前
（<u>公証役場</u>での手続）

任意後見契約公正証書の作成（公証役場で作成）

判断能力低下後
（<u>家庭裁判所</u>での手続）

申立て準備 「任意後見監督人選任の申立てをされる方へ」をお読みに なり、『申立てに必要な書類および費用』に記載したもの を準備してください。

申立て 準備した書類を、郵送又は窓口に提出してください。 なるべく郵送でお願いします。

審査 事案に応じて、本人調査、受任者調査、精神鑑定等が 行われることがあります。

審判 任意後見監督人を選任した旨（または却下する旨）の審 判書が郵送されます。 任意後見監督人が選任された旨が登記されます。

任意後見事務の監督

任意後見契約の終了

出典：裁判所「後見サイト 東京家庭裁判所後見センター 任意後見に関する手続について」 https://
www.courts.go.jp/tokyo-f/vc-files/tokyo-f/file/08tetuzuki_nagare.pdf

▌2 移行型

　契約時に本人の判断能力に関して問題はない。判断能力に問題ない間
は、事務委任契約による任意代理として、主に財産管理などの事務を行
う。やがて本人の判断能力が衰えた際に、任意後見監督人選任の申立て
をして任意後見人となる。

▌3 即効型

　判断能力の低下がみられる本人が、まだ意思能力は十分にあるうち
に、任意後見契約の締結と同時に、家庭裁判所への任意後見監督人の選
任の申立てを行う。

図6-15　任意後見の 3 類型の違い

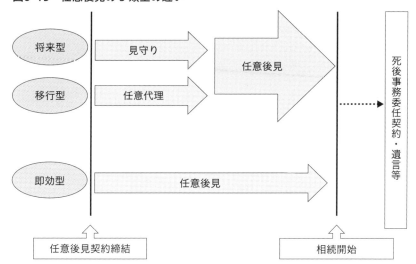

Active Learning

法定後見との違いや関係性を調べ、任意後見の特徴を理解しましょう。

表6-6　任意後見契約書（将来型の例）

任意後見契約公正証書
本公証人は、委任者○○○○（以下甲という）、受任者○○○○（以下乙という）の嘱託により、この証書を作成する。

第 1 条（契約の趣旨）
　甲と乙は、本日、法律に基づき、任意後見契約を締結する。

第 2 条（契約の発効）
1　本契約は、任意後見監督人が選任された時から効力を生じる。
2　甲が能力不十分な状況になったときは、乙は、家庭裁判所に任意後見監督人選任の請求をする。

第 3 条（後見事務の範囲）
　甲が乙に与える代理権の内容

第 4 条（身上配慮の責務）
　乙は、甲の意思を尊重し、かつ、甲の身上に配慮し、適宜甲と面接し、ヘルパー、主治医、その他から甲の心身の状態につき説明を受け、甲の生活状況及び健康状態の把握に努める。

第 5 条（証書等の保管等）
1　乙は、甲から必要な証書等を受取り、預り証を交付する。
　　登記済権利証、実印・銀行印、印鑑登録カード・住民基本台帳カード、預貯金通帳、各種キャッシュカード、有価証券・その預り証、年金関係書類、重要な契約書等、貸金庫の鍵
2　乙は、他の者が占有所持している証書等の引渡しを受けることができる。
3　乙は、必要な場合は、証書等を使用するほか、郵便物その他の通信を受領し、必要に応じて開封できる。

第 6 条（費用の負担）
　必要な費用は甲の負担

第 7 条（報酬）
　乙は、無報酬又は報酬は 1 か月金○万円とする。

第 8 条（報告）
1　任意後見監督人に 3 か月ごとに書面で後見人として行った事項を報告する。
2　任意後見監督人の請求があるときは、速やかに報告する。

第 9 条（契約の解除）
1　任意後見が開始前は、いつでも公証人の認証を受けた書面によって、後見契約を解除できる。
2　任意後見開始後は、正当な事由がある場合に限り、家庭裁判所の許可で解除できる。

第10条（契約の終了）
1　任意後見契約が終了する場合
2　任意後見開始後に解除事由が生じたときは、速やかにその旨を任意後見監督人に通知
3　任意後見契約の終了の登記を要する。

出典：町田公証役場「作成書類について　任意後見契約」　http://www.machida-kosho.com/guidance/kouken.html

◇参考文献
・日本精神保健福祉士協会監，岩崎香・田村綾子編『よくわかる成年後見制度活用ブック』中央法
　規出版，2018.
・法務省「成年後見制度──成年後見登記制度」　http://www.moj.go.jp/MINJI/minji17.html
・裁判所「後見サイト　東京家庭裁判所後見センター」　https://www.courts.go.jp/tokyo-f/
　saiban/kokensite/index.html

第 6 節 成年後見制度の最近の動向

- 成年後見制度の利用動向について把握する
- 成年後見制度の利用の促進に関する法律について理解する
- 成年後見制度利用促進基本計画とその取り組みの現状について理解する

1 成年後見制度全体の利用動向

1 成年後見制度の運用状況

　成年後見制度の運用状況は、毎年報告されている**最高裁判所事務総局家庭局**の「**成年後見関係事件の概況**」から概観することができる。それによると、高齢社会の進展や制度の普及啓発により、後見開始、保佐開始、補助開始および任意後見監督人選任事件の四つの審判の申立て件数の合計は、年々増加傾向にあり、2019（平成 31、令和元）年 1 月から 12 月までの 1 年間における全国の家庭裁判所の申立て件数の総数は、3 万 5959 件である。また、2019（令和元）年 12 月末時点における成年後見制度（後見・保佐・補助・任意後見）の利用者数は、対前年比約 2.9％の増加で 22 万 4442 人となり、年々増加している。

　しかし、申立て件数を、後見開始、保佐開始、補助開始および任意後見監督人選任事件に分けてみると、それぞれ異なる様相を呈している。2019（平成 31、令和元）年 1 月から 12 月までの 1 年間をみたときに、保佐開始の申立て件数は約 7 ％、補助開始は約 33％の対前年比で増加しているのに対して、後見開始は約 5 ％の減少となり、任意後見監督人選任にあっては対前年比約 2 ％の減少となっている（**図 6-16**）。

　2015（平成 27）年に出された「認知症施策推進総合戦略〜認知症高齢者等にやさしい地域づくりに向けて〜（新オレンジプラン）」によると、我が国の認知症高齢者の数は、2012（平成 24）年で 462 万人と推計され、2025（令和 7 ）年には約 700 万人に達することが見込まれている。また、『令和元年版　障害者白書』によると 18 歳以上の知的障害児・者は約 84 万人（参考）、20 歳以上の精神障害者は約 391.6 万人といわれている。これらを勘案すると、申立て件数や利用者数の現状は、少な

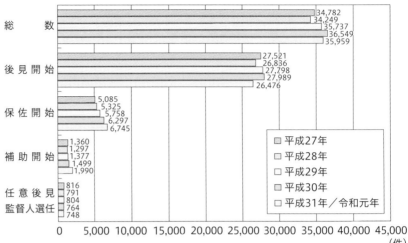

図6-16　過去5年における申立て件数の推移

注：各年の件数は、それぞれ当該年の1月から12月までに申立てのあった件数である。
資料：最高裁判所事務総局家庭局「成年後見関係事件の概況——平成31年1月〜令和元年12月」
　　　https://www.courts.go.jp/vc-files/courts/2020/20200312koukengaikyou-h31.pdf

いといえる。その背景には、成年後見制度の利用を必要としている人が、利用につながっていない、あるいは潜在的な利用ニーズが顕在化されていないことが考えられ、関係者による支援を必要としている。このことは、成年後見制度の利用促進の課題として捉えられ、成年後見制度の利用の促進に関する法律の制定や基本計画の策定へと展開している。

2 成年後見制度の利用特徴

　毎年公表される「成年後見関係事件の概況」をもとに、成年後見制度の利用状況について2010（平成22）年から2019（令和元）年までの約10年間を、いくつかの項目から整理すると次のような特徴が読み取れる。

❶申立人と本人との関係

　成年後見制度（後見・保佐・補助・任意後見）の申立てを誰が行ったかについてみてみると、申立人について最も多いのは本人の「子」である。しかし、その全体に占める割合は2010（平成22）年に約37.1%であったものが、2015（平成27）年には約30.2%、2019（令和元）年には約22.7%と低下傾向にある。また、2010（平成22）年には2番目を占めていた「その他の親族」（約14.8%）と3番目の「兄弟姉妹」（約14.4%）は、その後の市区町村長申立ての増加により、2013（平成25）年には、2番目に「市区町村長」（約14.7%）が入り、次いで「兄

弟姉妹」（約 13.7％）、「その他の親族」（約 13.4％）の順となった。そして、「市区町村長」の申立ては 2019（令和元）年には約 22.0％と全体に占める割合が増加している。

❷申立ての動機

成年後見制度の主な申立ての動機については、調査・集計される区分が年によって一部異なり、また動機が複数ある場合が含まれているが、成年後見制度創設以来、「財産管理処分」あるいは「預貯金等の管理・解約」の占める割合が最も多い。この主な申立ての動機については、2010（平成 22）年には「財産管理処分」が申立ての動機全体の約 53.8％を占めている。次いで、「身上監護」が約 20.8％、「遺産分割協議」が約 9.5％、「介護保険契約」が約 7.3％という順になっている。その後、申立ての動機の区分は 2011（平成 23）年に一部細分化され、2019（令和元）年には「預貯金等の管理・解約」が全体の約 40.6％、次いで「身上保護」（成年後見制度の利用の促進に関する法律（成年後見制度利用促進法）の制定以降は身上監護に該当するものを「身上保護」と表記）が約 21.8％、「介護保険契約」が約 10.5％、「不動産の処分」が約 9.2％、「相続手続」が約 7.9％という順になっている。

❸成年後見人等と本人との関係

成年後見人・保佐人・補助人と本人との関係をみると、2010（平成 22）年には配偶者、親、子、兄弟姉妹、その他の親族が選任された割合が全体の約 58.6％を占めていた。しかし、2015（平成 27）年には約 29.9％、そして 2019（令和元）年には約 21.8％と年々、その割合が減少している。その一方で、親族以外の第三者が成年後見人等に選任される割合は、2010（平成 22）年には全体の約 41.4％であったものが、2012（平成 24）年に約 51.5％となり、成年後見制度の開始以来、初めて親族が成年後見人等に選任されたものを上回った。その後も、2015（平成 27）年には約 70.1％、そして 2019（令和元）年には約 78.2％と年々増加傾向にある。親族以外の第三者が成年後見人等に選任された内訳は、弁護士、司法書士、社会福祉士、市民後見人等となっている。

★身上保護
成年後見制度の身上監護面での利用が促進されることにより、「身上保護」を主な動機とする申立てが増加した。

第6章 成年後見制度

■1 なぜ利用促進するのか

　現行の成年後見制度は、2000（平成12）年4月にノーマライゼーションや自己決定権の尊重等の理念と、**本人保護の理念**との調和の観点から、判断能力が十分ではない人に対して、成年後見人・保佐人・補助人がその判断能力を補うことによって、その人の生命、身体、自由、財産等の権利を擁護する制度として導入され、これまで利用されてきている。

　しかし、認知症高齢者の増加や単独世帯の高齢者の増加がみられるなか、成年後見制度の利用を必要とする人々が適切に利用されているかというと、利用者数は増加傾向にあるものの、その数は先に述べたように、認知症高齢者等の数と比較して著しく少ない状況にある。また、成年後見等の申立ての動機をみても、預貯金等の管理・解約が最も多く、身上監護面での申立て動機は少ない。さらに、後見・保佐・補助と三つの類型があるなかで、後見類型の利用者の割合が全体の約80％を占めているが、保佐や補助の利用者が少ない状況がみられる。任意後見制度にあっては、非常に少ない利用に留まっている。

　そのようななかで、成年後見制度利用促進法が制定され、文字どおり成年後見制度の利用を促進するべく2016（平成28）年5月より施行された。

■2 成年後見制度利用促進法

❶法の目的（第1条）

　この法律は、

❶　認知症、知的障害その他の精神上の障害があることにより財産の管理または日常生活等に支障がある者を社会全体で支えあうことが、高齢社会における喫緊の課題であること

❷　共生社会の実現に資すること

❸　成年後見制度がこれらの者を支える重要な手段であるにもかかわらず十分に利用されていないこと

　以上の点について照らしあわせ、成年後見制度の利用の促進について

①　基本理念を定め

②　国の責務等を明らかにし

③　基本方針その他の基本となる事項を定めるとともに

成年後見制度の利用の促進に関する施策を総合的かつ計画的に推進することを目的としている。

❷用語の定義（第2条）

この法律において**成年後見人等**とは、成年後見人および成年後見監督人、保佐人および保佐監督人、補助人および補助監督人、任意後見人および任意後見監督人を指している。また、**成年被後見人等**とは、成年被後見人、被保佐人、被補助人、任意後見契約に関する法律第4条第1項の規定により任意後見監督人が選任された後における任意後見契約の委任者を指している。

❸法の基本理念（第3条）

この法律の基本理念は、次の3点に整理される。

❶　成年後見制度の利用の促進は、成年被後見人等が、成年被後見人等でない者と等しく、基本的人権を享有する個人としてその尊厳が重んぜられ、その尊厳にふさわしい生活を保障されるべきこと、成年被後見人等の意思決定の支援が適切に行われるとともに、成年被後見人等の自発的意思が尊重されるべきことおよび成年被後見人等の財産の管理のみならず身上の保護が適切に行われるべきこと等の成年後見制度の理念を踏まえて行われるものとする。

❷　成年後見制度の利用の促進は、成年後見制度の利用に係る需要を適切に把握すること、市民のなかから成年後見人等の候補者を育成しその活用を図ることを通じて成年後見人等となる人材を十分に確保すること等により、地域における需要に的確に対応することを旨として行われるものとする。

❸　成年後見制度の利用の促進は、家庭裁判所、関係行政機関（法務省、厚生労働省、総務省その他の関係行政機関）、地方公共団体、民間の団体等の相互の協力および適切な役割分担のもとに、成年後見制度を利用しまたは利用しようとする者の権利利益を適切かつ確実に保護するために必要な体制を整備することを旨として行われるものとする。

❹基本方針（第11条）

成年後見制度の利用の促進に関する施策は、成年後見制度の利用者の権利利益の保護に関する国際的動向を踏まえるとともに、高齢者、障害者等の福祉に関する施策との有機的な連携を図りつつ、**図6-17**の基本方針に基づき、推進されるものとしている。

❺成年後見制度利用促進基本計画（第12条）

政府が定めた、成年後見制度の利用の促進に関する施策の総合的かつ

計画的な推進を図るための、**成年後見制度の利用の促進に関する基本的な計画**（成年後見制度利用促進基本計画）をいう（次項参照）。

❻成年後見制度利用促進会議（第13条）

　成年後見制度利用促進法の一部改正が行われ、政府は、関係行政機関相互の調整を行うことにより、成年後見制度の利用の促進に関する施策の総合的かつ計画的な推進を図るため、**成年後見制度利用促進会議**を設けるものとしている。また、関係行政機関は、成年後見制度の利用の促進に関し専門的知識を有する者によって構成する**成年後見制度利用促進専門家会議**を設け、関係行政機関相互の調整を行うに際しては、その意見を聞くこととしている。

　なお、成年後見制度利用促進会議および成年後見制度利用促進専門家会議の庶務は、厚生労働省が担当することとなっている。

3　成年後見制度利用促進基本計画

1　成年後見制度利用促進基本計画とは

　成年後見制度利用促進法第12条第1項の規定に基づいて、成年後見制度の利用の促進に関する施策の総合的かつ計画的な推進を図るため、成年後見制度利用促進基本計画が策定されることとなった。この計画は、政府が講ずる成年後見制度利用促進策の最も基本的な計画として位置づけられる。また、第14条第1項において、市町村は、国の基本計画を勘案し、当該市町村の区域における成年後見制度の利用の促進に関する施策についての基本的な計画を定めるよう努めるものとされている。

　2017（平成29）年3月24日に閣議決定された成年後見制度利用促進基本計画は、2017（平成29）年度から2021（令和3）年度までのおおむね5年間を念頭に定めるものとしている。そして、今後の施策の目標を達成し、成年後見制度の利用を着実に促進するために、基本計画に盛り込まれた施策が総合的かつ計画的に推進されることを目指して、国・地方公共団体・関係団体等が工程表を踏まえ、相互に連携しつつ、各施策の段階的・計画的な推進に取り組むべきであるとしている。

2　基本的な考え方および目標等

　成年後見制度利用促進基本計画には、成年後見制度利用促進にあたっての基本的な考え方と目標等が記されている。

図6-17　成年後見制度の利用の促進に関する法律イメージ図

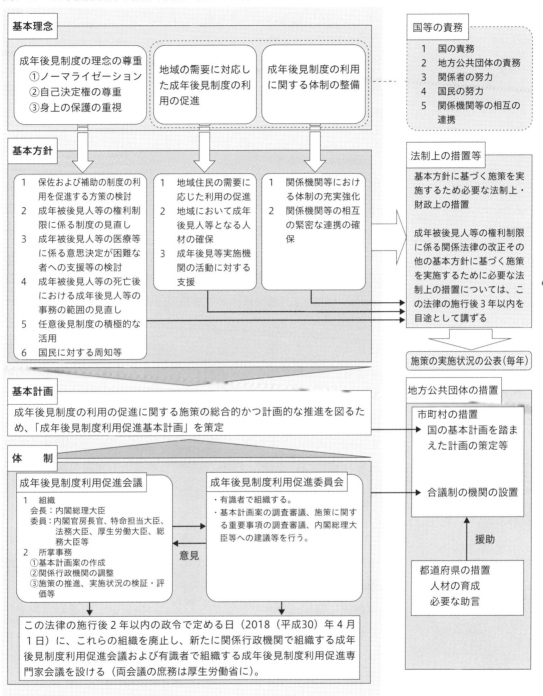

出典：厚生労働省「成年後見制度の利用の促進に関する法律イメージ図」　https://www.mhlw.go.jp/file/06-Seisakujouhou-12000000-
　　　Shakaiengokyoku-Shakai/image_1.pdf

★ノーマライゼーション

成年被後見人等が個人としてその尊厳が重んじられ、その尊厳にふさわしい生活を保障される。

★自己決定権の尊重

障害者の権利に関する条約第12条の趣旨に鑑み、成年被後見人等の意思決定の支援が適切に行われ、その自発的意思が尊重される。

★欠格条項

2019（令和元）年6月7日、第198回国会において成年被後見人等の権利の制限に係る措置の適正化等を図るための関係法律の整備に関する法律が全会一致で可決・成立し、6月14日に公布された。それまで成年被後見人等になることは、数多くの資格・職種・業務等の欠格事由とされていたが、この法律により200近い法律の欠格条項が見直された。

★ガイドライン

ガイドラインには、厚生労働省「障害福祉サービス等の提供に係る意思決定支援ガイドライン」(2017)、厚生労働省「認知症の人の日常生活・社会生活における意思決定支援ガイドライン」(2018)、厚生労働省「身寄りがない人の入院及び医療に係る意思決定が困難な人への支援に関するガイドライン」(2019)などがある。

❶基本的な考え方

　今後の成年後見制度の利用促進施策の基本的な考え方としては、成年後見制度の趣旨である❶ノーマライゼーション、❷自己決定権の尊重の理念に立ち返り運用されるべきであるとしている。

　さらに、本人の財産管理の観点のみならず、❸身上の保護の重視の観点から個々のケースに応じた適切で柔軟な運用が検討されるべきであるとしている。

❷今後の施策の目標等

①　利用者がメリットを実感できる制度・運用へ改善を進める。利用者に寄り添った運用を行うこと、保佐・補助および任意後見の利用促進を図ることに取り組んでいく。

②　全国どの地域においても必要な人が成年後見制度を利用できるよう、各地域において、権利擁護支援の地域連携ネットワークの構築を図る。具体的には、権利擁護支援の地域連携ネットワークおよび中核機関の整備、担い手の育成を行う。

③　後見人等による不正防止を徹底するとともに、利用しやすさとの調和を図り、安心して成年後見制度を利用できる環境を整備する。不正事案の発生を未然に抑止する仕組みの充実、地域連携ネットワークの整備による不正防止効果を図る。

④　成年被後見人等の権利制限に係る措置（欠格条項）を見直す。

　これら4点については、すでに具体的な施策として取り組みが進められている。

　また、今後取り組むべきその他の重要施策として、成年被後見人等の医療・介護等に係る意思決定が困難な人への支援等、死後事務の範囲等などが掲げられているが、それに対して「ガイドライン」の作成や法改正がなされてきている。

　基本計画に盛り込まれた施策については、国において進捗状況を把握・評価し、目標達成のために必要な対応について検討することとなっている。

3 成年後見制度の利用の促進に向けて総合的かつ計画的に講ずべき施策

　成年後見制度利用促進基本計画のポイントは3点に集約される。第一に、利用者がメリットを実感できる制度・運用の改善、第二に、権利擁護支援の地域連携ネットワークづくり、第三に、不正防止の徹底と利

用しやすさとの調和である。

❶利用者がメリットを実感できる制度・運用の改善
──制度開始時・開始後における身上保護の充実

成年後見制度利用促進基本計画では、❶高齢者と障害者の特性に応じた意思決定支援のあり方、❷後見人の選任における配慮、❸利用開始後における柔軟な対応、❹成年後見制度の利用開始の有無を判断する際に提出される診断書等のあり方について挙げ、財産管理のみならず、意思決定支援や身上保護も重視した適切な後見人の選任・交代を行うこと、本人の置かれた生活状況等を踏まえた診断内容について記載できる診断書のあり方の検討が必要であるとしている。これらを踏まえて改善が進められている。

❷権利擁護支援の地域連携ネットワークづくり

権利擁護支援の地域連携ネットワークには、❶権利擁護支援の必要な人の発見・支援、❷早期の段階からの相談・対応体制の整備、❸意思決定支援・身上保護を重視した成年後見制度の運用に資する支援体制の構築の三つの役割が求められている。そして、その基本的仕組みとしては、①本人を後見人とともに見守り支える「チーム」による対応、②地域の専門職団体等の協力体制である「協議会」等の体制づくりの二つを有するものとしている。

また、地域連携ネットワークの中核となりコーディネートを行う機関（中核機関）の必要性が指摘されるとともに、地域連携ネットワークおよび中核機関が担うべき具体的機能等として、❶制度の広報を行う「広報機能」、❷制度利用の「相談機能」、❸「成年後見制度利用促進機能」として、受任者調整（マッチング）等の支援、担い手の育成・活動の促進、日常生活自立支援事業等関連制度からのスムーズな移行、❹「後見人支援機能」の四つの機能が整備されること、不正防止効果にも配慮すべきであることとされている。

❸不正防止の徹底と利用しやすさとの調和
──安心して利用できる環境整備

成年後見制度が利用者にとって安心かつ安全な制度となるために、金融機関による新たな取り組みや親族後見人の成年後見制度への理解促進による不正行為の防止、家庭裁判所と専門職団体等との連携、**移行型任意後見契約**における不正防止などについて検討し、環境を整えていくこととしている。たとえば、**後見制度支援信託**に並立・代替する新たな方策の検討なども行われている。

★**法改正**
成年後見の事務の円滑化を図るための民法及び家事事件手続法の一部を改正する法律が2016（平成28）年4月6日に成立し、4月13日に公布され、同年10月13日から施行された。この法律により、①成年後見人が家庭裁判所の審判を得て成年被後見人宛郵便物の転送を受けることができるようになり（郵便転送（民法第860条の2、第860条の3））、②成年後見人が成年被後見人の死亡後にも行うことができる事務（死後事務）の内容およびその手続が明確化された（民法第873条の2）。

第**6**章

成年後見制度

❹制度の利用促進に向けて取り組むべきその他の事項

　成年後見制度利用促進基本計画では、その他の事項として、❶任意後見等の利用促進、❷制度の利用に係る費用等に係る助成、❸市町村による成年後見制度利用促進基本計画（**市町村計画**）の策定などを掲げ、取り組みが進められている。

　成年後見制度利用促進基本計画において、市町村には地域連携ネットワークの中核機関の設置や地域の専門職団体等の関係者の協力を得て、地域連携ネットワーク（協議会等）の設立と円滑な運営において積極的な役割を果たすこと、市町村計画を定めるよう努めることなどが期待されている。また、都道府県には、市町村が講ずる措置を推進するため、各市町村の区域を超えた広域的な見地から、後見人となる人材の育成、必要な助言その他の援助を行うよう努めるものとされている。

　国においては、都道府県・市町村からの相談に積極的に応じ、財源を確保しつつ、国の予算事業の積極的活用などを促すとともに、各地域における効果的・効率的な連携の仕組みの具体的検討に資するため、各地域の取り組み例を収集し、先進的な取り組み例の紹介や、連携強化に向けての試行的な取り組みへの支援等に取り組むこととされている。

　さらに、**弁護士会・司法書士会・社会福祉士会**等といった法律専門職団体や福祉関係者団体等には、地域における協議会等に積極的に参加し、地域連携ネットワークにおける相談対応、チームの支援等の活動などにおいて積極的な役割を発揮することが期待されている。

Active Learning

成年後見制度利用促進法および成年後見制度利用促進基本計画について調べるとともに、近年の動向を把握しましょう。

◇参考文献
・最高裁判所事務総局家庭局『成年後見関係事件の概況』2010（平成22）年～2019（令和元）年版．内閣府「令和元年版　障害者白書」 https://www8.cao.go.jp/shougai/whitepaper/r01hakusho/zenbun/pdf/ref2.pdf
・内閣府『成年後見制度利用促進基本計画』2017．
・成年後見制度の利用促進を目的とした市町村計画策定支援のための調査研究事業検討委員会『平成30年度生活困窮者就労準備支援事業費等補助金（社会福祉推進事業分）「成年後見制度の利用促進に関する調査研究事業」市町村　成年後見制度利用促進基本計画策定の手引き』2019．
・成年後見制度利用促進支援機能検討委員会『平成30年度厚生労働省社会福祉推進事業「成年後見制度利用促進のための地域連携ネットワークにおける中核機関の支援機能のあり方に関する調査研究事業」地域における成年後見制度利用促進に向けた実務のための手引き』2019．
・成年後見制度利用促進体制整備委員会『平成29年度老人保健事業推進費等補助金（老人保健健康増進等事業分）「地域における成年後見制度の利用に関する相談機関やネットワーク構築等の体制整備に関する調査研究事業」地域における成年後見制度利用促進に向けた体制整備のための手引き』2018．

第 7 節 成年後見制度利用支援事業

学習のポイント

● 成年後見制度利用支援事業について学ぶ

1 成年後見制度利用支援事業とは

　我が国の成年後見制度では、成年後見人等への報酬などを被後見人等の所得や資産から充てるという制度設計になっている。そのため成年後見制度の利用が必要であっても、低所得や資産がないなどを理由に申立てを行えない場合が出現する。そのような低所得の高齢者・障害者に対する成年後見制度の申立て費用や後見報酬の助成を行うのが**成年後見制度利用支援事業**である。

　本事業は成年後見制度の普及・活用を図る市町村の取り組みを支援するため、2001（平成 13）年に国庫補助事業として創設された。

2 成年後見制度利用支援事業の変遷

1 事業の創設

　成年後見制度利用支援事業は、2001（平成 13）年に認知症高齢者を対象とした「介護予防・生活支援事業」（数十のメニュー事業からなる事業）の一つとして組み込まれた。

　事業内容は、成年後見制度利用促進のための広報・普及活動の実施、成年後見制度の利用に係る経費に対する助成の 2 点である。対象者は、介護保険サービスを利用し、または利用しようとする身寄りのない重度の認知症高齢者等、さらに市町村長申立てを行った場合に限定されていた。したがって、親族等が申立てる資力がない場合には補助対象外になってしまうという課題があった。

2 対象者の拡大

　2003（平成 15）年 4 月からの障害者支援費制度の導入を背景に、

2002（平成14）年度から知的障害者への対象拡大が図られた。高齢者分野では2003（平成15）年には「介護予防・生活支援事業」から「介護予防・地域支え合い事業」へと名称変更がされた。

2006（平成18）年には改正介護保険法と障害者自立支援法（現・障害者の日常生活及び社会生活を総合的に支援する法律）の施行などによって、高齢者については地域支援事業として、障害者は地域生活支援事業として実施された。

高齢者分野の地域支援事業には❶介護予防事業、❷包括的支援事業、❸十数種類による任意事業に構成された。そのなかで成年後見制度利用支援事業は任意事業に位置づけられ市町村長申立て以外にも対象拡大が図られた。

障害者分野の地域生活支援事業には①市町村地域生活支援事業、②都道府県地域生活支援事業に分類されるメニュー事業から構成される。成年後見制度利用支援事業は①に分類された。この結果、3障害共通サービスである障害者自立支援法の趣旨に沿って、精神障害者も成年後見制度利用支援事業の対象者となった。さらに2008（平成20）年に、地域生活支援事業実施要綱の一部改正により、障害者にも市町村長申立て以外への対象拡大がなされたことにより、認知症高齢者、知的障害者、精神障害者すべてに市町村長申立て以外の対象化が可能となった。また、2012（平成24）年からは必須事業となった。

3 成年後見制度利用支援事業の現状

1 成年後見制度利用支援事業の概要

成年後見制度利用支援事業は、認知症高齢者と障害者領域では事業内容や補助率が異なっている。概要に関しては**表6-7**を参照されたい。

2 成年後見制度利用促進基本計画における
成年後見制度利用支援事業の位置づけ

成年後見制度利用促進基本計画では、自治体間格差の解消について規定しており、成年後見制度利用支援事業の役割が強調されている。

表6-7　成年後見制度利用支援事業の概要

成年後見制度利用支援事業（高齢者分野）の概要（令和元年度）

１．事業内容
市町村が次のような取り組みを行う場合に、国として交付金を交付する（2001（平成13）年度から実施）。
⑴　成年後見制度利用促進のための広報・普及活動の実施
　①　地域包括支援センター、居宅介護支援事業者等を通じた、成年後見制度のわかりやすいパンフレットの作成・配布
　②　高齢者やその家族に対する説明会・相談会の開催
　③　後見事務等を廉価で実施する団体等の紹介等
⑵　成年後見制度の利用に係る経費に対する助成
　①　対象者：成年後見制度の利用が必要な低所得の高齢者
　（例）介護保険サービスを利用しようとする身寄りのない重度の認知症高齢者
　②　助成対象経費
　　・成年後見制度の申立てに要する経費（申立手数料、登記手数料、鑑定費用など）
　　・後見人・保佐人等の報酬の一部等
２．2020（令和２）年度概算要求額：地域支援事業交付金1941億円の内数
【負担割合】国38.5／100、都道府県19.25／100、市町村19.25／100、１号保険料23／100
３．事業実施状況：1429市町村（全市町村の82.1％）（平成29年４月１日現在）

成年後見制度利用支援事業（障害者分野）の概要（令和元年度）

１．目的
障害福祉サービスの利用の観点から、成年後見制度を利用することが有用であると認められる知的障害者または精神障害者に対し、成年後見制度の利用を支援することにより、これらの障害者の権利擁護を図ることを目的とする。
２．事業内容
成年後見制度の利用に要する費用のうち、成年後見制度の申立てに要する経費（登記手数料、鑑定費用等）および後見人等の報酬等の全部または一部を補助する。
※2012（平成24）年度から市町村地域生活支援事業の必須事業化
３．2006（平成18）年度創設
４．令和２年度概算要求額（障害者関係）
地域生活支援事業費等補助金571億円の内数（2019（令和元）年度：495億円）
※【市町村事業補助率】国１／２以内、都道府県１／４以内で補助
５．事業実施状況（障害者関係）
2018（平成30）年４月１日現在1416市町村（2017（平成29）年：1485市町村、2016（平成28）年：1470市町村）

資料：厚生労働省『第３回成年後見制度利用促進専門家会議資料』

　制度の利用促進に向けて取り組むべきその他の事項
　①　略
　②　制度の利用に係る費用等に係る助成
　　　全国どの地域に住んでいても成年後見制度の利用が必要な人が制度を利用できるようにする観点から、地域支援事業および地域生活支援事業として各市町村で行われている成年後見制度利用支援事業の活用について、以下の視点から、各市町村において検討が行われることが望ましい。

・成年後見制度利用支援事業を実施していない市町村においては、その実施を検討すること。

・地域支援事業実施要綱において、成年後見制度利用支援事業が市町村長申立てに限らず、本人申立て、親族申立て等を契機とする場合をも対象とすることができること、および後見類型のみならず保佐・補助類型についても助成対象とされることが明らかにされていることを踏まえた取扱いを検討すること。

専門職団体が独自に行っている公益信託を活用した助成制度の例に鑑み、成年後見制度の利用促進の観点からの寄付を活用した助成制度の創設・拡充などの取組が促進されることが望まれる。

4　「必要な人が制度を利用できるようにする」ためのソーシャルワーカーの役割

「全国どの地域に住んでいても、必要な人が制度を利用できるようにする」との記述は重要だが、現状ではそのようにはなっていない。

前述したように国庫補助事業である成年後見制度利用支援事業の内容は全国一律でないので、多くの自治体間格差がある。

例示すれば、A市では運営要綱で「❶市長申立❷生活保護世帯または生活保護の受給対象相当の世帯」とし、❶❷の条件を満たすものを対象としている。一方、隣接のB市の運営要綱では❷の要件はあるものの、対象者を市長申立てに限っていない。

むろん低所得者等への支援は成年後見制度利用支援事業だけではない。例示すれば、現在でも市町村社会福祉協議会が法人後見事業を行い、積極的にそれらの人を受任している。また専門職団体が独自に行っている報酬助成制度を充実させるのも一案であろう。

どのような社会資源を整備するのか、その計画と実施にあたって地域の力量が試されることになる。成年後見制度利用促進計画においては、行政、「チーム」、「中核機関」、「協議会」および関係機関は協働して成年後見制度利用者を支援し、必要な社会資源を整備する。ソーシャルワーカーは、それらの機関の中心的な職種として活躍することを強く期待されている。

Active Learning

成年後見制度利用支援事業が創設された社会的背景について調べるとともに、近年の動向を把握しましょう。

◇参考文献
・厚生労働省社会・援護局地域福祉課成年後見制度利用促進室『成年後見制度関係資料集』2018.
・ベーム・レルヒ・レェースマイヤー・ヴェイス，新井誠監訳『ドイツ成年後見ハンドブック——ドイツ世話法の概説』勁草書房，2000.

第8節　日常生活自立支援事業

1　日常生活自立支援事業の概要

1　日常生活自立支援事業とは

　日常生活自立支援事業とは、認知症高齢者、知的障害者、精神障害者等のうち判断能力が不十分な人が地域において自立した生活が送れるよう、利用者との契約に基づき、福祉サービスの利用援助、日常的な金銭管理、定期的な見守り等を行うものである。サービス内容として、成年後見制度と重なる部分がある。しかし、本事業はあくまでも「利用者との契約」である点が違いとなる。

　なお日常生活自立支援事業は、法律的には第二種社会福祉事業として規定される「福祉サービス利用援助事業」にあたる（社会福祉法第2条第3項第12号）。さらに社会福祉法第81条には「都道府県社会福祉協議会は（中略）福祉サービス利用援助事業を行う市町村社会福祉協議会その他の者と協力して都道府県の区域内においてあまねく福祉サービス利用援助事業が実施されるために必要な事業を行う」としている。現在の利用者数であるが、社会福祉法人全国社会福祉協議会の調査（平成30年日常生活自立支援事業実態調査報告書）によると、2017（平成29）年度末時点の実利用者数は5万3484件である。

　1999（平成11）年10月1日から地域福祉権利擁護事業（福祉サービス利用援助事業）が開始され、2007（平成19）年4月1日より、事業名称が「日常生活自立支援事業」に変更された。

2　成年後見制度と日常生活自立支援事業の併用

　日常生活自立支援事業と成年後見制度の併用については、2002（平成14）年6月に厚生労働省より発せられた「「「地域福祉推進事業の実施について」の一部改正について」（平成14年6月24日社援発第0624003号）」により併用できることとされた。

　ただし、日常生活自立支援事業の実施主体は、前述したように各都道

★日常生活自立支援事業
現状では、成年後見制度を利用するほどではないが、日常的な金銭管理や定期的な見守り等が必要な人に対する支援を行っている。また本事業を経由して成年後見制度利用になる場合も少なくない。

★福祉サービス利用援助事業
認知症高齢者、知的障害者、精神障害者など判断能力が不十分な者が自立した地域生活を送れるよう福祉サービスの利用援助を行うことにより、その者の権利擁護に資することを目的に、都道府県社会福祉協議会等を実施主体として始まった。

府県・指定都市社会福祉協議会である。特に併用に関する運用については、かなりばらつきがある。

　併用可能とする都道府県・指定都市社会福祉協議会では、「後見人等が遠距離にいる」「日常生活自立支援事業が必要不可欠な場合」「成年後見制度利用前に日常生活自立支援事業を利用している」「保佐・補助類型では契約であるが、後見類型では後見人との契約」といった独自の条件を設けている。

3 成年後見制度と日常生活自立支援事業の違い

　前述したように成年後見制度と日常生活自立支援事業は重なる部分もあるが、異なる部分もある。

　二つの制度の違いについては、**表6-8**および**図6-18**を参照されたい。

　日常生活自立支援事業の主たる対象者は、**図6-18**にあるように、判断能力が「日常生活に不安がある人」が中心で、「不十分」「著しく不十分」な人は成年後見制度との併用することが可能になる。

2 日常生活自立支援事業の仕組み

1 事業の実施体制

　日常生活自立支援事業は、各都道府県・指定都市社会福祉協議会が実施主体となり、事業の一部を市区町村社会福祉協議会に委託できる。委託を受ける市区町村社会福祉協議会は、必要に応じ近隣の市区町村エリアをも事業の対象としてカバーする体制（広域対応）をとることが可能である。広域対応を行うことが可能なため、事業を実施する市区町村社会福祉協議会を「基幹的社会福祉協議会」という。

　一方、基幹的社会福祉協議会による実施が困難な市区町村にあっては、都道府県社会福祉協議会が直接、利用者と契約を結び、援助を行う。

　実務を担当するのは、専門員と生活支援員である。専門員は初期相談から支援計画の策定、契約締結に関する業務、援助開始後の利用者の状況把握等を行う。生活支援員は支援計画に基づき、具体的な援助を行う。さらに支援計画に定められた内容について援助を行うとともに、本人のその時々の生活状況等を専門員に報告するなど、次の支援計画に反映させる。

表6-8 日常生活自立支援事業と法定後見の制度比較

	日常生活自立支援事業	法定後見
所管庁	厚生労働省	法務省
対象者（認知症高齢者・知的障害者・精神障害者等）	精神上の理由により日常生活を営むのに支障がある者（判断能力が一定程度あるが十分でないことにより自己の能力でさまざまなサービスを適切に利用することが困難な者）	精神上の障害により事理弁識する能力に関し能力が不十分な者＝補助 能力が著しく不十分な者＝保佐 能力を欠く状況にある者＝後見
担い手・機関	○実施主体 　都道府県・指定都市社会福祉協議会 ○事業の一部委託先 ・基幹的社会福祉協議会等（法人） ・法人の履行補助者 　専門員、生活支援員	補助人・保佐人・成年後見人 （自然人として、親族、弁護士、司法書士、社会福祉士、精神保健福祉士等および法人） ※複数可
手続き	社会福祉協議会に相談・申込み （本人、関係者・機関、家族等） 本人と社会福祉協議会との契約	家庭裁判所に申立て（本人、配偶者、四親等以内の親族、検察官、市区町村長） ※本人の同意：補助＝必要 　　　　　　　保佐・後見＝不要 家庭裁判所による成年後見人等の選任
意思能力の確認・審査や鑑定・診断	「契約締結判定ガイドライン」により確認。もしくは契約締結審査会で審査	医師の鑑定書・診断書を家庭裁判所に提出
援助（保護）の方法・種類	〔方　法〕 ○本人と社会福祉協議会による援助内容の決定 〔種　類〕 ○福祉サービスの情報提供、助言など相談 ・援助による福祉サービスの利用契約手続き援助 ○日常的金銭管理 ・日常的金銭管理に伴う預貯金通帳の払出し等の代理、代行 ・福祉サービス利用料支払いの便宜の供与 ○書類等の預かり ・証書等の保管により、紛失を防ぎ、福祉サービスの円滑な利用を支える	〔方　法〕 ○家庭裁判所による援助（保護）内容の決定 〔種　類〕 ○財産管理・身上監護に関する法律行為 ・財産管理処分、遺産分割協議、介護保険サービス契約、身上監護等に関する法律行為 ・同意権・取消権 　補助類型は家庭裁判所が定める「特定の法律行為」 　保佐類型は民法第13条第1項各号所定の行為 　後見類型は日常生活に関する行為以外の行為 ・代理権 　補助・保佐類型は申立ての範囲内で家庭裁判所が定める「特定の法律行為」 　後見類型は、財産に関するすべての法律行為
費用	○社会福祉事業として ・契約締結までの費用は公費補助 ・契約後の援助は利用者負担 ※実施主体が設定している訪問の 　1回あたり利用料　平均1200円	○すべて本人の財産から支弁 ・申立ての手続費用、登記の手続費用 ・後見の事務に関する費用 ・成年後見人、監督人に対する報酬費用等
費用助成	○生活保護利用者は公費補助 ※上記以外も自治体独自で減免している場合あり	○成年後見制度利用支援事業による助成 ○専門職団体等による成年後見費用助成

厚生労働省資料を参考に筆者が作成

図6-18　日常生活自立支援事業と成年後見制度との関連性

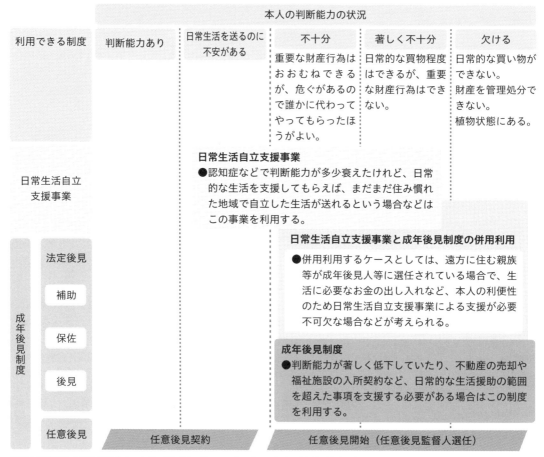

出典：宮崎県社会福祉協議会ホームページ　http://www.mkensha.or.jp/anshin/seido.html

2 日常生活自立支援事業の流れ

　相談からサービス開始までの流れは**図5-1**（p.161 参照）のとおりである。

3 日常生活自立支援事業の課題

　平成 30 年日常生活自立支援事業実態調査報告書（全国社会福祉協議会）では、現状の事業が果たしている役割と、今後の方向性、取り組み課題について以下のように分析している。

❶　事業が果たしている役割

　・本人の意思決定を支援する役割

　・複合的な生活課題を解決し、権利擁護を図る役割

・権利擁護支援の入り口としての役割

・地域のネットワークをつくる役割

❷ 今後の方向性

・成年後見制度利用促進との一体的な展開

・地域共生社会に向けた包括的支援体制との連動

・事業実施主体のあり方

さらに、取り組み課題は以下としている。

・専門員の体制強化

・生活支援員の確保、活動支援

・関係機関との連携

・成年後見制度への移行・連携

・生活保護受給者への適切な支援

・権利擁護に関する取り組みの拡充

Active Learning

日常生活自立支援事業と法定後見がどのように補完しあっているかについて調べてみましょう。

上記報告書を踏まえ、日常生活自立支援事業は、今日まで成年後見制度を補完する制度として機能してきたと言える。したがって、今日の成年後見制度の利用の促進に関する法律および成年後見制度利用促進基本計画に併せ、成年後見制度の利用との一連の流れのなかで実施されることが求められる。さらに、今後の方向性として「地域共生社会に向けた包括的支援体制との連動」が注目される。

従来、成年後見などの権利擁護に関する制度は「一部の身寄りのない人が利用する制度」であった。しかし今日では「誰でも利用する可能性が高い制度」へと変化した。したがって日常生活自立支援事業も、医療・介護・福祉等の諸サービスと連動した事業実施が求められる。

◇参考文献

・厚生省社会・援護局「「地域福祉権利擁護事業の実施について」(平成11年9月30日社援第2381号)」

・全国社会福祉協議会「平成30年日常生活自立支援事業実態調査報告書」 https://www.shakyo.or.jp/tsuite/jigyo/research/20190419_nichijichousa.pdf

索引

231

た〜と

髙野　範城 （たかの・のりしろ）・・・第 5 章第 2 節 3
髙野法律会計事務所弁護士、日弁連高齢者・障害者権利支援センター幹事

髙山　直樹 （たかやま・なおき）・・・・・・・・・・・・・・・・・・・・・・・・・・・第 3 章第 1 節、第 5 章第 1 節 6
東洋大学社会学部教授

髙山　由美子 （たかやま・ゆみこ）・・・・・・・・・・・・・・・・・・・・・・・・・・・・・・第 3 章第 2 節・第 3 節
ルーテル学院大学総合人間学部教授

滝口　真 （たきぐち・まこと）・・・・・・・・・・・・・・・・・・・・・・・・・・・・・・・・・・第 5 章第 1 節 3・4・5
西九州大学健康福祉学部教授

滝沢　香 （たきざわ・かおり）・・・・・・・・・・・・・・・・・・・・・・・・・第 1 章第 3 節、第 2 章第 4 節
東京法律事務所弁護士

武長　信亮 （たけなが・のぶあき）・・・・・・・・・・・・・・・・・第 5 章第 1 節 1・2・第 2 節 5
初雁総合法律事務所弁護士

西川　浩之 （にしかわ・ひろゆき）・・・・・・・・・・・・・・・・・・・・・・・・・・・・・・・・・・第 5 章第 2 節 4
西川浩之司法書士事務所司法書士、公益社団法人成年後見センター・リーガルサポート専務理事

長谷川　千種 （はせがわ・ちぐさ）・・・・・・・・・・・・・・・・・・・・・・・・・・・・・・・・第 5 章第 2 節 2
昭和大学附属烏山病院精神保健福祉室長、公益社団法人日本精神保健福祉士協会認定成年後見
人ネットワーク「クローバー」運営委員会委員長

藤本　富一 （ふじもと・とみかず）・・・・・・・・・・・・・・・・・第 2 章第 1 節・第 2 節・第 3 節
高知大学教育研究部教授

星野　美子 （ほしの・よしこ）・・・・・・・・・・・・・・・・・・・・・・・・・・・・・・・・・・・・・第 5 章第 2 節 1
TRY 星野社会福祉士事務所代表、公益社団法人日本社会福祉士会理事

水島　俊彦 （みずしま・としひこ）・・・・・・・・・・・・・・・・・・・・・・・・第 4 章第 1 節・第 2 節
法テラス埼玉法律事務所シニア常勤弁護士

山口　光治 （やまぐち・こうじ）・・・・・・・・・・・・・・・・・・・・・・・・・・・・・・・・・・・・第 6 章第 6 節
淑徳大学総合福祉学部教授

山崎　智美 （やまざき・ともみ）・・・・・・・・・・・・・・・・・・・・・・・・・・・・・・・・・・第 5 章第 2 節 1
社会福祉法人母子育成会しゃんぐりら地域包括支援センター、公益社団法人日本社会福祉士会副
会長、権利擁護センターぱあとなあ運営協議会委員長

山本　克司 （やまもと・かつし）・・・・・・・・・・・・・・・・・・・・・・・・・第 1 章第 1 節・第 2 節
修文大学健康栄養学部教授

最新　社会福祉士養成講座
　　　精神保健福祉士養成講座

9　権利擁護を支える法制度

2021年2月1日　　　　発行

編　集　　一般社団法人日本ソーシャルワーク教育学校連盟
発行者　　荘村明彦
発行所　　中央法規出版株式会社
　　　　　〒110-0016　東京都台東区台東3-29-1　中央法規ビル
　　　　　営　　業　　TEL 03（3834）5817　FAX 03（3837）8037
　　　　　取次・書店担当　TEL 03（3834）5815　FAX 03（3837）8035
　　　　　https://www.chuohoki.co.jp/

印刷・製本　株式会社太洋社
本文デザイン　株式会社デジカル
装　　　幀　株式会社デジカル
装　　　画　酒井ヒロミツ